迈入新时代 着力新发展

——学习贯彻党的十九大精神

江观伙 刘 艳 丁丹丹 编著

合肥工業大學出版社

图书在版编目(CIP)数据

迈入新时代　着力新发展:学习贯彻党的十九大精神/江观伙编著.
—合肥:合肥工业大学出版社,2018.2
ISBN 978-7-5650-3849-5

Ⅰ.①迈…　Ⅱ.①江…　Ⅲ.①区域经济发展—安徽—干部教育—教材
②社会发展—安徽—干部教育—教材　Ⅳ.①F127.54

中国版本图书馆CIP数据核字(2018)第034461号

迈入新时代　着力新发展

——学习贯彻党的十九大精神

江观伙　编著　　　　责任编辑　王钱超

出　版	合肥工业大学出版社		版　次	2018年2月第1版
地　址	合肥市屯溪路193号		印　次	2018年2月第1次印刷
邮　编	230009		开　本	710毫米×1010毫米　1/16
电　话	人文编辑部:0551-62903205		印　张	16.5
	市场营销部:0551-62903198		字　数	284千字
网　址	www.hfutpress.com.cn		印　刷	安徽昶颉包装印务有限责任公司
E-mail	hfutpress@163.com		发　行	全国新华书店

ISBN 978-7-5650-3849-5　　　　定价:38.00元

目　　录

习近平新时代中国特色社会主义思想 …………………………… 江观伙(001)

习近平新时代中国特色社会主义法治思想 ……………………… 刘　艳(027)

走进新时代的中国经济 ………………………………………… 潘理权(054)

建设新时代现代化经济体系 …………………………………… 袁维海(076)

新时代安徽乡村振兴战略 ……………………………………… 倪良新(098)

新时代安徽区域协调发展战略 ………………………………… 朱启保(127)

新时代中国特色社会主义民主政治 …………………………… 欧世平(152)

新时代法治政府建设 …………………………………………… 丁丹丹(173)

新时代全面从严治党 …………………………………………… 刘　军(192)

增强政治领导本领,提升新领导力 …………………………… 王卫东(215)

深入推进监察体制改革　完善党和国家监督体系 …………… 王艺璇(242)

后　记 ……………………………………………………………………… (258)

习近平新时代中国特色社会主义思想

江观伙

党的十九大创造性地提出“习近平新时代中国特色社会主义思想”，并将其写入党章，正式确立这一重要思想在党和国家事业发展中的指导地位，这是党的十九大最根本、最重要的理论贡献。切实学懂、弄通、做实党的十九大精神，必须牢牢把握习近平新时代中国特色社会主义思想这条主线。

一、新时代：中国特色社会主义新的历史方位

习近平同志在党的十九大报告中强调，经过长期努力，中国特色社会主义进入了新时代，这是我国发展新的历史方位。这个新时代是中国特色社会主义新时代，而不是别的什么新时代。新时代，是承前启后、继往开来、在新的历史条件下继续夺取中国特色社会主义伟大胜利的时代，是决胜全面建成小康社会、进而全面建设社会主义现代化强国的时代，是全国各族人民团结奋斗、不断创造美好生活、逐步实现全体人民共同富裕的时代，是全体中华儿女勠力同心、奋力实现中华民族伟大复兴中国梦的时代，是我国日益走近世界舞台中央、不断为人类做出更大贡献的时代。

一是继续夺取中国特色社会主义伟大胜利的时代。中国特色社会主义是党和人民97年来奋斗、创造、积累的根本成就。特别是改革开放以来，我们党带领人民走中国特色社会主义道路，极大激发了中国人民的创造力，极大解放和发展了社会生产力，极大增强了社会活力，极大提升了我国的国际地位，党的面貌、国家的面貌、人民的面貌、军队的面貌、中华民族的面貌发生了前所未有的变化，社会主义在中国展现出强大生命力。邓小平同志20世纪80年代曾经指出：“最终说服不相信社会主义的人要靠我们的发展。如果我们本世纪内达到了小康水平，那就可以使他们清醒一点；到下世纪中叶我们建成中等发达水平的社会主义国家时，就会更进一

步地说服他们。”在中国特色社会主义新时代，我们党治国理政第一位的任务，就是紧紧围绕坚持和发展中国特色社会主义这个主题，团结带领人民奋力实现“两个一百年”奋斗目标，谱写中国特色社会主义新的伟大篇章，让社会主义在中国展现出更加强大的生命力。

二是决胜全面建成小康社会、进而全面建设社会主义现代化强国的时代。党的十九大围绕实现“两个一百年”奋斗目标，对经济建设、政治建设、文化建设、社会建设和生态文明建设等提出明确要求，思想含量、政治含量、改革含量都很大，具有很强的战略性、前瞻性、针对性。到2020年如期全面建成小康社会，是我们党向人民、向历史作出的庄严承诺，完成这个目标，今后还有不少难关要过。从现在到2020年，是全面建成小康社会决胜期，决胜就是冲锋号、就是总动员，必须举全党全国之力不懈奋斗。全面建设社会主义现代化强国，是第二个百年奋斗目标，更有不少难关要过。从世界发展史看，已经实现现代化的国家和地区，其现代化大多经历了产业革命以来近300年时间才逐步完成的，而我国要用100年时间走完发达国家几百年走过的现代化路程，这种转变不但速度、规模超乎寻常，变化的广度、深度和难度也超乎寻常。因此，坚忍不拔、锲而不舍地为全面建成小康社会、全面建设社会主义现代化强国而奋斗，是中国特色社会主义新时代的必然要求和历史任务。

三是全国各族人民团结奋斗、不断创造美好生活、逐步实现全体人民共同富裕的时代。人民对美好生活的向往，始终是我们党的奋斗目标。社会主义的本质是解放生产力、发展生产力、消灭剥削、消除两极分化，最终达到共同富裕。党的十九大把不断创造美好生活、逐步实现全体人民共同富裕作为发展的目标和归宿，体现了以人民为中心的发展思想，体现了我们党全心全意为人民服务的根本宗旨，体现了中国特色社会主义的本质要求。在中国特色社会主义新时代，我们党的重大任务，就是更加关注人民对美好生活新的多样化需求，更加关注社会公平正义，更加注重多谋民生之利、多解民生之忧，着力使全体人民在共建共享发展中有更多获得感，着力使全体人民享有更加幸福安康的生活，着力在实现全体人民共同富裕上不断取得实实在在的新进展。

四是奋力实现中华民族伟大复兴中国梦的时代。实现中华民族伟大复兴，是鸦片战争以来中国人民最伟大的梦想，凝聚了几代中国人的夙愿。新中国的成立，为民族复兴奠定了坚实基础。改革开放这场新的伟大革命，为民族复兴注入了强大生机活力。在中国共产党领导下，中国这个世界上最大的发展中国家创造了人类社会发展史上惊天动地的发展奇迹，中华民族焕发出新的蓬勃生机。经过党的十八大以来的历史性变革，今天我们比历史上任何时期都更接近、更有信心和能力实现中华民族伟大复兴的目标。在中国特色社会主义新时代，凝聚起全体中华儿女同心共筑中国梦的磅礴力量，继续奋斗、砥砺前行，我们就一定能够到达民族复兴的光辉彼岸，中华民族必将以更加昂扬的姿态屹立于世界民族之林。

五是我国日益走近世界舞台中央、不断为人类做出更大贡献的时代。当今世界，中国人民的梦想同各国人民的梦想息息相通，实现中国梦离不开和平的国际环境和稳定的国际秩序。在中国特色社会主义新时代，面对国际格局和国际关系的深度调整，面对局部冲突和动荡频发，人类需要应对许多共同挑战的外部环境，我们必须统筹国内国际两个大局，始终高举和平、发展、合作、共赢的旗帜，恪守维护世界和平、促进共同发展的外交政策宗旨，牢牢把握构建人类命运共同体的目标追求，始终不渝地走和平发展道路、奉行互利共赢的开放战略，坚持正确义利观，树立共同、综合、合作、可持续的新安全观，谋求开放创新、包容互惠的发展前景，促进和而不同、兼收并蓄的文明交流，构筑尊崇自然、绿色发展的生态体系，始终做世界和平的建设者、全球发展的贡献者、国际秩序的维护者。历史上，中国曾为人类文明做出过卓越贡献。在中国特色社会主义新时代，中国一定能为世界的和平与发展、人类的繁荣与进步做出新的更大贡献。

（一）历史性成就和历史性变革标志中国特色社会主义进入新时代

“历史性成就”：“十八大以来的五年，是党和国家发展进程中极不平凡的五年。”这既指“经过长期努力”，“推动我国国际地位实现前所未有的提升，党的面貌、国家的面貌、人民的面貌、军队的面貌、中华民族的面貌发生了前所未有的变化”，也指“解决了许多长期想解决而没有解决的难题，办成了许多过去想办而没有办成的大事”。这些历史性成就是全方位的、开创性的。

1. 经济物质方面

五年来经济保持中高速增长，国内生产总值从 54 万亿元增长到 80 万亿元，稳居世界第二，对世界经济增长贡献率超过百分之三十。

经济结构不断优化，数字经济等新兴产业蓬勃发展，高铁、公路、桥梁、港口、机场等基础设施建设快速推进。农业现代化稳步推进，粮食生产能力达到 1.2 万亿斤。城镇化率年均提高 1.2 个百分点，8000 多万农业转移人口成为城镇居民。

创新驱动发展战略大力实施，创新型国家建设成果丰硕，天宫、蛟龙、天眼、墨子、大飞机等重大科技成果相继问世。南海岛礁建设积极推进。

开放型经济新体制逐步健全，对外贸易、对外投资、外汇储备稳居世界前列。

2. 政治与法治方面

五年来积极发展社会主义民主政治，推进全面依法治国，党的领导、人民当家做主、依法治国有机统一的制度建设全面加强，党的领导体制机制不断完善，社会主义民主不断发展，党内民主更加广泛，社会主义协商民主全面展开，爱国统一战线巩固发展，民族宗教工作创新推进。科学立法、严格执法、公正司法、全民守法深入推进，法治国家、法治政府、法治社会建设相互促进，中国特色社会主义法治体系日益完善，全社会法治观念明显增强。

3. 思想文化方面

五年来加强党对意识形态工作的领导，党的理论创新全面推进，马克思主义在意识形态领域的指导地位更加鲜明，中国特色社会主义和中国梦深入人心，社会主义核心价值观和中华优秀传统文化广泛弘扬，群众性精神文明创建活动扎实开展。

4. 社会民主方面

五年来深入贯彻以人民为中心的发展思想，一大批惠民举措落地实施，人民获得感显著增强。脱贫攻坚战取得决定性进展，6000 万贫困人口稳定脱贫，贫困发生率从 10.2% 下降到 4% 以下。习近平发表 2018 年新年贺词指出：“到 2020 年我国现行标准下农村贫困人口实现脱贫，是我们的庄严承诺。一诺千金。”确保贫困人口如期实现脱贫。教育事业全面发展，中西部和农村教育明显加强。就业状况持续改善，城镇新增就业年均 1300 万人以上。城乡居民收入增速超过经济增速，中等收入群体持续扩大。覆盖城乡居民的社会保障体系基本建立，人民健康和医疗卫生水平大幅提高，保障性住房建设稳步推进。社会治理体系更加完善，社会保持稳定，国家安全全面加强。

5. 生态文明方面

五年来大力推进生态文明建设，全党全国贯彻绿色发展理念的自觉性和主动性显著增强，忽视生态环境保护的状况明显改变。生态文明制度体系加快形成，主体功能区制度逐步健全，国家公园体制试点积极推进。全面节约资源有效推进，能源资源消耗强度大幅下降。重大生态保护和修复工程进展顺利，森林覆盖率持续提高。生态环境治理明显加强，环境状况得到改善。引导应对气候变化国际合作，成为全球生态文明建设的重要参与者、贡献者、引领者。

6. 国防和军队方面

召开古田全军政治工作会议，恢复和发扬我党我军光荣传统和优良作风，人民军队政治生态得到有效治理。国防和军队改革取得历史性突破，形成军委管总、战区主战、军种主建的新格局，人民军队组织架构和力量体系实现革命性重塑。

7. 全面从严治党方面

形成反腐败斗争压倒性态势。坚持反腐败无禁区、全覆盖、零容忍，坚定不移“打虎”“拍蝇”“猎狐”，不敢腐的目标初步实现，不能腐的笼子越扎越牢，不想腐的堤坝正在构筑，反腐败斗争压倒性态势已经形成并巩固发展。五年来共立案审查省军级以上党员干部及其他中管干部440人，其中中央委员、候补中央委员有43人，中央纪委委员有9人。纪律处分厅局级干部8900余人，处分县处级干部6.3万多人。坚决整治群众身边的腐败，共处分基层党员干部27.8万人。努力推进反腐败国际追逃追赃，共追回外逃人员3453人，其中“百名红通人员”已有48人落网。

“历史性变革”：这种变革从生产力到生产关系、从经济基础到上层建筑、从国内到国际全方位地展开。在生产力上，由“要素驱动、投资规模驱动”走向更加注重“创新驱动”；在生产关系上，由“让一部分人先富起来”走向更加注重“共同富裕”“使全体人民共享发展成果”；在国家权力运作方式上，由“国家主导”走向在中国共产党领导下更加注重“推进国家治理体系和治理能力现代化”；在社会发展水平上，由注重重点突破的非均衡发展走向更加注重全面协调发展；在对外开放和国际战略上，由“回应挑战”走向更加“积极参与全球治理、构建人类命运共同体”。这种历史性变革是深层次的、根本性的。

（二）我国社会主要矛盾的新变化决定中国特色社会主义进入新时代

以马克思主义的世界观认识社会，首先要求找到它的主要矛盾。社会主要矛盾是制定党和国家路线方针政策的重要依据。

“社会主要矛盾”的四次变化：第一次，1956年党的八大，“人民对于经济文化迅速发展的需要同当前经济文化不能满足人民需要的状况之间的矛盾。”第二次，1969年党的九大，“社会主义社会始终存在着阶级、阶级矛盾和阶级斗争，存在着社会主义同资本主义两条道路的斗争”，阶级斗争是主要社会矛盾。第三次，1981年十一届六中全会的《关于建国以来党的若干历史问题的决议》："人民日益增长的物质文化需要同落后的社会生产之间的矛盾"。第四次，2017 年十九大："人民日益增长的美好生活需要和不平衡不充分的发展之间的矛盾。"30 多年过去了，今天看来，一方面，我国稳定解决了十几亿人的温饱问题，从而使人民美好生活需要日益广泛；另一方面，我国社会生产力水平总体上显著提高，社会生产能力在很多方面进入世界前列。但从人民群众需求这个根本利益出发反观社会发展，则发现不平衡不充分的问题凸显。根据这个新的实际，习近平同志指出，中国特色社会主义进入新时代，我国社会主要矛盾已经转化为人民日益增长的美好生活需要和不平衡不充分的发展之间的矛盾。这个论断以我国仍处于并将长期处于社会主义初级阶段的基本国情没有变、我国是世界最大发展中国家的国际地位没有改变的客观事实为依据，着眼于我国社会主要矛盾的历史性变化，对党和国家的工作提出了新的要求，突出强调了党在社会主义初级阶段基本路线的现实意义，认为它是党和国家的生命线、人民的幸福线，在继续推动发展的基础上，着力解决好发展不平衡不充分问题，大力提升发展质量和效益，更好满足人民在经济、政治、文化、社会、生态等方面日益增长的需要，更好推动人的全面发展、社会全面进步。

（三）我国社会发展的新特点意味着中国特色社会主义进入新时代

党的十八大以来，中国特色社会主义发展出现许多新特点。执政方式和基本方略实现重大创新：贯彻依法治国基本方略，积极推进多层次多领域的依法治理，运用法治思维和法治方式深化改革、促进发展、化解矛盾、维护稳定，提高决策的法治化、规范化和科学化水平；发展理念和发展方式发生重大转变：科学把握社会主义本质要求和发展方向，提出创新、协调、绿色、开放、共享的发展理念，集中体现了新阶段我国的发展思路、发展方向、发展着力点，成为引领发展实践、开创美好未来的思想指引；发展环境和发展条件发生深刻变化：主动适应把握引领经济发展新常态，准确把握发展速度变化、结构优化、动力转换的新特点，深化供给侧结构性改革，不断提高发展质量和效益，推动我国发展不断朝着更高质量、更有效率、更加公平、更可持续的方向前进。

（四）历史交汇期新的历史任务和奋斗目标表明中国特色社会主义进入新时代

十一届三中全会以来，我们党总结了历史经验，以实事求是的精神制定了“分三步走、基本实现现代化”的发展战略。经全党全国人民的共同努力，解决人民温饱问题、人民生活总体上达到小康水平这两个目标已提前实现。在这个基础上，我们党提出，到建党100年时建成经济更加发展、民主更加健全、科教更加进步、文化更加繁荣、社会更加和谐、人民生活更加殷实的小康社会，然后再奋斗30年，到新中国成立100年时，基本实现现代化，把我国建成社会主义现代化国家。中国特色社会主义进入新时代，使提前实现既定目标的可能性和现实性极大增强。因此，党的十九大也对新时代中国的发展作出了远景规划，作出了安排。

当前，我国正处于实现第一个百年奋斗目标的决胜期，并将向第二个百年奋斗目标迈进。在“两个一百年”奋斗目标的历史交汇期，习近平同志指出，综合分析国际国内形势和我国发展条件，从2020年到本世纪中叶可以分两个阶段来安排。第一个阶段，从2020年到2035年，在全面建成小康社会的基础上，再奋斗15年，基本实现社会主义现代化。第二个阶段，从2035年到本世纪中叶，在基本实现现代化的基础上，再奋斗15年，把我国建成富强民主文明和谐美丽的社会主义现代化强国。从全面建成小康社会到基本实现现代化，再到全面建成社会主义现代化强国，是新时代中国特色社会主义发展的战略安排，也是在我国发展新的历史方位上提出的战略任务。

（五）中国特色社会主义进入新时代这个历史方位的重大意义

习近平同志指出，中国特色社会主义进入新时代，意味着近代以来久经磨难的中华民族迎来了从站起来、富起来到强起来的伟大飞跃，迎来了实现中华民族伟大复兴的光明前景；意味着科学社会主义在21世纪的中国焕发出强大生机活力，在世界上高高举起了中国特色社会主义伟大旗帜；意味着中国特色社会主义道路、理论、制度、文化不断发展，拓展了发展中国家走向现代化的途径，给世界上那些既希望加快发展又希望保持自身独立性的国家和民族提供了全新选择，为解决人类问题贡献了中国智慧和中国方案。

第一个意味，主题是“中华民族”，讲的是中华民族迎来了从富起来到强起来的伟大飞跃，站在实现强起来的新的历史起点上。从历史发展的阶段性来看，新中国成立后着重解决了使中华民族站起来的问题，为中华民族富起来奠定了基础；改革开放以后，着重从总体上基本解决了使中华民族富起来的问题；十八大以后，以习近平同志为核心的党中央肩负起实现中华民族伟大复兴的历史使命，站在实现强起来的新的历史起点上。

第二个意味，主题是“中国特色社会主义”，讲的是科学社会主义在中国进而中国特色社会主义在世界焕发出强大的生机活力，由低潮向高潮迈进，我们站在使社会主义焕发强大生机活力的新的历史起点上。从 1921 年起，中国共产党人把马克思主义基本原理同中国具体实际相结合，相继产生了一系列的马克思主义中国化理论创新成果，解决了革命时期、欠发展时期一系列问题。正是这些理论创新成果指导中国走向成功，使中国成为世界第二大经济体。今天，我们又站在使中国特色社会主义在中国和世界展现出更加强大的生命力的新的历史起点上，处在我国发展起来以后新的历史方位中。

从 1516 年托马斯·莫尔出版《乌托邦》算起，社会主义已经有 500 年了，可划分为空想社会主义的产生和发展、马克思和恩格斯创立科学社会主义理论体系、列宁领导十月革命胜利并实践社会主义、苏联模式逐步形成、新中国成立后我们党对社会主义的探索和实践、我们党开创和发展中国特色社会主义六个时间段。尤其是中国的实践和发展昭示人们，中国特色社会主义是历史的结论、人民的选择。但是，正如恩格斯所说的那样，所谓“社会主义社会”，不是一种一成不变的东西，而应当和任何其他社会制度一样，把它看成是经常变化和改革的社会。社会主义已有 500 年历史，经历了三次危机和三次飞跃：第一次，面临空想社会主义危机，从空想到科学的飞跃，进入科学社会主义新时代；第二次，面临第二国际修正主义危机，从理论到实践的飞跃，进入现实社会主义新时代；第三次，面临传统社会主义危机，从“苏联模式”到中国特色社会主义的飞跃，进入当今社会主义新时代。只有回看走过的路，比较别人的路，远眺前行的路，弄清楚我们从哪儿来，往哪儿去，很多问题才能看得深、把得准。中国特色社会主义使社会主义旗帜高高飘扬、永不褪色。

第三个意味，主题是“现代化”，讲的是我国现代化建设实现了由依附性到主体性、由跟跑到领跑的提升，站在真正确立中国特色社会主义自主性的新的历史起点上。改革开放之初，我国的现代化建设一定程度上对西式现代化具有某种依附性，具有“跟跑”的特点。随着我国改革开放进一步推进，我国现代化建设开始超越“西式现代化模式”，注重内生性、独立性、自主性，从而使我国现代化建设具有了内在成长即内生的主体性和影响力。例如，中国的精准扶贫，消灭贫困。消除贫困，自古以来就是人类梦寐以求的理想。今天，全球范围仍有 7 亿极端贫困人口，其中一半生活在撒哈拉以南的非洲地区，1/3 在南亚。如何找到一条适合自身、富有成效的减贫道路，许多发展中国家正在艰难探索。正如非盟委员会主席法基所说的那样，中国发展经验值得整个世界借鉴，特别是对于非洲这样渴望推进经济和社会发展的地区。联合国秘书长古特雷斯则相信，中国在减贫方面的成就对全球产生了积极的“溢出效应”。

习近平新时代中国特色社会主义思想的这三个意味突破了西方世界炮制的诋毁社会主义和东方文明的“历史终结论”“西方中心论”“文明冲突论”等多重理论包围，证明了社会主义是人类走向文明的必然选择。

“历史终结论”断定，人类历史发展将在西方资本主义自由民主制度下终结。有人论证，社会主义不过是 20 世纪的“乌托邦”而已，在人类历史的发展过程中属于另类，不是正道，资本主义在与社会主义的较量中取得了“终结”性的胜利，历史的发展只剩一条路，即西方的市场经济和民主政治。“西方中心论”认为，人类文明始于西方并形成不可替代的中心向外扩散，西方文明最优越，非西方国家只能复制不可超越。因为传统社会主义遇到僵化、不可持续、老百姓不满意等发展问题，现实中又迟迟找不到解决的好办法，与资本主义经过自我调节、持续发展相比，曾经坚持的人们开始动摇、怀疑，对社会主义失去了信心，认为世界社会主义运动不可能复兴，文明的方式将转向西方。“文明冲突论”预言，不同文明间的冲突与战争是必然趋势，不可避免。国内外一直有人在追问中国特色社会主义是不是科学社会主义，也有不少人拼命地论证中国特色社会主义与科学社会主义有所谓的原则区别。还有一些人把中国特色社会主义歪曲为民主社会主义、市场社会主义，认为中国特色社会主义取得的成就意味着资本主义的成功而不是社会主义的复兴等等。

习近平新时代中国特色社会主义思想的提出及中国特色社会主义的辉煌成就，证明了“历史终结论”是幼稚的，社会主义有无限的生命力，是人类社会走向文明的必由之路；证明了“西方中心论”是片面的，“条条大道通罗马”，人类走向文明的道路有很多条，许多都有优越性和独特性，中国道路已经为人类文明提供了信得过的东方榜样；证明了“文明冲突论”是荒谬的，走包容、合作、共赢之路，避免冲突，构建人类命运共同体才真正是不同文明的共同追求。习近平新时代中国特色社会主义思想及中国特色社会主义的伟大实践，有力地回应了西方世界炮制的诋毁社会主义和东方文明的多重论调，证明了社会主义是人类文明的必然选择，给世界上那些既希望加快发展又希望保持自身独立性的国家和民族提供了全新选择，为解决人类问题贡献了中国智慧和中国方案。

二、新指南：习近平新时代中国特色社会主义思想

党的十八大以来，以习近平同志为核心的党中央坚持以马克思列宁主义、毛泽东思想、邓小平理论、“三个代表”重要思想、科学发展观为指导，坚持解放思想、实事求是、与时俱进、求真务实，坚持辩证唯物主义和历史唯物主义，紧密结合新的时代条件和实践要求，以全新的视野深化对共产党执政规律、社会主义建设规律、人类社会发展规律的认识，进行艰辛的理论探索，取得重大的理论创新成果，创立了习近平新时代中国特色社会主义思想。

（一）习近平新时代中国特色社会主义思想的核心要义

党的十八大以来，我们党的全部理论和实践探索都是围绕中国特色社会主义主题来展开、深化和拓展的。习近平总书记指出：“坚持和发展中国特色社会主义是一篇大文章，邓小平同志为它确定了基本思路和基本原则，以江泽民同志为核心的党的第三代中央领导集体、以胡锦涛同志为总书记的党中央在这篇大文章上都写下了精彩的篇章。现在，我们这一代共产党人的任务，就是继续把这篇大文章写下去。”

坚持和发展什么样的中国特色社会主义？习近平总书记从理论渊源、历史根据、本质特征、独特优势、强大生命力等多方位多角度作出了深刻回答，强调中国特色社会主义是既坚持科学社会主义基本原则，又具有鲜明实践特色、理论特色、民族特色、时代特色的社会主义；是中国特色社会主义道路、理论、制度、文化四位一体的社会主义；是统揽伟大斗争、伟大工程、伟大事业、伟大梦想的社会主义；是根植于中国大地、反映中国人民意愿、适应中国和时代发展进步要求的社会主义。

对怎样坚持和发展中国特色社会主义？习近平新时代中国特色社会主义思想涵盖了经济、政治、法治、科技、文化、教育、民生、民族、宗教、社会、生态文明、国家安全、国防和军队、“一国两制”和祖国统一、统一战线、外交、党的建设等各方面。其中最重要、最核心的内容就是党的十九大报告概括的“八个明确”，即明确坚持和发展中国特色社会主义的总任务是实现社会主义现代化和中华民族伟大复兴，在全面建成小康社会的基础上，分两步走在本世纪中叶建成富强民主文明和谐美丽的社会主义现代化强国；明确新时代我国社会主要矛盾是人民日益增长的美好生活

需要和不平衡不充分的发展之间的矛盾，必须坚持以人民为中心的发展思想，不断促进人的全面发展、全体人民共同富裕；明确中国特色社会主义事业总体布局是“五位一体”、战略布局是“四个全面”，强调坚定道路自信、理论自信、制度自信、文化自信；明确全面深化改革的总目标是完善和发展中国特色社会主义制度、推进国家治理体系和治理能力现代化；明确全面推进依法治国的总目标是建设中国特色社会主义法治体系、建设社会主义法治国家；明确党在新时代的强军目标是建设一支听党指挥、能打胜仗、作风优良的人民军队，把人民军队建设成为世界一流军队；明确中国特色大国外交要推动构建新型国际关系，推动构建人类命运共同体；明确中国特色社会主义最本质的特征是中国共产党领导，中国特色社会主义制度的最大优势是中国共产党领导，党是最高政治领导力量，提出新时代党的建设总要求，突出政治建设在党的建设中的重要地位。这“八个明确”，高度凝练、提纲挈领地阐明了习近平新时代中国特色社会主义思想的主要内容，构成了系统完备、逻辑严密、内在统一的科学体系。

（二）习近平新时代中国特色社会主义思想的形成来源

习近平新时代中国特色社会主义思想不是一朝一夕形成的，是对马克思列宁主义、毛泽东思想、邓小平理论、“三个代表”重要思想、科学发展观的继承和发展，是马克思主义中国化的最新成果，是党和人民实践经验和集体智慧的结晶，也与习近平同志数十年的成长经历、家庭境遇、实践摸索和理论思考紧密相连。

习近平新时代中国特色社会主义思想，是在推进马克思主义中国化进程中不断建立起来的。中国共产党是马克思主义的忠实继承者和丰富发展者。马克思主义是我们党的理论基石。我们党近百年的奋斗历程，从一定意义上说就是马克思主义中国化的进程。习近平新时代中国特色社会主义思想，是马克思主义中国化最新成果，是中国特色社会主义理论体系的重要组成部分，是对马克思主义理论谱系的创造性继承和创新性发展。

习近平新时代中国特色社会主义思想始终坚持马克思主义立场观点方法，极大地丰富和发展了中国特色社会主义理论体系，为发展21世纪马克思主义、当代中国马克思主义做出了重大贡献。这一创新思想强调“革命理想高于天”，理直气壮地强调马克思主义、共产主义理想是共产党人的命脉和灵魂，进一步提振了中国共产党的“精气神”。这一创新思想把马克思主义哲学作为看家本领，坚持和运用辩证唯物主义和历史唯物主义，强调树立战略思维、创新思维、辩证思维、法治思维、底线思维，丰富和发展了马克思主义哲学。这一创新思想提出了经济新常态、新发展理念、以人民为中心、使市场在资源配置中起决定性作用和更好发挥政府作用、供给侧结构性改革、建设现代化经济体系等一系列新理念新思想新战略，书写了当代中国马克思主义政治经济学的新篇章。这一创新思想坚持科学社会主义的基本原则，在世界上高高举起了中国特色社会主义伟大旗帜，发展了中国特色社会主义道路、理论、制度、文化，推动科学社会主义在21世纪的中国焕发出强大生机活力。

习近平新时代中国特色社会主义思想，是在传承中华优秀传统文化和革命文化、社会主义先进文化中发展起来的。中国共产党是马克思主义的忠实继承者和丰富发展者，也是中华优秀传统文化的忠实传承者和发扬光大者。习近平新时代中国特色社会主义思想，深深扎根于当代中国火热实践和中华民族5000多年博大文明，也是对中华优秀传统文化和革命文化、社会主义先进文化的创造性继承和创新性发展。习近平新时代中国特色社会主义思想没有丢掉马克思主义“老祖宗”，也没有丢掉中华优秀传统文化和革命文化、社会主义先进文化的“根脉”，而是使我们的“老祖宗”、我们的“根脉”在当今中国愈益焕发出真理的光芒、文明的光芒，使我们底气更足了、力量更强大了。这正是习近平新时代中国特色社会主义思想的独特魅力所在和独特优势所在。

习近平新时代中国特色社会主义思想吸吮着中华民族5000多年漫长奋斗积累的文化养分，开辟了传承和弘扬中华优秀传统文化和革命文化、社会主义先进文化的新局面，极大提升了中华民族的向心力和凝聚力，极大增强了中华民族屹立于世界民族之林的自信心和自豪感。《关于实施中华优秀传统文化传承发展工程的意见》的实施，深刻体现了以习近平同志为核心的党中央对中华优秀传统文化的高度重视和高度自信。习近平新时代中国特色社会主义思想蕴含着中华民族的价值共识、精神追求、政治智慧、历史经验，植根于包括红船精神、井冈山精神、长征精神、延安精神、西柏坡精神、大庆精神、“两弹一星”精神等在内的红色精神谱系，体现了社会主义核心价值观的思想灵魂，彰显了以爱国主义为核心的民族精神和以改革创新为核心的时代精神，恪守忠诚老实、公道正派、实事求是、清正廉洁为核心的政党价值观，实现了真理性和价值性的统一，充满思想的力量、道义的力量和文化的力量。

习近平新时代中国特色社会主义思想，是从习近平总书记几十年艰苦磨砺和从政实践中积累得来的。习近平新时代中国特色社会主义思想是党和人民实践经验和集体智慧的结晶，习近平总书记以马克思主义政治家、理论家的深邃政治智慧和独特理论创造，为这一思想的创立发挥了决定性作用，做出了决定性贡献。领袖的产生绝非偶然，领袖思想的形成必有源头。习近平总书记的从政经历遍及党、政、军各个领域，历经村、县、地、市、省直至中央等层级的主要岗位，其成长之路也是习近平新时代中国特色社会主义思想的萌生和孕育过程。习近平总书记的七年知青岁月和长期地方领导实践，为习近平新时代中国特色社会主义思想的孕育和发展提供了活水源头。不少思想都是在基层和地方萌发、生成和发展的，能够在他的七年知青岁月中找到"根"和"源"，也能够在他的地方领导实践的讲话和著述中找到原点和注脚。

实践出真知，基层是沃土。七年知青经历是习近平新时代中国特色社会主义思想的厚重底色和历史起点。习近平总书记经受了艰苦环境的考验，通过苦干得到了群众信任，通过苦熬磨炼了意志品质，通过苦读丰富了精神世界和知识底蕴。正是这段苦难经历的洗礼，淬炼和铸就了他坚韧不拔、志存高远、无私无畏、满腹经纶、内敛厚重的领袖魅力。在那里，"为群众做实事"的信念像种子一样在他心里生根发芽，最终长成了"坚持以人民为中心"这样的参天大树。在那里，他真正"懂得了什么叫实际，什么叫实事求是，什么叫群众"，真正感觉到"天下无难事"，增添了无穷底气和历史担当。凡此种种，从中可以领悟到习近平新时代中国特色社会主义思想的萌芽过程，领悟到大党大国领袖的心路历程。

正定是习近平总书记施展政治才华、展现历史担当的最初"试验田"。他自己也说："正定是我从政起步的地方。"在正定，他敢为人先，提出了不少新观点，实施了不少新举措，留下了实实在在的、人民群众满意的政绩，充分体现了他的为民情怀、改革思维、创新精神、开放意识、务实作风和责任担当。福建17年多的从政实践，是习近平总书记政治能力和治理能力得到全面历练和展示的关键期，也可以说是习近平新时代中国特色社会主义思想的萌发期。在福建这块热土上，他抱着一颗赤子之心，在改革、开放、发展、党建等一系列重大领域，在理论和实践的双重探索中，都取得了丰硕成果。他领导宁德摆脱贫困的努力，他主政福州"马上就办、真抓实干"的作风，他在全省治理餐桌污染、推进林权改革、建设"生态福建"和"数字福建"的成绩等，都镌刻在八闽大地上了。主政浙江和上海期间是习近平总书记的政治家素质和执政能力得到全面提升的黄金期，也是习近平新时代中国特色社会主义思想生成的重要阶段。在浙江，他强调"干在实处，走在前列"，制定并实施作为浙江经济社会发展总纲的"八八战略"，着力建设平安浙江、建设文化大省，推进党的执政能力建设和先进性建设，把浙江带上了发展快车道，使浙江成为全国可持续发展的试验田和排头兵。2007 年，他担任上海市委书记，虽然只在上海工作了 7 个月时间，但马不停蹄地考察了全市所有 19 个区县，强调牢记党的使命，阐述上海城市精神，推动共建共享改善民生。习近平总书记在地方的丰富实践、深邃思考和不断探索，与习近平新时代中国特色社会主义思想前后存在着一以贯之、深化拓展、不断升华的发展脉络和思想逻辑，在实践基础、理论渊源、思想内涵、精神品质、语言风格等方面具有内在的继承性和一致性，体现了党的核心、人民领袖的个人魅力、政治品格与理论品质的高度统一。正是这样的实践积淀和厚积薄发，厚植了他治国理政的扎实根基，形成了他非同凡响的领袖风范，成就了他博大精深的思想理论。

习近平新时代中国特色社会主义思想，是从十八大以来五年的历史性成就和历史性变革中总结出来的。当今中国在新中国成立特别是 40 年改革开放的基础上，取得了历史性成就，发生了历史性变革。这些给我们党提出了一个重大时代课题，那就是必须从理论和实践结合上系统回答新时代坚持和发展什么样的中国特色社会主义、怎样坚持和发展中国特色社会主义。正是围绕回答这一重大理论和实践问题，习近平总书记坚持把马克思主义基本原理同中国具体实践相结合，坚持以人民为中心，坚持问题导向，以全新视野作出战略抉择，以顶层设计谋划事业发展，带领全党全国人民开创了中国特色社会主义新时代，形成了习近平新时代中国特色社会主义思想。实践和理论的逻辑就是：新时代提出新课题，新课题催生新理论，新理论引领新实践。正如习近平总书记指出的那样："时代是出卷人，我们是答卷人，人民是阅卷人。"

习近平新时代中国特色社会主义思想最核心的内容，就是"八个明确"。"八个明确"揭示了新时代中国社会的主要矛盾，明确了新时代坚持和发展中国特色社会主义的总目标、总任务、总体布局、战略布局和发展方向、发展方式、发展动力、战略步骤、政治保证。在"八个明确"中，有的是对于过去目标的提升和完善，有的是对党的十八大以来治国理政新理念新思想新战略的集中概括，有的是全新的理论判断，有的则是对过去模糊认识的澄清。这些思想源于实践又指导实践，为中国特色社会主义注入了新的科学内涵，进一步彰显了中国特色社会主义更加鲜明的时代特色、实践特色、理论特色、民族特色，续写了 21 世纪马克思主义、当代中国马克思主义的光辉篇章。

习近平新时代中国特色社会主义思想，是从中国与世界的深度互动中成长而来的。当今世界正处于大发展、大变革、大调整时期，面临的不稳定性、不确定性突出，逆全球化趋势凸显，人类面临的挑战进一步加剧。党的十八大以来，以习近平同志为核心的党中央科学统筹国内国际两个大局，提出了包括正确义利观、新安全观、全球治理观、人类命运共同体、“一带一路”倡议等一系列有利于世界和平与人类进步的新理念新倡议新方案，得到了国际社会的广泛认同。尤其是中国着力推动供给侧结构性改革，克服了经济下行压力，长期保持经济的中高速增长，继续在世界主要国家中处于领先位置，成为推动世界经济发展的重要引擎和支撑力量，对全球经济增长的贡献率超过30%，比美国、日本和欧盟的总和还多。中国不仅为世界经济社会发展提供了越来越多的“物质产品”，更为世界发展和人类进步提供超越意识形态的“中国方案”。这是当代中国对世界做出的最重要贡献。

中国共产党是为中国人民谋幸福的政党，也是为人类进步事业而奋斗的政党。坚持推动构建人类命运共同体是习近平新时代中国特色社会主义思想的核心要义之一。自从习近平总书记提出构建人类命运共同体以来，中国已经更好地融入了世界，世界也更好地接纳了中国。这些不仅表现在“人类命运共同体”被写入联合国的决议，还表现在中国对金融危机影响下复苏缓慢的全球经济的积极引领上，表现在实现政策沟通、设施联通、贸易畅通、资金融通、民心相通的“一带一路”建设的深入推进上，表现在人民币加入国际货币基金组织特别提款权货币篮子的标志性事件上，表现在中国在世界治理中的深度参与和积极作为上，表现在中国“朋友圈”的日益扩大上。简而言之，当今中国已经名副其实地成为世界和平的建设者、全球发展的贡献者、国际秩序的维护者。

习近平总书记指出：“让和平的薪火代代相传，让发展的动力源源不断，让文明的光芒熠熠生辉，是各国人民的期待，也是我们这一代政治家应有的担当。”在习近平新时代中国特色社会主义思想指引下，中国将高举和平、发展、合作、共赢的旗帜，秉承“美美与共，天下大同”的传统美德，尊重世界文明多样性，努力用文明交流超越文明隔阂、用文明借鉴超越文明冲突、用文明共存超越文明优越，不断促进世界经济更加平衡、全球治理更加有效、国际关系更加合理，为世界发展和人类进步做出新的更大贡献。

（三）习近平新时代中国特色社会主义思想的理论特色

习近平新时代中国特色社会主义思想在形成和发展过程中，得到了全党全国各族人民的高度认同，并在实践中发挥了巨大指导作用，根本原因就在于，它继承和发扬马克思主义理论品质，贯穿坚定信仰信念、鲜明人民立场、强烈历史担当、求真务实作风、勇于创新精神和科学方法论，呈现出当代中国马克思主义的鲜明理论特色。

一是坚守真理、传承文明的继承性。习近平新时代中国特色社会主义思想没有丢掉老祖宗，始终坚持马克思主义立场观点方法，处处闪耀着马克思主义真理的光辉；特别是在许多重大原则问题上旗帜鲜明地坚持和捍卫马克思主义，理直气壮地驳斥各种奇谈怪论。这一思想继承和吸收中华民族的优秀传统文化，蕴含着丰富的中华民族价值共识、精神追求、政治智慧、历史经验。这一思想，充分吸收人类文明的有益成果，积极借鉴别国的治国理政经验，展现出宽广视野和博大胸怀。

二是与时俱进、引领未来的创新性。习近平新时代中国特色社会主义思想以我们正在做的事情为中心，直面前进道路上的各种困难和矛盾、风险和挑战，着力探索破解难题、推进事业发展的新理念新思想新战略，讲了许多老祖宗没有讲过的新话，具有强烈的时代气息和现实针对性。这一思想洞察时代风云，把握时代大势，站在人类发展前沿引领时代潮流，积极探索关系人类前途命运的重大问题，为应对当今世界面临的全球性挑战、解决人类面临的共性问题贡献了中国智慧和中国方案。

三是不忘初心、践行宗旨的人民性。习近平新时代中国特色社会主义思想坚持人民主体地位，尊重人民首创精神，注重从人民群众中汲取智慧和力量，时刻关注人民群众的喜怒哀乐，体现了亲民、爱民、忧民、为民的真挚情怀。这一思想坚持把人民对美好生活的向往作为奋斗目标，把让老百姓过上好日子作为全部工作的出发点和落脚点，始终为人民代言、为人民立言，充分体现了立党为公、执政为民的执政理念，体现了为中国人民谋幸福、为中华民族谋复兴的使命担当，体现了人民至上的价值追求。

四是实事求是、把握规律的科学性。习近平新时代中国特色社会主义思想立足社会主义初级阶段这个最大实际，准确把握我国发展的阶段性特点和我国社会主要矛盾的新变化，坚持一切从实际出发，勇于破除一切不合时宜的思想观念和体制机制弊端。这一思想积极探索规律，自觉遵循规律，按照客观规律的要求谋划事业发展，正确处理尊重客观规律与发挥主观能动性的关系，使我们党对共产党执政规律、社会主义建设规律、人类社会发展规律的认识达到了新的高度。

（四）习近平新时代中国特色社会主义思想的历史贡献

经过长期努力，中国特色社会主义进入了新时代。这是世情国情党情变化的必然结果，是社会主要矛盾运动的必然结果，也是党的十八大以来党和国家事业发生历史性变革的结果，是中国共产党人带领全国各族人民长期不懈奋斗的结果。习近平新时代中国特色社会主义思想，是对马克思列宁主义、毛泽东思想、邓小平理论、“三个代表”重要思想、科学发展观的继承和发展，是马克思主义中国化的最新成果，是党和人民实践经验和集体智慧的结晶，是中国特色社会主义理论体系的重要组成部分，是全党、全国人民为实现中华民族伟大复兴而奋斗的行动指南。这一思想的主要创立者是习近平同志。党的十八大以来，习近平总书记以非凡的政治智慧、顽强的意志品质、强烈的历史担当，团结带领全国各族人民进行具有许多新的历史特点的伟大斗争，统筹推进“五位一体”总体布局，协调推进“四个全面”战略布局，推动改革开放和社会主义现代化建设取得新的重大成就，推动党和国家事业全面开创新局面、发生历史性变革，赢得全党全军全国各族人民高度评价和衷心爱戴，成为党中央的核心、全党的核心。在领导全党全国推进党和国家事业的实践中，习近平总书记以马克思主义政治家、理论家的深刻洞察力、敏锐判断力和战略定力，提出了一系列具有开创性意义的新理念新思想新战略，为新时代中国特色社会主义思想的创立发挥了决定性作用、做出了决定性贡献。

习近平新时代中国特色社会主义思想源于实践又指导实践，为新时代坚持和发展中国特色社会主义、推进党和国家事业提供了基本遵循，为发展 21 世纪马克思主义、当代中国马克思主义做出了历史性贡献。

一是开辟了马克思主义新境界。习近平新时代中国特色社会主义思想贯穿于改革发展稳定、内政外交国防、治党治国治军各个领域，既坚持了“老祖宗”，又谱写了新篇章，实现了马克思主义基本原理与中国具体实际相结合的又一次飞跃，是 21 世纪中国的马克思主义，是马克思主义中国化的最新成果，为发展马克思主义做出了中国的原创性贡献，在马克思主义中国化进程中具有里程碑意义。

二是开辟了中国特色社会主义的新境界。习近平新时代中国特色社会主义思想把中国特色社会主义和实现社会主义现代化、实现中华民族伟大复兴有机贯通起来，深刻回答了新时代坚持和发展中国特色社会主义的一系列重大问题，为中国特色社会主义注入了新的科学内涵，进一步彰显了新时代中国特色社会主义的蓬勃生机和活力。

三是开辟了治国理政的新境界。在习近平新时代中国特色社会主义思想指引下，我们党团结带领人民推动党和国家事业发生了全方位、开创性、深层次、根本性的历史性变革，解决了许多长期想解决而没有解决的难题，办成了许多过去想办而没有办成的大事，我国经济实力、科技实力、国防实力、综合国力、国际影响力和人民获得感显著提升，党的面貌、国家的面貌、人民的面貌、军队的面貌、中华民族的面貌发生了前所未有的变化。

四是开辟了管党治党的新境界。遵循习近平新时代中国特色社会主义思想，我们党以坚强的决心、空前的力度，推进全面从严治党，坚持思想从严、管党从严、执纪从严、治吏从严、作风从严、反腐从严，管党治党实现从宽松软到严紧硬的深刻转变，消除了党和国家内部存在的严重隐患，党内政治生活气象更新，积极健康的党内政治文化得到弘扬，党内政治生态明显好转，党的创造力、凝聚力、战斗力和领导力、号召力显著增强，党的团结统一更加巩固，党群关系明显改善，党在革命性锻造中更加坚强，焕发出新的强大生机活力。

三、新作为：中国特色社会主义的基本方略

“十四个坚持”是习近平新时代中国特色社会主义思想的重要组成部分，也是落实习近平新时代中国特色社会主义思想的实践要求。“十四个坚持”包括：坚持党对一切工作的领导、坚持以人民为中心、坚持全面深化改革、坚持新发展理念、坚持人民当家做主、坚持全面依法治国、坚持社会主义核心价值体系、坚持在发展中保障和改善民生、坚持人与自然和谐共生、坚持总体国家安全观、坚持党对人民军队的绝对领导、坚持“一国两制”和推进祖国统一、坚持推动构建人类命运共同体、坚持全面从严治党。这“十四个坚持”，涵盖坚持党的领导和“五位一体”总体布局、“四个全面”战略布局，涵盖国防和军队建设、维护国家安全、对外战略，是对党的治国理政重大方针、原则的最新概括，体现了理论与实践相统一、战略与战术相结合，是实现“两个一百年”奋斗目标、实现中华民族伟大复兴中国梦的“路线图”和“方法论”。

（一）正确理解和把握好几个关系

1. 习近平新时代中国特色社会主义思想和基本方略的关系

习近平总书记明确指出，新时代中国特色社会主义思想是指导思想层面的表述，在行动纲领层面的表述称为新时代坚持和发展中国特色社会主义的基本方略。这是对我们党的新时代行动指南与行动纲领相互关系的精

辟概括。一个马克思主义政党，既要有作为党的指导思想的行动指南，又要有体现党的指导思想的行动纲领。这两者既同等重要、缺一不可，又相互贯通、相辅相成，是携手共进的，又是与时俱进的。

我们党在革命、建设、改革各个历史时期，属于党的行动纲领层面的总路线或基本路线、基本纲领或行动纲领，都是同党在各个历史时期的行动指南相伴而生的。新民主主义革命总路线、总政策及三大纲领同新民主主义革命理论相伴而生；新中国成立后，党的过渡时期总路线同党的过渡时期理论相伴而生；改革开放和社会主义现代化建设历史新时期，党的基本路线、基本纲领，也同党在新时期的基本理论相伴而生。

深入研读习近平新时代中国特色社会主义思想和基本方略就可以看到，它们共同而各有侧重地体现了新时代坚持和发展中国特色社会主义这条主线。前者更多的是从理论和实践的结合上，系统回答新时代坚持和发展什么样的中国特色社会主义；后者更多的是从理论和实践的贯彻落实上，系统回答在新时代怎样坚持和发展中国特色社会主义。正因为这样，党的十九大报告明确指出：在新时代，中国特色社会主义基本方略就是“在各项工作中全面准确贯彻落实”“新时代中国特色社会主义思想的精神实质和丰富内涵”。

2. 习近平新时代中国特色社会主义基本方略同以往概括的党的基本纲领、基本经验、基本要求的关系

习近平总书记明确指出：改革开放以来，我们党相继提出了基本理论、基本路线、基本纲领、基本经验、基本要求，构成了中国特色社会主义的“五个基本”。其中，基本理论和基本路线是管长远的。相对而言，不同时期形成的基本纲领、基本经验、基本要求，有些内容已经随着实践和理论发展而发展了。基本纲领是党的十五大提出来的，即建设有中国特色社会主义的经济、政治、文化的基本目标和基本政策，有机统一，不可分割，构成党在社会主义初级阶段的基本纲领。这个纲领是邓小平理论的重要内容，是党的基本路线在经济、政治、文化等方面的展开，是党的十一届三中全会以来最主要经验的总结。基本经验是党的十六大提出来的，是党的十三届四中全会以来13年实践积累的宝贵经验，是我们党领导人民建设中国特色社会主义必须坚持的10条基本经验。基本要求是党的十八大提出来的，是在新的历史条件下夺取中国特色社会主义新胜利必须牢牢把握和坚持的8条基本要求，是全党、全国各族人民的共同信念。党的十九大提出的基本方略，实际上是将基本纲领、基本经验、基本要求统筹到一起，重新作了汇集和组合，进行了简化和提炼。基本方略替代基本纲领、

基本经验、基本要求，体现了与时俱进的精神。基本方略将基本纲领、基本经验、基本要求统筹归并，是顺应时代和实践的发展变化而作出的适时调整。

3. 习近平新时代中国特色社会主义基本方略“14 个坚持”的相互关系

基本方略总体框架结构蕴含完整的科学体系。这“14 个坚持”是一个完整的科学体系，由“1+5+4+4”构成。“1”即坚持党对一切工作的领导。党的领导是全面的，是对一切工作的领导，不是领导某一个方面或某几个方面。中国共产党的领导是中国特色社会主义最本质的特征，是中国特色社会主义制度最大的优势。党政军民学，东西南北中，党是领导一切的。党的领导任何时候都不能动摇和削弱。“5”即“五位一体”总体布局，即经济建设、政治建设、文化建设、社会建设、生态文明建设。第一个“4”即“四个全面”战略布局，即全面建成小康社会、全面深化改革、全面依法治国、全面从严治党。第二个“4”即国防和军队建设、总体国家安全观、“一国两制”和推进祖国统一、中国特色大国外交。这四大部分构成“14 个坚持”的完整严密的科学逻辑体系。

基本方略体现了坚持党对一切工作的领导和坚持全面从严治党的极端重要性。14 条基本方略以坚持党对一切工作的领导开头、以坚持全面从严治党收尾，紧紧扭住和高度聚焦中国共产党是当今中国最高政治领导力量，强调“党政军民学，东西南北中，党是领导一切的”，要求全党增强“四个意识”，自觉维护党中央权威和集中统一领导，自觉在思想上政治上行动上同党中央保持高度一致，完善坚持党的领导的体制机制，提高党把方向、谋大局、定政策、促改革的能力和定力，确保党始终总揽全局、协调各方。基本方略同时还强调：“勇于自我革命，从严管党治党，是我们党最鲜明的品格”，必须“把党的政治建设摆在首位，思想建党和制度治党同向发力，统筹推进党的各项建设，抓住‘关键少数’，坚持‘三严三实’，坚持民主集中制，严肃党内政治生活，严明党的纪律，强化党内监督，发展积极健康的党内政治文化，全面净化党内政治生态，坚决纠正各种不正之风，以零容忍态度惩治腐败，不断增强党自我净化、自我完善、自我革新、自我提高的能力，始终保持党同人民群众的血肉联系”等。

基本方略阐明的坚持以人民为中心、坚持人民当家作主、坚持在发展中保障和改善民生的统一性。在 14 条基本方略中，对坚持以人民为中心、坚持人民当家作主、坚持在发展中保障和改善民生各写了一条，深刻阐明了“人民是历史的创造者，是决定党和国家前途命运的根本力量”，“增进民生福祉是发展的根本目的”。这“两个根本”，不但深刻表明了我们党治国理政的政治立场、依靠力量和发展目的，而且表明我们党始终“坚持人民主体地位，坚持立党为公、执政为民”，“把人民对美好生活的向往作为奋斗目标，依靠人民创造历史伟业”，“坚持党的领导、人民当家作主、依法治国有机统一是社会主义政治发展的必然要求”。强调党不但要把“保证人民当家作主落实到国家政治生活和社会生活之中”，而且要“把党的群众路线贯彻到治国理政全部活动之中”，坚持“多谋民生之利、多解民生之忧，在发展中补齐民生短板、促进社会公平正义，在幼有所育、学有所教、劳有所得、病有所医、老有所养、住有所居、弱有所扶上不断取得新进展”，“保证全体人民在共建共享发展中有更多获得感，不断促进人的全面发展、全体人民共同富裕”，“确保国家长治久安、人民安居乐业”。这些都是习近平总书记关于党的各级领导干部都必须做到“心中有党、心中有民”的重要思想在新时代党的基本方略中的生动体现，也是在伟大事业和伟大工程中坚持党性和人民性高度统一的生动体现。

基本方略强调总体国家安全、国防和军队建设的重要地位和作用。基本方略从我国发展的历史方位出发，强调“坚持总体国家安全观”，“统筹发展和安全，增强忧患意识，做到居安思危，是我们党治国理政的一个重大原则。必须坚持国家利益至上，以人民安全为宗旨，以政治安全为根本，统筹外部安全和内部安全、国土安全和国民安全、传统安全和非传统安全、自身安全和共同安全，完善国家安全制度体系，加强国家安全能力建设，坚决维护国家主权、安全、发展利益”。强调“坚持党对人民军队的绝对领导”；“建设一支听党指挥、能打胜仗、作风优良的人民军队，是实现‘两个一百年’奋斗目标、实现中华民族伟大复兴的战略支撑”；“必须全面贯彻党领导人民军队的一系列根本原则和制度，确立新时代党的强军思想在国防和军队建设中的指导地位，坚持政治建军、改革强军、科技兴军、依法治军，更加注重聚焦实战，更加注重创新驱动，更加注重体系建设，更加注重集约高效，更加注重军民融合，实现党在新时代的强军目标”。这些充分体现了我们党把有效维护国家安全作为安邦定国的重要基石；把全面推进国防和军队现代化，贯彻新形势下军事战略方针，构建中国特色现代作战体系，作为党和人民赋予人民军队的新时代使命任务。

（二）以习近平新时代中国特色社会主义思想为指导，实现中华民族伟大复兴的中国梦

1. 实现伟大梦想的战略安排

“从现在到二〇二〇年，是全面建成小康社会决胜期。”

2018 年，我们将迎来改革开放 40 周年。中华民族伟大复兴必将在改革开放的进程中得以实现。

2019 年，我们将迎来中华人民共和国成立 70 周年。我们将推动各项事业全面发展，把我们的国家建设得更加繁荣富强。

2020 年，我们将全面建成小康社会。中国人民生活一定会一年更比一年好。

2021 年，我们将迎来中国共产党成立 100 周年。中国共产党立志于中华民族千秋伟业，百年恰是风华正茂！明确决胜全面建成小康社会的重点是打好防范化解重大风险、精准脱贫、污染防治三大攻坚战，这是全面建成小康社会的底线或者说是重要的标志。

“从二〇二〇年到二〇三五年，在全面建成小康社会的基础上，再奋斗十五年，基本实现社会主义现代化。”

中国共产党对现代化的不懈追求，中国共产党对现代化的认识和阐释自上世纪中叶以来延续了 70 年。1960 年，毛泽东明确提出建立“工业现代化，农业现代化，科学文化现代化，国防现代化”的“四个现代化”国家。1964 年，全国人大三届一次会议周恩来作《政府工作报告》，把“四个现代化”表述为“全面实现农业、工业、国防和科学技术的现代化”。这之后，毛泽东提出要“把我国建设成为一个社会主义的现代化的强国”。2013 年，党的十八届三中全会提出要“推进国家治理体系和治理能力现代化”，被称为“第五个现代化”。这表明，党对现代化有两个重要认识：一是社会主义现代化国家，二是社会主义现代化强国，具体包含了从“四化”到“五化”的发展。

对于社会主义现代化强国内涵的演进发展，邓小平提出了“三步走”战略：

（1）第一步，1990 年实现国民生产总值比 1980 年翻一番，解决人民温饱问题。

（2）第二步，到 20 世纪末期，使国民生产总值再增长一倍，人民生活达到小康水平。

（3）第三步，到 21 世纪中叶，人均国民生产总值达到中等发达国家水平，人民生活比较富裕，基本实现现代化。

这意味着把基本实现社会主义现代化的目标提前了 15 年。

“从二〇三五年到本世纪中叶，在基本实现现代化的基础上，再奋斗十五年，把我国建成富强民主文明和谐美丽的社会主义现代化强国。”

1981 年党的十一届六中全会通过的《关于建国以来党的若干历史问题

的决议》提出："逐步建设成为具有现代农业、现代工业、现代国防和现代科学技术的，具有高度民主和高度文明的社会主义强国。"1982 年党的十二大报告提出："逐步实现工业、农业、国防和科学技术现代化，把我国建设成为高度文明、高度民主的社会主义国家。"1987 年党的十三大报告提出："把我国建设成为富强、民主、文明的社会主义现代化国家。"2007 年党的十七大报告，进一步提出"建设富强民主文明和谐的社会主义现代化国家"，增加了"和谐"。2017 年党的十九大报告，又增加了"美丽"，强调生态方面的资源和环境问题。

一是完整勾画了我国社会主义现代化建设的时间表、路线图。第一阶段，改革开放之初到 1990 年主要解决人民的温饱问题；第二阶段，1991 年到 2000 年使人民生活达到小康水平；第三阶段，2001 年到 2020 年全面建成小康社会；第四阶段，2021 年到 2035 年基本实现社会主义现代化；第五阶段，2036 年到 2050 年建成富强民主文明和谐美丽的社会主义现代化强国。

二是第二个百年奋斗目标的表述更加完整。原来的目标是到新中国成立一百年时建成富强民主文明和谐的社会主义现代化国家。党的十九大对此作出了两处小的调整：其一，加上了"美丽"两个字，一方面是和"五位一体"总体布局相统一相对应；另一方面，将"美丽"纳入社会主义现代化建设的重要内涵，也有利于加快建设美丽中国。其二，一个小的变动就是把原来的"国家"改成了"强国"，这样就提升了第二个百年奋斗目标的内在要求。

三是不再提 GDP 翻番类目标。这主要是考虑，我国社会主要矛盾已经发生变化，我国经济发展已转向高质量发展阶段，不再是高速度增长的阶段了。

2. 实现伟大梦想，必须坚持新发展理念

发展是解决我国一切问题的基础和关键。

坚持以人民为中心的发展思想（发展的最终目的是为了人民、发展的根本动力来自人民、发展的成果由人民共同享有、发展的战略和政策始终围绕人民）。

发展必须是科学发展。

发展必须坚定不移贯彻创新、协调、绿色、开放、共享的发展理念。

3. 实现伟大梦想，必须进行伟大斗争、建设伟大工程、推进伟大事业

实现伟大梦想，必须进行伟大斗争：

与"否定党的领导和我国社会主义制度的言行"斗；

与“一切损害人民利益、脱离群众的行为”斗；

与“一切顽瘴痼疾”斗；

与“一切分裂祖国、破坏民族团结和社会和谐稳定的行为”斗；

与“在政治、经济、文化、社会等领域和自然界出现的困难和挑战”斗。

实现伟大梦想，必须建设伟大工程：

(1) 党的建设面临的风险与挑战

要深刻认识我们党面临的执政环境是复杂的，影响党的先进性、弱化党的纯洁性的因素也是复杂的，党内存在的思想不纯、组织不纯、作风不纯等突出问题尚未得到根本解决。

要深刻认识党面临的执政考验、改革开放考验、市场经济考验、外部环境考验的长期性和复杂性。

要深刻认识党面临的精神懈怠危险、能力不足危险、脱离群众危险、消极腐败危险的尖锐性和严峻性，坚持问题导向，保持战略定力，推动全面从严治党向纵深发展。

(2) 新时代党的建设总要求

坚持和加强党的全面领导，坚持党要管党、全面从严治党。

以加强党的长期执政能力建设、先进性和纯洁性建设为主线，以党的政治建设为统领，以坚定理想信念宗旨为根基，以调动全党积极性、主动性、创造性为着力点，全面推进政治建设、思想建设、组织建设、作风建设、纪律建设，把制度建设贯穿其中，深入推进反腐败斗争。

不断提高党的建设质量，把党建设成为始终走在时代前列、人民衷心拥护、勇于自我革命、经得起各种风浪考验、朝气蓬勃的马克思主义执政党。

第一，紧紧围绕维护以习近平同志为核心的党中央权威和集中统一领导，加强党的政治建设。过去五年，在党中央领导下，中央纪委查处的中管干部案件，从李春城到孙政才，共 292 人，几乎都有违反政治纪律的行为，绝大多数都有政治问题和经济腐败相互交织的严重问题。所以报告把政治建设摆在党的建设的第一条，是有极强的现实针对性的，这就要求全党牢固树立“四个意识”，严肃党内政治生活，严明政治纪律和政治规矩，坚定不移维护党中央权威。

第二，把中央八项规定精神化作自觉行动，驰而不息改进作风。过去五年，我们共查处违反中央八项规定精神问题 18.9 万件。处理党员干部 25.6 万人。所以，要发扬钉钉子精神，紧盯享乐主义和奢靡之风，加大纠正形式主义、官僚主义力度，绝不能让“四风”反弹回潮，把作风建设引向深入，不断厚植党执政的政治基础。

第三，全面加强纪律建设，持之以恒正风肃纪。报告强调要重点强化政治纪律和组织纪律，带动廉洁纪律、群众纪律、工作纪律、生活纪律严起来，真正把纪律挺在前面，深化运用监督执纪“四种形态”，使我们的党员干部不断增强政治定力、纪律定力、道德定力、抵腐定力。

第四，以坚如磐石的决心，夺取反腐败斗争压倒性胜利。党的十九大仍然作出反腐败斗争形势依然严峻复杂的政治判断，提出18字要求：坚持无禁区、全覆盖、零容忍，坚持重遏制、强高压、长震慑，坚持受贿行贿一起查。

要明确今后的惩治重点，那就是在高压态势下仍然不收敛、不收手，群众反映强烈、问题反映集中，已经进入了重要岗位、可能还要提拔使用的领导干部，特别是要清除政治问题与经济腐败相互交织的利益集团。

要推动全面从严治党向基层延伸。过去这几年纪律处分县处级干部6.3万人，乡科级干部24.6万人，村支书、村委会主任27.8万人。所以要推动从严治党不断向基层延伸，使人民群众增强获得感，真正感受到管党治党的成效。

要追逃追赃不停步。2014年外逃人数是101人，2015年是31人，2016年是19人。习近平总书记强调，不管十年、二十年，尚有一人在逃，追逃就绝不停止。要通过不懈努力，强化不敢腐的震慑，扎牢不能腐的笼子，增强不想腐的自觉，赢得海晏河清、朗朗乾坤。

第五，完善党和国家监督体系，不断增强自我净化能力。全面从严治党的根本目的，就是探索出一条党长期执政条件下实现自我净化的有效途径。

要把党内监督与人民群众监督结合起来，擦亮巡视利剑，推进市县巡察；擦亮派驻“探头”，发挥监督作用。

要深化国家监察体制改革，实现我们的巡视监督、派驻监督、国家监察三个全覆盖，推进治理体系和治理能力现代化。监察委员会正在不断推进改革之中：1927年4月底至5月上旬，诞生了中国共产党第一个纪律检查机构——中央监察委员会。现在则是把政府的监察部（厅、局）、预防腐败局及人民检察院查处贪污贿赂、失职渎职以及预防职务犯罪等部门的相关职能整合，成立国家监察委员会，这是党中央做出的一个重大政治决策，目的是加强党对反腐败工作的集中统一领导，构建集中统一、权威高效的国家监察体系。在党委领导下，纪委和监察委合署办公，反腐败的力量会更集中，工作也会更加有效。

实现伟大梦想，必须推进伟大事业：

中国特色社会主义是改革开放以来党的全部理论和实践的主题，是党和人民历尽千辛万苦、付出巨大代价取得的根本成就。

中国特色社会主义道路是实现社会主义现代化、创造人民美好生活的必由之路，中国特色社会主义理论体系是指导党和人民实现中华民族伟大复兴的正确理论，中国特色社会主义制度是当代中国发展进步的根本制度保障，中国特色社会主义文化是激励全党全国各族人民奋勇前进的强大精神力量。

全党要更加自觉地增强道路自信、理论自信、制度自信、文化自信，既不走封闭僵化的老路，也不走改旗易帜的邪路，保持政治定力，坚持实干兴邦，始终坚持和发展中国特色社会主义。

习近平新时代中国特色社会主义法治思想

刘　艳

党的十九大为建设中国特色社会主义事业揭开新的篇章，也对以习近平总书记为核心的党中央在过去五年里取得的治国理政业绩进行了回顾与梳理，在面对日益纷繁复杂的国内外环境的条件下，成绩来之不易，困难依然存在，中国特色社会主义事业发展面对的考验与挑战也必将前所未有，只有紧密团结在以习近平同志为核心的党中央周围，转变思维，正视问题，激流勇进，继续用习近平新时代中国特色社会主义思想武装头脑，用切实的行动促进科学发展，方能进行伟大斗争、建设伟大工程、推进伟大事业并实现伟大梦想。习近平新时代中国特色社会主义思想具有十分丰富的理论内涵和实践价值，内容包含治国理政的方方面面，是新时期中国共产党人独创性的理论成果，实现了马克思主义中国化的又一次重大飞跃。其中，法治是党对治国理政基本方式的最终选择，法治思想也构成了习近平新时代中国特色社会主义思想的重要组成部分。

一、习近平新时代中国特色社会主义法治思想的形成

习近平新时代中国特色社会主义法治思想的形成经历了漫长的历史沉淀过程，是在继承前人法治思想的基础上，实现了跨越性的开创。从这个意义上说，习近平新时代中国特色社会主义法治思想并非一个孤立的成果，而是既汲取了前几代中国共产党人法治观念精髓与实践经验，又合理采纳了法学经典理论与学说的内容。习近平新时代法治思想是在继承基础上的开创、开放条件下的发展，在各项改革处于攻坚期、社会主义事业发展受阻的特殊局面下，对于明确治国理政的基本方式，破除影响社会主义事业发展的不利因素，营造风清气正的政治生态，使全党始终不忘全心全意为人民谋福祉的初心，努力实现中华民族伟大复兴的中国梦具有极为深

远的意义。

习近平新时代中国特色社会主义法治思想是在继承前辈治国者观念与经验的基础上发展而来的。中国共产党成立以来，每一个历史时期领导集体形成的救国治国思想与策略都是与当时的国家治理需要相呼应的，总是具有特定历史性特征的。毛泽东思想实现了马克思主义中国化的第一次理论飞跃，根据当时中国的革命与建设需要，独创性地走出了“从农村包围城市”的革命发展新道路。邓小平理论实现了马克思主义在中国的第二次理论飞跃，回答了什么是社会主义以及怎样建设社会主义的问题，尤其在苏联解体和东欧剧变后，社会主义面临严峻考验的情况下，邓小平理论以举世瞩目的建设成就向世界掷地有声地印证了“只有社会主义才能救中国”的科学论断。而相比于毛泽东思想和邓小平理论而言，习近平新时代中国特色社会主义思想是马克思主义中国化的又一重要理论成果，是在前辈治国者经验与总结的基础上发展起来的具有开放性的治国新思想。这一思想的“新”在于它面临的是中国特色社会主义发展的新困境，走出的是中国特色社会主义新道路，开创的是中国特色社会主义发展的新局面。其中，习近平法治思想作为新时代中国特色社会主义思想的重要组成部分，同样与前人治国思想与理念一脉相承并汲取了其中的精华。

（一）对毛泽东法治思想的继承

习近平新时代中国特色社会主义法治思想对毛泽东法治思想的继承性主要体现在以下几个方面：

1. 继承了毛泽东重视宪法的思想

毛泽东同志在新中国成立之初就开始谋划制定《中华人民共和国宪法》，并为此提供了最实际的关注与支持。尽管1949年的《共同纲领》在一定程度上起到了“临时宪法”的作用，但毕竟在新中国成立后，中国共产党带领全国人民建设社会主义事业，没有一部系统的宪法作统领是难以应对复杂的任务要求的。正是在这样的时代背景下，毛泽东同志开始认真思考党领导人民建设社会主义国家的着力点和抓手问题，经过对苏联建设经验的审视与借鉴，毛泽东认识到中国社会主义事业的发展没有一部统领全国人民凝心聚力的宪法是万万不能的。在经过历时近一年的广泛论证和充分征集社会各方面意见后，1953年年底，毛泽东一行乘专列离京，前往杭州起草新中国的第一部宪法。在列车上，毛泽东曾对随行人员说：“治国，须有一部大法。”他所说的“大法”就是西湖会议上拟定草案并在后来修订出台的“五四宪法”。在“五四宪法”制定的整个过程中，毛泽东同志做出了卓越的贡献。首先是针对当时社会各界对制宪出现不同意见时，毛泽东同志提出“困难总是有的，但同样地，困难也可以克服”，从而排除了对制宪的种种思想疑虑和畏难情绪。其次是毛泽东本人亲自参与宪法的制定，充分研读各国宪法，尤其对1918年苏俄宪法和1936年苏联宪法以及东欧各国宪法进行了着重研究，并且还制定了宪法起草的具体时间表，以确保宪法草案的完成进度，因而才会有1954年宪法的顺利出台。时至今日，我们仍然不能否认“五四宪法”是一部在思想上具有先进性并能适应当时时代发展需求的好宪法。再次，毛泽东同志对“五四宪法”的组织制定过程也相当重视，谨防新中国的第一部根本大法出现纰漏，科学地应用了民主立法精神。1954年6月，毛泽东主持召开中央人民政府委员会第三十次会议，通过《中华人民共和国宪法草案》和关于公布宪法草案的决议，要求全国地方各级人民政府立即在人民群众中组织关于宪法草案的讨论，发动人民群众积极提出修改意见。6月16日，《人民日报》刊登了宪法草案全文并发表了社论，号召开展广泛讨论。一场轰轰烈烈的宪法草案讨论随即遍及全国。“新中国第一部宪法草案”一时变成街头巷尾的热门话题，参加讨论的人数达1.5亿，约占当时全国总人口的四分之一。最后，毛泽东同志也十分注重制定出来的宪法实施效果和宪法权威树立。“五四宪法”的“二读稿”完成后，毛泽东就曾说：“宪法是一个国家的根本法，从党的主席、政府主席到一般老百姓都要按照它做，将来我不做党和政府主席了，谁来当也要按照它做，这个规矩要立好。”

习近平同志对宪法的重视程度也可以从他在屡次正式场合的讲话中看出来，如果说毛泽东同志注重宪法的制定，那么习近平同志则既注重宪法的立法完善，又注重宪法的实施与监督。2012年12月4日，习近平在首都各界纪念现行宪法公布施行30周年大会上的讲话中指出：“维护宪法权威，就是维护党和人民共同意志的权威。捍卫宪法尊严，就是捍卫党和人民共同意志的尊严。保证宪法实施，就是保证人民根本利益的实现。”“全面贯彻实施宪法，是建设社会主义法治国家的首要任务和基础性工作。”习近平要求领导干部要学会运用“法治思维和法治方式”，首先就是要有重视宪法的思维。因此，他多次强调依法治国首先是依宪治国，依法执政关键是依宪执政。全面理解习近平同志的宪法思维必须把握好两个方面的内容：第一，习近平同志与毛泽东同志一样，认识到治国没有宪法是靠不住的，并且他还将宪法的根本性上升到关乎党和国家事业发展的全局高度去阐释，可见，在总书记的法治思想中，宪法的立法完善、宪法实施保障和宪法权威维护是法制建设中带有根本性、全局性、统揽性和政治性的任务。2012 年，在现行宪法公布施行 30 周年大会上，他更是直接指出，只要切实尊重和有效实施宪法，人民当家作主就有保证，党和国家事业就能顺利发展。反之，如果宪法受到漠视、削弱甚至破坏，人民权利和自由就无法保证，党和国家事业就会遭受挫折。第二，习近平同志继承毛泽东同志宪法思维的表现就是特别强调宪法的落地生根。毛泽东同志要求宪法制定出来后，所有人都要遵守。而习近平同志则是用决策体现出宪法的生命力，先是在宪法施行 30 周年大会上强调："宪法的生命在于实施，宪法的权威也在于实施。我们要坚持不懈抓好宪法实施工作，把全面贯彻实施宪法提高到一个新水平。"紧接着国家又确定每年的 12 月 4 日为全国宪法日，并要求从 2016 年 1 月 1 日起，各级人民代表大会及县级以上各级人民代表大会常务委员选举或者任命的国家工作人员，以及各级人民政府、人民法院、人民检察院任命的国家工作人员，在就职时应当公开进行宪法宣誓。而党的十九大更是提出"加强宪法实施和监督，推进合宪性审查工作，维护宪法权威"，再一次将宪法的实施与监督实质性地推进了一步，因为合宪性审查工作的推进，就意味着重大决策的作出与规范性文件的出台，必须先行开展是否合宪的审查，任何决策与文件无论是在内容还是程序上与宪法精神和要求相违背，必将归于无效。尽管我国不是一个宪法司法化的国家，但并不意味着宪法形同虚设，更不意味着宪法只是一种精神象征，而必须在现实中切切实实地发挥作用，在整个中国特色社会主义法律体系中，宪法始终是起到引领作用的根本法，这是毋庸置疑的。所以十九大报告中再次重申：各级党组织和全体党员要带头尊法学法守法用法，任何组织和个人都不得有超越宪法法律的特权，绝不允许以言代法、以权压法、逐利违法、徇私枉法。

2. 继承了毛泽东同志严格执法与宽宥并行的法治思想

毛泽东同志不仅重视民主立法，更加注重法律的执行。在他的意识里，法律是劳动人民自己制定的，是保护人民利益和社会主义经济基础的，因此所有人都应该"一定要守法，不要破坏革命的法制"。但同时他也强调："法制要遵守。按照法律办事，不等于束手束脚，有反不肃，束手束脚，是不对的。要按照法律放手放脚。"在守法环节之外，毛泽东在严格执法，尤其是对反革命分子的执法问题上，态度是非常鲜明的，那就是："必须坚决地肃清一切危害人民的土匪、特务、恶霸及其他反革命分子。在这个问题上，必须实行镇压与宽大的政策，即首恶者必办，胁从者不问，立功者受奖的政策，不可偏废。"毛泽东的惩办与宽大相结合的主张逐步形成了我国基本的刑事政策。甚至我国 1979 年刑法中出现死刑复核与死缓的量刑做法都是起源于毛泽东的法治思想。1951 年在镇压反革命运动中，他提出：“凡介在可捕可不捕之间的人一定不要捕，如果捕了就是犯错误；凡介在可杀可不杀之间的人一定不要杀，如果杀了就是犯错误。”为了使“慎用死刑”的思想落到实处，毛泽东还提出了严格的死刑审批复核程序和死刑缓刑的思想。他在《论十大关系》中指出：“今后社会上的镇反，要少捉少杀。……他们中的多数，要交给农业合作社去管制生产，劳动改造。”可见，毛泽东对犯罪行为惩戒采用了区别对待、宽严并济的基本态度，坚持能改造好的尽量争取改造、能不杀的尽量不杀的立场。习近平新时代中国特色社会主义法治思想中也在一定程度上继承了毛泽东的这种宽严并济与“慎刑”的思想，在当今社会改革转型期、矛盾困难比较突出的情况下，确实既起到了对贪腐行为的震慑与惩戒作用，又给了部分犯罪分子洗心革面的机会。习近平法治思想中“严”的一面主要体现在公权力约束与抓领导干部这个“关键少数”上，多次强调要“关紧制度的笼子”“法律红线不可逾越、法律底线不可触碰”。2015 年 2 月，习近平在省部级领导学习贯彻十八届四中全会精神全面推进依法治国专题研讨班的讲话中特别指出：“领导干部要把对法治的尊崇、对法律的敬畏转化成思维方式和行为方式，做到在法治之下、而不是法治之外、更不是法治之上想问题、作决策、办事情。党纪国法不能成为‘橡皮泥’、‘稻草人’，违纪违法都要受到追究。”这一点在我国《刑法修正案》（九）中关于贪污贿赂类犯罪量刑幅度改变的导向上也可以看出。与此同时，对非公权力行使领域里的部分违法犯罪行为的惩戒，基本上也采用了宽宥与改造并行的思路。2015 年 8 月，国家主席习近平签署主席特赦令，根据十二届全国人大常委会第十六次会议通过的全国人大常委会关于特赦部分服刑罪犯的决定，对四类服刑罪犯实行特赦。对依据 2015 年 1 月 1 日前人民法院作出的生效判决正在服刑，释放后不具有现实社会危险性的四类罪犯实行特赦：一是参加过中国人民抗日战争、中国人民解放战争的；二是中华人民共和国成立以后，参加过保卫国家主权、安全和领土完整对外作战的，但犯贪污受贿犯罪，故意杀人、强奸、抢劫、绑架、放火、爆炸、投放危险物质或者有组织的暴力性犯罪，黑社会性质的组织犯罪，危害国家安全犯罪，恐怖活动犯罪的，有组织犯罪的主犯以及累犯除外；三是年满七十五周岁、身体严重残疾且生活不能自理的；四是犯罪的时候不满十八周岁，被判处三年以下有期徒刑或者剩余刑期在一年以下的，但犯故意杀人、强奸等严重暴力性犯罪，恐怖活动犯罪，贩卖毒品犯罪的除外。习近平签署的这个特赦令是新中国成立以来的第八次特赦，距离第七次特赦已达40 年之久。从习主席签署的特赦令面向的后三类犯罪分子情况也可以看出宽严并济、区分对待的思路。

3. 继承了毛泽东民主立法和科学立法的思想

虽然在新中国成立之初，法律制度体系尚不能称得上完备，但民主立法和科学立法的精神却是毛泽东同志一贯倡导并贯彻的。被誉为“三大法宝”之一的群众路线是毛泽东同志在革命和建设过程中一直高度重视的，而民主立法恰是群众路线在立法过程中的体现。“五四宪法”制定的过程中，毛泽东同志就提出必须贯彻民主原则与社会主义原则。1953 年，毛泽东启动宪法制定工作，亲自主持了宪法草案的三次大规模群众性讨论。第一次是在北京和全国各大城市组织各民主党派、各人民团体和社会各方面的代表人物中的千人讨论；第二次组织的讨论范围扩大，在全国范围内公开征集意见，约有 1.5 亿人参加，提出了 118 万多条意见和建议；第三次讨论是全国人民代表大会代表对宪法草案最后修改稿进行的讨论。对宪法制定过程中的民主讨论程序，毛泽东给予了充分肯定，他说：“这个宪法草案之所以得人心，是什么理由呢？我看理由之一，就是起草宪法采取了领导机关的意见和广大群众的意见相结合的方法。过去我们用了这个方法，今后也要如此。一切重要的立法都要采用这个方法。”同时，毛泽东也特别注重科学立法，主要体现在以下三方面：一是因为“五四宪法”是在毛泽东亲自组织下得以顺利出炉的，有人曾提议此宪法命名为“毛泽东宪法”，这遭到了毛泽东本人的坚决拒绝。他认为，这是一部人民的、社会主义的宪法，因此应该命名为“中华人民共和国宪法”。二是“五四宪法”中关于国家主席的定位问题，初稿中有“国家主席是国家的元首”之条款，后来毛泽东将此条款删除，有人提出是主席谦虚才这么做的，但毛泽东的回答是，科学没有什么谦虚不谦虚的问题。搞宪法是搞科学。我们除了科学以外，什么都不要相信，就是说，不要迷信。三是体现在毛泽东对制定宪法的科学审慎态度上。“五四宪法”的每一章、每一节、每一条，他都参与讨论，有时甚至是逐字逐句推敲修改。草案初稿完成后，又进行修改，相继拿出“二读稿”“三读稿”。随后，还聘请了法律顾问、语文顾问对“三读稿”进行了认真仔细的研究修改，通过“四读稿”。毛泽东强调“这个初稿可以小修改，可以大修改，也可以推翻另拟初稿”。

习近平同志对民主立法与科学立法的问题也十分重视，多次指出立法要以人民利益为本，法治的关键首先是提高立法的质量等观点。2012 年 12 月 4 日，习近平在首都各界纪念现行宪法公布施行 30 周年大会上的讲话中提出的要求是：“全国人大及其常委会要加强重点领域立法，拓展人民有序参与立法途径，通过完备的法律推动宪法实施，保证宪法确立的制度和原则得到落实。国务院和有立法权的地方人大及其常委会要抓紧制定和修改与法律相配套的行政法规和地方性法规，保证宪法和法律得到有效实施。”紧接着，在2013年2月，习近平在十八届中央政治局第四次集体学习会议上的讲话中又指出：“人民群众对立法的期盼，已经不是有没有，而是好不好、管用不管用、能不能解决实际问题；不是什么法都能治国，不是什么法都能治好国；越是强调法治，越是要提高立法质量。”随后的2014年10月20日，他在《关于〈中共中央关于全面推进依法治国若干重大问题的决定〉的说明》中再次强调：“推进科学立法、民主立法，是提高立法质量的根本途径。科学立法的核心在于尊重和体现客观规律，民主立法的核心在于为了人民、依靠人民。要完善科学立法、民主立法机制，创新公众参与立法方式，广泛听取各方面意见和建议。”可见，在民主立法与科学立法问题上，习近平法治思想与毛泽东法治思想是一脉相承的。

（二）对邓小平法治思想的继承

习近平新时代中国特色社会主义法治思想同邓小平法治思想一样，都重视法治的全过程、全环节发挥作用。1978年12月13日，邓小平在中央工作会议上提出了社会主义法制建设的重要方针和基本要求，这就是后来人们所熟知的十六字方针，即“有法可依，有法必依，执法必严，违法必究”。这句话随后即被写入党的十一届三中全会公报中，这在其后的社会主义建设事业发展中发生了深远的影响，对后继者法治思想的发展和逐步成熟都起到了十分重要的指引作用。邓小平提出的“有法可依，有法必依，执法必严，违法必究”方针，基本遵循了法治的四个环节而展开阐述的，且这四个方面的内容是相互联系、辩证统一的，对建设社会主义法治国家的实践的影响深远。习近平是在原汁原味继承社会主义法制建设十六字方针的基础上提出了社会主义法治的新十六字方针，即“科学立法、严格执法、公正司法、全民守法”。这个新十六字方针从逻辑上看，基本上也是秉承邓小平同志从立法、执法、司法、守法和法律监督等环节脉络提出要求的，只不过在原有十六字方针的基础上有了进一步的发展。

习近平新时代中国特色社会主义法治思想同邓小平法治思想一样，都特别明确地阐述了执政党与法治的关系。在邓小平法治思想中，较早地认识到必须处理好中国共产党与社会主义法制之间的关系。邓小平首先指出，社会主义法制建设必须在党的领导下进行。同时，党又必须在宪法和法律范围内活动。一切党组织和全体党员的一切活动都必须以遵循宪法和法律为根本活动原则。邓小平还特别强调：党不要干预法律范围内的问题；全党同志要学会运用法律；党的政策不要同法律相抵触；各级党组织和全体党员要严格地遵守法律；严格执行党纪，反对党内特权。邓小平再三告诫：不要以为有了权就好办事，有了权就可以为所欲为，每一个党员，不管其功劳和职位如何，都要毫无例外地“严格地遵守党章和国家的法律”；“任何人都不许干扰法律的实施，任何犯了法的人都不能逍遥法外”；“凡是搞特权、特殊化，经过批评教育，而又不改正，人民就有权依法进行检举、控告、弹劾、撤换、罢免，要求他们在经济上退赔，并使他们受到法律、纪律处分”。针对现实中存在的领导干部以权代法、以言代法的现象，邓小平同志还特别指出，那种“把领导人的话当‘法’，不赞成领导人的话就叫‘违法’，领导人的话变了，‘法’也就跟着变”的状况，要坚决予以改变。甚至在1992年，邓小平在视察南方时，还在深圳由衷地感慨：“还是要靠法制，搞法制靠得住些。”

习近平新时代中国特色社会主义法治思想同邓小平法治思想一样，都十分重视在国家上层建筑中突出民主法治的至高地位。邓小平同志认为，“没有民主就没有社会主义，就没有社会主义现代化。社会主义愈发展，民主也愈发展”；并经常将“加强社会主义法制”和“发展社会主义民主”放在一起看待和论述。“社会主义民主和社会主义法制是不可分的。”“为了保障人民民主，必须加强法制。必须使民主制度化、法律化。”在邓小平的治国思想中，民主与法制总是紧密结合的，是社会主义民主法制精神的精髓。习近平法治思想中同样对民主高度重视，多次强调民主的基石性作用。2012年11月17日，习近平在《紧紧围绕坚持和发展中国特色社会主义学习宣传贯彻党的十八大精神》的讲话中指出：“中国特色社会主义制度，坚持把根本政治制度、基本政治制度同基本经济制度以及各方面体制机制等具体制度有机结合起来，坚持把国家层面民主制度同基层民主制度有机结合起来，坚持把党的领导、人民当家作主、依法治国有机结合起来，符合我国国情，集中体现了中国特色社会主义的特点和优势，是中国发展进步的根本制度保障。”2015年《求是》杂志第1期上又刊载了2014年10月23日习近平同志《加快建设社会主义法治国家》的文章，文中指出：“坚持人民主体地位，必须坚持法治为了人民、依靠人民、造福人民、保护人民。要保证人民在党的领导下，依照法律规定，通过各种途径和形式管理国家事务，管理经济和文化事业，管理社会事务。要把体现人民利益、反映人民愿望、维护人民权益、增进人民福祉落实到依法治国全过程，使法律及其实施充分体现人民意志。”这是习近平同志对民主与法治关系最直接的一次阐述。2015 年 1 月 12 日，习近平在同中央党校第一期县委书记研修班学员进行座谈时发表了重要讲话，他指出，我们的权力是党和人民赋予的，是为党和人民做事用的，只能用来为党分忧、为国干事、为民谋利。要正确行使权力，依法用权、秉公用权、廉洁用权，做到心有所畏、言有所戒、行有所止，处理好公和私、情和法、利和法的关系。要带头执行民主集中制，按照程序进行决策，做到总揽不包揽、分工不分家、放手不撒手。可见，习近平法治思想中的民本精神始终贯穿其中，同样对民主制度化、法治化寄予了厚重的期许。

（三）对江泽民法治思想的继承

邓小平的继任者江泽民同志明确提出了“发展民主，健全法制、建设社会主义法治国家”的理论，在创新中发展了依法治国理论，并将依法治国方略上升为治国的基本方式。在江泽民法治思想中，首先，明确了依法治国的主体是广大人民群众。“依法治国，就是广大人民群众在党的领导下，依照宪法和法律的规定，通过各种途径和形式管理国家事务，管理经济文化事业，管理社会事务，保证国家各项工作都依法进行，逐步实现社会主义民主的制度化、法律化，使这种制度和法律不因领导人的改变而改变，不因领导人的看法和注意力的改变而改变。”其次，揭示了依法治国的作用和意义。江泽民同志认为，依法治国是“发展社会主义市场经济的客观需要，是社会文明进步的重要标志，是国家长治久安的重要保障”。再次，明确了社会主义法治国家的基本目标是实现国家政治生活、经济生活、文化生活的法制化、规范化。第四，江泽民同志还提出了三点促进依法治国实现的基本条件，即加强立法工作，提高立法质量；要维护法律的权威，保证法律的贯彻与遵守；要提高全民法律素质，把依法治国与以德治国结合起来。最后，江泽民同志还指出，党必须努力提高依法执政的能力，既要领导和推进国家法制建设，又要将自己置于法治之中。他提出，党要“善于把坚持党的领导、人民当家作主和依法治国统一起来，不断提高依法执政的能力”。

习近平法治思想中把依法治国方略也是提到了相当高的历史高度来对待，很多精神与要求也与江泽民法治思想内容相契合。关于依法治国的重要性，习近平在首都各界纪念现行宪法公布施行 30 周年大会上的讲话中指出，依法治国是党领导人民治理国家的基本方略，法治是治国理政的基本方式，要更加注重发挥法治在国家治理和社会管理中的重要作用，全面推进依法治国，加快建设社会主义法治国家。正是基于此，以习近平同志为核心的党中央审时度势，提出了全面推进依法治国的重要战略部署，并把改革与法治作为推进中国特色社会主义事业的两轮驱动。他要求："要坚持依法治国、依法执政、依法行政共同推进，坚持法治国家、法治政府、法治社会一体建设，不断开创依法治国新局面。"关于依法治国与党的领导的关系，习近平坚持二者高度统一的观点，他首先强调党在社会主义法治建设中领导核心地位，"中国共产党是中国特色社会主义事业的领导核心，处在总揽全局、协调各方的地位"。同时，他又强调党必须自觉在宪法法律范围内活动，"党领导人民实施宪法法律，党自身必须在宪法法律范围内活动，这就是党的领导力量的体现"。总之，"社会主义法治必须坚持党的领导，党的领导必须依靠社会主义法治"。"党和法、党的领导和依法治国是高度统一的。我们就是在不折不扣贯彻着以宪法为核心的依宪治国、依宪执政，我们依据的是中华人民共和国宪法。"习近平依法执政的思想还体现在加强对权力的约束与全面从严治党问题上，后文再详细分析，此处不作赘述。

（四）对胡锦涛法治思想的继承

胡锦涛同志在江泽民法治思想的基础上进一步发展了社会主义法治思想的理论内涵，他的法治思想重点突出了三个方面内容：

一是强调法律的实施与落实。他指出："再好的法律，如果不能有效实施，只停留在纸面上，那也不能发挥作用。"一方面，他提出要加强宪法实施与监督，在主持中共十六届中央政治局第一次集体学习时指出，要切实加强法律监督，保证宪法贯彻落实。另一方面，他强调执法队伍对宪法和法律的贯彻落实。早在 1996 年，在中共中央党校省部级干部政法工作专题研究班结业式上，胡锦涛就要求各级党委和政府要把政法工作放在改革发展稳定的大局中去考虑、去把握、去安排，要支持政法部门严格执行宪法法律，依法行政，严肃执法，公正司法。

二是提出依法治国首先要依宪治国。"宪法具有最高法律效力。依法治国首先要依宪治国。"2002 年 12 月 26 日，胡锦涛主持中共十六届中央政治局第一次集体学习，内容即是学习宪法。中国人民大学法学院教授许崇德和武汉大学法学院教授周叶中，一同在中南海怀仁堂讲课。在教授们讲课结束后，胡锦涛作了《树立宪法意识和宪法权威》的讲话，指出实现十六大提出的宏伟目标和各项任务，必须坚持实施依法治国的基本方略，在全社会进一步树立宪法意识和宪法权威，切实保证宪法的贯彻实施，充分发挥宪法对我国社会主义物质文明、政治文明、精神文明协调发展的促进和保障作用。2004年9月，胡锦涛在首都各界纪念全国人民代表大会成立50周年大会上讲话时强调："必须坚持依法治国的基本方略，不断推进建设社会主义法治国家的进程。""依法治国，前提是有法可依，基础是提高全社会的法律意识和法制观念，关键是依法执政、依法行政、依法办事、公正司法。依法治国首先要依宪治国，依法执政首先要依宪执政。"这里，他不仅把依法治国与执政联系起来，还首次明确提出"依宪治国"和"依宪执政"，凸显了宪法的崇高地位。正因为如此，有的学者甚至认为2004年是中国依法治国的新起点，中国法治建设也由此迈入了法治的高级阶段。因为这一年，既组织了修宪活动，又把依法执政确立为基本执政方式，还颁布了《全面推进依法行政实施纲要》，向全世界宣告要"建设法治政府"。这一切都标志着以人为本的法律观开始形成，社会主义法治事业走向新征程。

三是创新完善社会主义法治理念。"理念是行动的指南"。胡锦涛提出，我们实施依法治国的基本方略、建设社会主义法治国家，既要积极加强法制建设，又要牢固树立社会主义法治理念。坚持社会主义法治理念，就是要坚持依法治国、执法为民、公平正义、服务大局、党的领导。2006年6月29日，中央党校教授张志明、卓泽渊也走进中南海，为中央政治局主讲"坚持科学执政、民主执政、依法执政"的法制讲座。之后，2007年党的十七大修改党章时增加相应表述："党要适应改革开放和社会主义现代化建设的要求，坚持科学执政、民主执政、依法执政，加强和改善党的领导。"

习近平同志在以上三个方面也继承了胡锦涛法治思想，特别强调宪法法律的实施与落实，提出："全面推进依法治国，必须坚持严格执法。法律的生命力在于实施。如果有了法律而不实施，或者实施不力，搞得有法不依、执法不严、违法不究，那制定再多法律也无济于事。""我们社会生活中发生的许多问题，有的是因为立法不够、规范无据，但更多是因为有法不依、失于规制乃至以权谋私、徇私枉法、破坏法治。"他特别强调树立宪法权威与维护宪法尊严，特别指出："坚持依法治国首先要坚持依宪治国，坚持依法执政首先要坚持依宪执政。要坚持党的领导、人民当家作主、依法治国有机统一，坚定不移走中国特色社会主义法治道路，坚决维护宪法法律权威。"他特别重视依法执政，"纲纪不彰，党将不党，国将不国。要在全党同志特别是高级干部中进一步重申，必须坚持依法治国、依法执政、依法行政，任何人都不得违背党中央的大政方针、搞'独立王国'、自行其是，任何人都不得把党的政治纪律和政治规矩当儿戏、胡作非为，任何人都不得凌驾于国家法律之上、徇私枉法，任何人都不得把司法权力作为私器谋取私利、满足私欲。党纪国法的红线不能逾越”。

二、习近平新时代中国特色社会主义法治思想诞生的伟大意义

正如前文所述，习近平新时代中国特色社会主义法治思想是在继承前人基础上的伟大创新，是适应中国新时代经济社会各方面发展需要的新的治国指南，开启了中国特色社会主义法治理论的新篇章，不仅是治国方式的创新思路，更是理政方式的净化动力。正确理解习近平新时代中国特色社会主义法治思想诞生的伟大意义，必须从以下两个方面入手：

（一）前人基础上的发展

中国特色社会主义事业是世界上绝无仅有的，指导中国特色社会主义事业发展的理论和思想也必须是别具一格的，很难通过完全移植西方资本主义的思想与理论取得中国社会主义建设事业的成功，这是毋庸置疑的。同样，中国特色社会主义法治事业的发展也必须有适应中国国情、能够被中国人民普遍接受的先进理论和思想作指引，方能实现我国法治建设的目标。中国共产党领导中国人民经过浴血奋战取得了社会主义革命的胜利与建设的成果，是最了解中国国情、最能代表人民利益的政党，人民选择了中国共产党作为执政党，即意味着党执政具有合法性和必然性，正是因为如此，对党的治国理念不断发扬光大的历任继承者们也在实践中不断创新执政思路和方式，使人民的诉求可以通过正当的途径得以满足与实现。习近平同志是中国特色社会主义事业建设新时代的领路人，是坚定的马克思主义者，其接受的家庭熏陶、成长经历和工作履历都不断地丰富了他的视野，使他逐渐成长为一位能带给中国人民未来、带给社会主义事业希望的新时代领袖。习近平新时代中国特色社会主义法治思想继承了马克思主义以人民为本位的衣钵，是真正属于中国的、社会主义的和人民的法治思想；同时，习近平新时代中国特色社会主义法治思想又在继承前人的基础上实现了新的跨越与发展，丰富了马克思主义理论的内容，是中国特色社会主义理论的最新成果。

1. 习近平新时代中国特色社会主义法治思想对社会主义法制方针的发展

邓小平法治思想中最具有代表性的内容是社会主义法制建设方针的提

出，1978 年 12 月 13 日，邓小平在中央工作会议闭幕会上讲话时指出："现在的问题是法律很不完备，应该集中力量制定刑法、民法、诉讼法和其他各种必要的法律，经过一定的民主程序讨论通过，并且加强检察机关和司法机关，做到有法可依，有法必依，执法必严，违法必究。""有法可依，有法必依，执法必严，违法必究"这十六字方针寓意深刻，首先，"有法可依"对建立社会主义法律制度体系提出了很高的要求，使立法必须紧跟时代发展的步伐，做到及时废改立，也是将国家治理的方方面面纳入法治化轨道的前提。同时，他对立法科学化也提出了自己的看法和要求。1980 年，在《党和国家领导制度的改革》这篇著名讲话中，邓小平极其深刻地指出，"制度好可以使坏人无法任意横行，制度不好可以使好人无法充分做好事，甚至会走向反面"；"不是说个人没有责任，而是说领导制度、组织制度问题更带根本性、全局性、稳定性和长期性"。其次，"有法必依"实际上是树立了邓小平"依法治国论"的基调，"不搞政治运动，要遵循法制原则"，可以说，邓小平同志毕其一生都在践行这个原则，他提出："搞四个现代化一定要有两手，只有一手是不行的，所谓两手，即一手抓建设，一手抓法制。""我们现在搞两个文明建设，一是物质文明，一是精神文明。实行开放政策必然会带来一些坏的东西，影响我们的人民。要说有风险，这是最大的风险。我们用法律和教育这两个手段来解决这个问题。"再次，"执法必严"是确保社会主义建设事业始终在安定团结条件下进行的必要条件，是邓小平"法治立国论"的重要体现。他多次强调："中国不能乱哄哄的，只有在安定团结的局面下搞建设才有出路。一切反对、妨碍我们走社会主义道路的东西都要排除，一切导致中国混乱甚至动乱的因素都要排除。"而要排除影响安定团结局面的不和谐因素和犯罪行为，必须靠严格执法来实现，所以"对严重刑事犯罪分子，包括杀人犯、抢劫犯、流氓犯罪团伙分子、教唆犯、在劳动改造中继续传授犯罪技术的惯犯，以及人贩子、老鸨儿等，必须坚持逮捕、判刑，组织劳动改造，给予严厉的法律制裁"。最后，"违法必究"是执法必严的必然要求，也是加强法律监督的必然后果，是法律面前人人平等原则的真正体现。邓小平说："公民在法律和制度面前人人平等，党员在党章和党纪面前人人平等。人人有依法规定的平等权利和义务，谁也不能占便宜，谁也不能犯法。不管谁犯了法，都要由公安机关依法侦查，司法机关依法处理，任何人都不许干扰法律的实施，任何犯了法的人都不能逍遥法外。"

邓小平提出的社会主义法制建设的十六字方针实际上包含了立法、执法、守法和法律监督四个环节，对司法环节的要求被包含在执法环节之中。相对而言，习近平法治思想中倡导的“科学立法、严格执法、公正司法、全面守法”尽管也是从法律运行的基本环节入手作表述，同时从字面上看，新十六字方针对“司法”和“守法”两个环节的阐释则更为直观。往更深层次分析，新十六字方针实际上是旧十六字方针的升级与拓展版。

“科学立法”对应的是“有法可依”，都是从立法环节提出的法制建设要求，但是“有法可依”更多地强调在法律制度量上的要求，而“科学立法”则不仅强调立法数量上的完备，更要求立法质量上的完善，良法善治理念的贯彻尤显迫切。所以，习近平同志多次强调加强法治首先必须提高立法质量。党的十八大以来，国家立法与党内法规制度建设的速度明显加快，截至 2017 年 6 月底，十二届全国人民代表大会及其常委会新制定法律 20 件，通过修改法律的决定 39 件、涉及修改法律 100 件，废止法律 1 件，作出法律解释 9 件，有关法律问题的决定 34 件。2013 年以来，国务院共提请全国人大常委会审议法律议案 43 件，制定修订行政法规 43 部，根据“放管服”改革要求，先后“一揽子”修订行政法规 125 部；最高人民法院、最高人民检察院制定出台 133 项司法实践中急需的司法解释；有立法权的地方人大及其常委会制定地方性法规 4000 余件①。除了这些数量上的直观数字外，在加强立法体制改革、重点领域立法、民主立法等方面，科学立法的要求均得到切实体现。立法体制改革主要体现在立法程序的优化上，十八届四中全会赋予设区的市以立法权，使立法精细化与适配性程度提高具备了先决条件。加强重点领域立法，一般与重点领域的改革相伴而生。“凡是重大改革要于法有据”，自贸区行政审批制度的改革、知识产权法院的设立、试点地区农村土地制度改革相关法律法规适用规则的调整、适应新时代要求的民法总则的出台等，都是重点领域改革法治完善的直接反映。民主立法的重要体现就是四中全会提出，重大决策过程中必经公众参与、专家论证、风险评估、合法性审查和集体讨论环节，党的十九大又进一步提出要加强合宪性审查，这一系列改革性举措的推出，对决策合法化、合理化与科学化产生了极为深远的影响。

“严格执法”对应于“执法必严”，比较起来，“执法必严”更加注重考量执法过程是否符合法律法规的要求，与“违法必究”连成一体后形成过程与结果的关系。而“严格执法”则是将过程与结果进行了合体表述，并且不仅在执法过程与结果的对应上体现出来，还在执法行为的启动上要

① 锻造治国重器，以良法促善治党的十八大以来立法工作成就综述．中国长安网，http：//www. chinapeace. gov. cn/2017-08/21/content_ 11426461. htm，2017 年 11 月 20 日访问．

求必须严格依法办事，对必须进行执法的行为一定要严格执法，这样可以最大限度地避免选择式执法和运动式执法的发生，也堵住了行政不作为的缺口。2014 年 1 月 7 日，习近平总书记在中央政法工作会议上的讲话中还特别指出，对于执法机关严格执法，只要符合法律和程序，各级党委和政府都要给予支持和保护。“要信仰法治、坚守法治，做知法、懂法、守法、护法的执法者，站稳脚跟，挺直脊梁，只服从事实，只服从法律，铁面无私，秉公执法。要靠制度来保障，在执法办案各个环节都设置隔离墙、通上高压线，谁违反制度就要给予最严厉的处罚，构成犯罪的要依法追究刑事责任。”2015 年 3 月 8 日，他在参加十二届全国人大三次会议广西代表团的审议时指出：“对有法不依、执法不严、徇私枉法的要严肃问责、依法惩治。”

“公正司法”实际上对应于旧十六字方针中的“执法必严”，不同的是，在习近平法治思想中将“公正司法”作为一项独立的要求单列出来，突显了他对司法公正的关注与重视。党的十八届四中全会对司法体制改革提出了诸多具体要求，最高法院巡回法庭的设立、法官员额制改革、立案登记制改革、推进司法公开、领导干部插手司法案件记录处理与责任追究制度等，有效地确保了司法独立、公正与效率。习近平同志指出：“我们要依法公正对待人民群众的诉求，努力让人民群众在每一个司法案件中都能感受到公平正义，决不能让不公正的审判伤害人民群众感情、损害人民群众权益。”为了推进司法公正，十八大以来司法机关在全国范围内大规模开展了冤假错案的纠正工作，极大地维护了司法机关在人民群众中的公信力。最高法院发布的《中国法院的司法改革（2013—2016）》白皮书提供的数据披露，党的十八大以来，人民法院通过审判监督程序纠正聂树斌案、呼格吉勒图案、张氏叔侄案等重大刑事冤假错案 34 起，2013 年至 2016 年，各级法院共依法宣告 3718 名被告人无罪，依法保障无罪者不受追究。各级人民法院受理国家赔偿案件 16889 件，赔偿金额为 69905. 18 万元，从而提振了全社会对司法公正的信心。

“全民守法”对应于“有法必依”的要求，良好法治环节的塑造首先与良好守法习惯和全民法治信仰相关。从“有法必依”到“全民守法”，实际上是要把全社会的法治信仰由一种法律强制变为自觉遵从，更是把执法和司法环节的法律依从变成全社会每个公民发自内心地对法律产生信仰，这无论是从行为自觉性还是从行为对象范围上都发生了质的提升。同时，全民守法也对法治宣传教育工作的开展提出了更高的要求，普法工作的推进力度必须加大、效果追求更高。全民守法首先必须树立宪法法律权威，"要引导全体人民遵守法律，有问题依靠法律来解决，要逐步在广大干部群众中树立法律的权威，使大家都相信，只要是合理合法的诉求，通过法律程序就能得到合理合法的结果"。全民守法推进还必须加强法治宣传教育。2013 年 2 月 23 日，在十八届中央政治局第四次集体学习时，习近平指出，全面推进依法治国，必须坚持全民守法。要深入开展法制宣传教育，在全社会弘扬社会主义法治精神，传播法律知识，培养法律意识，在全社会形成宪法至上、守法光荣的良好氛围。2014 年 11 月 1 日，在福建调研时，习近平强调，社区在全面推进依法治国中具有不可或缺的地位和作用，要通过群众喜闻乐见的形式宣传普及宪法法律，发挥市民公约、乡规民约等基层规范在社会治理中的作用，培育社区居民遵守法律、依法办事的意识和习惯，使大家都成为社会主义法治的忠实崇尚者、自觉遵守者、坚定捍卫者。

2. 习近平新时代中国特色社会主义法治思想对依法治国基本方略的发展

习近平新时代中国特色社会主义法治思想主旨是推进依法治国，但与党的十五大提出的依法治国方略相比，习近平法治思想中的依法治国则更加全面与深入，始终"坚持依法治国、依法执政、依法行政共同推进"和"坚持法治国家、法治政府、法治社会一体建设"，这三个"共同推进"和三个"一体建设"意味着实现了国家、执政党和政府的法治合力，也意味着国家、政府和社会的法治建设应该同步而匹配，在习近平法治思想中的依法治国是从上到下、从头到脚彻底的法治，从而使法治建设不留死角、法治道路不留遗憾。值得一提的是，习近平法治思想中并非最早囊括了依法执政内容的，但在党的全会中明确将依法执政列入依法治国共同推进内容的，是首次。不仅如此，习近平法治思想中还将依法治国与依规治党紧密结合起来，对增强执政党的执政本领起到了指导作用。为了切实落实依法执政的内容，习近平还就党法与国法的关系、改革与法治的关系、四个全面的关系均进行了系统的论述，在全国范围内实行监察审计、巡视全覆盖，从而使依法执政的治国理念落到了实处，政治生态根本好转，"不敢腐的目标初步实现，不能腐的笼子越扎越牢，不想腐的堤坝正在构筑，反腐败斗争压倒性态势已经形成并巩固发展。"

回顾党的十五大对依法治国的完整表述，"发展民主必须同健全法制紧密结合，实行依法治国。依法治国，就是广大人民群众在党的领导下，依照宪法和法律规定，通过各种途径和形式管理国家事务，管理经济文化事业，管理社会事务，保证国家各项工作都依法进行，逐步实现社会主义民主的制度化、法律化，使这种制度和法律不因领导人的改变而改变，不因领导人看法和注意力的改变而改变。依法治国，是党领导人民治理国家的基本方略，是发展社会主义市场经济的客观需要，是社会文明进步的重要标志，是国家长治久安的重要保障。党领导人民制定宪法和法律，并在宪法和法律范围内活动。依法治国把坚持党的领导、发扬人民民主和严格依法办事统一起来，从制度和法律上保证党的基本路线和基本方针的贯彻实施，保证党始终发挥总揽全局、协调各方的领导核心作用。”可见，当时提及的依法治国的内容较之于今天，有很大的局限性。十五大关于依法治国的表述核心点有三：第一，依法治国要在党的领导下进行；第二，依法治国要管理的是国家政治、经济、文化和社会事务；第三，法治是治理国家的基本方略。除坚持党的领导不变外，习近平依法治国的思想中还强化了党的领导，并突出强调通过加强执政党自身建设增强党的执政本领。同时，习近平法治思想中对依法治国所要管理的事务也涉及方方面面，除十五大表述内容外，还包含了生态与党建两大块内容，真正形成六位一体的治理格局。再者，十五大提出依法治国是治理国家的基本方略，但习近平法治思想中突出强调的是，法治是治国理政的基本方式。特别加上理政的法治化要求，可见法治思维和法治方式已经成为习总书记要求的党的领导干部必须具备的基本技能，也是提升党执政能力和执政水平的关键手段所在。

3. 习近平新时代中国特色社会主义法治思想对社会主义法治理念的发展

党的十七大报告提出，坚持依法治国基本方略，要牢固树立社会主义法治理念。社会主义法治理念包括依法治国、执法为民、公平正义、服务大局、党的领导五个方面内容，分别从法治与人民、法治与正义、法治与社会、法治与政党的关系等方面进行了诠释。社会主义法治理念改变了旧十六字方针采用的内涵式阐述方式，而主要采用了外延式阐释方式，从多对关系入手说明了法治理念的核心内容、本质要求、价值追求、重要使命和根本保证等问题。社会主义法治理念的内容在习近平新时代中国特色社会主义法治思想中都有所体现，并得到进一步强化与升华。不同于以往的是，习近平法治思想采用的内涵兼外延的体系化诠释方式，既有内涵式的立法、执法、司法、守法和法律监督环节的内容，也有外延式的法治与人治、法治与民主政治、法治与德治、法治与改革、治国与治党等多角度的阐述。另外，较之于社会主义法治理念而言，习近平法治思想更加注重将法治推到实处，强调不仅从意识形态上要树立法治观念，从行为方式上更要践行法治方式，还要从责任落实上加强法治监督。与法治理念侧重于思维方式的改造不同，习近平法治思想处处突显法治思维与法治方式并举的思路，“法律的生命力在于实施”，如果说社会主义法治理念试图让法治深入人心，那么习近平的法治思想与理论则是要使法治被人们所言传身教。可以说，习近平新时代中国特色社会主义法治思想是将社会主义法治理念真正扎根于国家治理土壤的播种机。

（二）开创性特征的体现

习近平新时代中国特色社会主义法治思想之所以称为“新”，是因为它开启了中国特色社会主义法治事业的新一页，是因为它为解决中国特色社会主义法治发展中面临的新问题提供了路径，是因为它回应了新时代如何建设中国特色社会主义法治事业的困惑。习近平新时代中国特色社会主义法治思想具有很多开创性，最突出的有五点：

第一，首次明确将依法执政纳入了依法治国的范畴，对加强全面从严治党提出了更高要求。尽管从邓小平时代开始，党的领导人就开始注重依法执政与执政党自身建设的关联性问题，但是依法执政被写入党的全会报告却是始自党的十八届四中全会。党的十九大再次明确全面增强执政本领要坚持法治思维，并且决定成立中央全面依法治国领导小组，加强党对法治中国建设的统一领导。习近平特别指出：“我们党是执政党，坚持依法执政，对全面推进依法治国具有重大作用。要坚持党的领导、人民当家作主、依法治国有机统一，把党的领导贯彻到依法治国全过程。各级党组织必须坚持在宪法和法律范围内活动。各级领导干部要带头依法办事，带头遵守法律。各级组织部门要把能不能依法办事、遵守法律作为考察识别干部的重要条件。”“依法治国，首先是依宪治国；依法执政，关键是依宪执政。新形势下，我们党要履行好执政兴国的重大职责，必须依据党章从严治党、依据宪法治国理政。”为提高党依法执政的能力，习近平高度重视党内法规制度建设、党内监督体系完善和党的组织建设，多次强调，加强党内法规制度建设，要按照于法周延、于事简便的原则提高制度制定的质量，要立体式、全方位推进制度体系建设，把权力关进制度的笼子里。在习近平法治思想中还特别论述了依法执政要处理好党与法治之间关系，厘清执政党执政与法治的边界。2015 年 2 月 2 日，在省部级主要领导干部学习贯彻党的十八届四中全会精神全面推进依法治国专题研讨班上的讲话中，习近平同志指出：“我们说不存在‘党大还是法大’的问题，是把党作为一个执政整体而言的，是指党的执政地位和领导地位而言的，具体到每个党政组织、每个领导干部，就必须服从和遵守宪法法律，就不能以党自居，就不能把党的领导作为个人以言代法、以权压法、徇私枉法的挡箭牌。我们有些事情要提交党委把握，但这种把握不是私情插手，不是包庇性的插手，而是一种政治性、程序性、职责性的把握。这个界限一定要划分清楚。”

第二，首次将中国特色社会主义法治体系纳入了通盘考虑，实现了五大体系的有序衔接。在2010年中国特色社会主义法律体系基本建成后，建设中国特色社会主义法治体系就成为必然。党的十八届四中全会提出：“全面推进依法治国，总目标是建设中国特色社会主义法治体系，建设社会主义法治国家。这就是，在中国共产党领导下，坚持中国特色社会主义制度，贯彻中国特色社会主义法治理论，形成完备的法律规范体系、高效的法治实施体系、严密的法治监督体系、有力的法治保障体系，形成完善的党内法规体系，坚持依法治国、依法执政、依法行政共同推进，坚持法治国家、法治政府、法治社会一体建设，实现科学立法、严格执法、公正司法、全民守法，促进国家治理体系和治理能力现代化。”也就是说，习近平新时代中国特色社会主义法治思想中提出的法治体系由五大体系环环相扣，并且它们都通盘服务于建设社会主义法治国家的总目标。从五大体系构成的内在逻辑看，前四个体系主要从立法、实施、监督与保障等方面论及国法，而第五个党内法规体系则是从党法角度论述的，因此整个社会主义法治体系既包含了国法系统也包含了党法体系，将党法纳入法治体系之中，既是依法执政的基本要求，也是从严治党的体现。所以十九大报告中特别强调：“增强依法执政本领，加快形成覆盖党的领导和党的建设各方面的党内法规制度体系，加强和改善对国家政权机关的领导。”

第三，首次将国家监察体制改革作为实现法治的关键环节予以安排，实现了监察法治化。国家监察体制改革是推进监督一体化与常态化的重要措施，所以党的十九大报告中提出，要“深化国家监察体制改革，将试点工作在全国推开，组建国家、省、市、县监察委员会，同党的纪律检查机关合署办公，实现对所有行使公权力的公职人员监察全覆盖”。“制定国家监察法，依法赋予监察委员会职责权限和调查手段，用留置取代‘两规’措施”。最终要“构建党统一指挥、全面覆盖、权威高效的监督体系，把党内监督同国家机关监督、民主监督、司法监督、群众监督、舆论监督贯通起来，增强监督合力”。应该说，关于监督体系完善问题的讨论由来已久，但是正式提出设立四级监察委员会，制定《国家监察法》，实现监察法治化却是首次，这意味着法治监督体系的完善取得了实质性进展。

第四，首次夯实了宪法在整个法律体系中的核心与根本性的地位，为宪法实施与监督落地奠基。宪法的根本法地位最终必须靠宪法权威的树立与宪法实施来实现，在习近平新时代中国特色社会主义法治思想中，将对宪法的重视提到了前所未有的程度，通过加强宪法实施、落实宪法监督和推进合宪性审查逐步让宪法的精神和内容在实践中落地生根，不仅如此，还通过人大常委会专门委员会机构设置的改革进一步保障人大发挥宪法监督职能。习近平在现行宪法公布施行30周年大会上画下了宪法红线，“任何组织或者个人，都不得有超越宪法和法律的特权。一切违反宪法和法律的行为，都必须予以追究”。在对四中全会《决定》的起草情况向全会作说明时，习近平又一语道出宪法在法治中国蓝图中的地位。“法治权威能不能树立起来，首先要看宪法有没有权威”。十九大报告中明确要“完善人大专门委员会设置，优化人大常委会和专门委员会组成人员结构”。“加强宪法实施和监督，推进合宪性审查工作，维护宪法权威”。“各级党组织和全体党员要带头尊法学法守法用法，任何组织和个人都不得有超越宪法法律的特权，绝不允许以言代法、以权压法、逐利违法、徇私枉法”。可见，宪法的实施与监督从来没有离开过习近平总书记的视线，是被中央提到前所未有的高度去对待的问题。

三、习近平新时代中国特色社会主义法治思想的主要内容

（一）特征

1. 体系性

习近平新时代中国特色社会主义法治思想特别注重体系性，从立法到法治监督的各个环节中均强调体系与统筹。不仅把科学立法、严格执法、公正司法、全民守法形成有机统一，还把依法治国与以德治国、依法治国与依规治党高度结合。在构建中国特色社会主义法治体系中也采用了体系化思维。习近平同志指出：“坚持中国特色社会主义制度，贯彻中国特色社会主义法治理论，形成完备的法律规范体系、高效的法治实施体系、严密的法治监督体系、有力的法治保障体系，形成完善的党内法规体系”。在法治工作布局上，习近平法治思想的体系化特点体现得更为明显，始终要求坚持依法治国、依法执政、依法行政共同推进，坚持法治国家、法治

政府、法治社会一体建设，把国家各项事业和各项工作纳入法制轨道，实现国家和社会生活的制度化、法治化，不断开创依法治国的新局面。

2. 控权性

习近平同志指出："权力是一把双刃剑，在法治轨道上行使可以造福人民，在法律之外行使则必然祸害国家和人民。""要加强对权力运行的制约和监督，把权力关进制度的笼子里，形成不敢腐的惩戒机制、不能腐的防范机制、不易腐的保障机制。"习近平依法治国的思想中特别强调限权与控权，要用刚性的法律制度来约束和控制国家权力，约束和控制各级领导干部的权力，以防权力滥用。习近平同志指出："如果法治的堤坝被冲破了，权力的滥用就会像洪水一样成灾。"针对现实中经常出现的"一把手"权力监督不到位的现象，习近平提出"抓关键少数"观点，并强调："各级领导干部都要牢记，任何人都没有法律之外的绝对权力，任何人行使权力都必须为人民服务、对人民负责并自觉接受人民监督。要加强对一把手的监督，认真执行民主集中制，健全施政行为公开制度，保证领导干部做到位高不擅权、权重不谋私。"通过依法控权的落实，最终要形成领导干部不敢腐、不能腐和不想腐的有效机制。

3. 政治性

"党政军民学，东南西北中，党是领导一切的。"全面依法治国的深入推进，必须始终坚持党的领导，才能保证中国特色社会主义法治道路方向不走偏。习近平新时代中国特色社会主义法治思想的政治性主要体现在强化党的领导和突出法治与民主政治之间的关系上。2015 年 2 月 2 日，习近平在省部级主要领导干部学习贯彻十八届四中全会精神全面推进依法治国专题研讨班开班式上的讲话中指出："全面推进依法治国，方向要正确，政治保证要坚强。党的领导是社会主义法治最根本的保证。我们要坚持的中国特色社会主义法治道路，本质上是中国特色社会主义道路在法治领域的具体体现；我们要发展的中国特色社会主义法治理论，本质上是中国特色社会主义理论体系在法治问题上的理论成果；我们要建设的中国特色社会主义法治体系，本质上是中国特色社会主义制度的法律表现形式。"

4. 全面性

习近平法治思想中特别强调党对法治工作的总揽全局与统筹领导，也特别强调法治在国家与社会事务上的统筹协调作用。习总书记曾经说过："在中国当领导人，必须在把情况搞清楚的基础上，统筹兼顾、综合平衡，突出重点、带动全局，有的时候要抓大放小、以大兼小，有的时候又要以小带大，小中见大，形象地说，就是要十个指头弹钢琴。"由此体现在习近平法治思想中的突出特点就是，强调谋全局、抓重点，谋全局重点体现在“五位一体”的中国特色社会主义事业的总体布局和“四个全面”的战略布局上，抓重点则体现在抓关键少数、加强重点领域立法上。正因为法治是治国理政的基本方式，它渗透到国家政治、经济、文化、社会和生态各个领域，所以习总书记才多次强调领导干部要善用法治思维和法治方式，党的十九大才与时俱进地设立了中央全面依法治国领导小组统筹法治工作。

5. 实在性

习总书记多次强调“为政贵在行”“一分部署，九分落实”“空谈误国、实干兴邦”，而习近平新时代中国特色社会主义法治思想的实在性主要体现在强调法的实施与监督上，法律的生命力在于执行，法律权威的树立也必须靠法的落实到位。在改革与法治关系的处理上，习近平法治思想中实在性的特点体现得尤为明显。他指出，要处理好改革和法治的关系，做到立法决策和改革决策相衔接、相统一。凡属重大改革要于法有据，不允许随意突破法律红线；同时，立法要主动适应改革发展需要，不能成为改革的“绊马索”。这就是强调立法要实，做到适应改革需要；改革要实，做到于法有据。在法的实施与监督环节，习近平法治思想中始终贯穿实施到位、监督无缝的主旨。他强调“党纪国法不能成为“橡皮泥”“稻草人”，无论是因为“法盲”导致违纪违法，还是故意违规违法，都要受到追究，否则就会形成‘破窗效应’”。“法治之下，任何人都不能心存侥幸，都不能指望法外施恩，没有免罪的‘丹书铁券’，也没有‘铁帽子王’”。只有法律落实到位了，人们才能感受到它的切实存在，法律的威严和权威也就树立起来了，这是落实依法治国最关键的环节。

（二）内容

在把握习近平新时代中国特色社会主义法治思想的主要内容时，必须明确这一思想主要是关于治国理政基本方式问题的思想，所以其重点在于规范公权力、国家法律制度体系和党内法规制度体系上，对私法领域的问题涉及得相对较少。理解习近平新时代中国特色社会主义法治思想必须从其体系性的特征出发，梳理出基本脉络体系，从而有利于系统掌握其思想精髓与精神要义。总的来说，可以根据习近平新时代中国特色社会主义法治思想的整体架构将之喻为一辆行进中的火车，分为方向、舵手、道路、车轮与驱动几大部分。

1. 方向思想

习总书记从社会主义法治建设的目标、任务和布局的宏观高度对法治建设进行了总体规划。首先，全面推进依法治国与中国特色社会主义建设紧密联系。其次，社会主义法治建设的总体目标就是要建设中国特色社会主义法治体系，建设社会主义法治国家。再次，社会主义法治体系建设的任务就是要建设中国特色的社会主义法律规范体系、法治实施体系、法治监督体系、法治保障体系和党内法规体系。最后，习总书记关于系统推进社会主义法治建设布局既落实在法治建设的方针上，又具体落实到科学立法、严格执法、公正司法和全民守法等具体环节上，战略高度和落实深度相得益彰。

2. 舵手思想

党的领导是坚持走中国特色社会主义法治道路的根本。党对社会主义法治建设事业的领导既体现在党领导立法、保证执法、支持司法、带头守法上，也体现在党的领导干部必须接受宪法和法律约束，在宪法和法律范围内没有特权，只有法律体系内的权利一律平等，才能实现公平正义。正因为党是保障中国特色社会主义法治事业不走偏的领导力量，所以全面从严治党就成为中国特色社会主义法治建设的应有内容，完善党内法规制度体系也必然构成中国特色社会主义法治体系的重要组成部分。加强执政党的法治能力建设是提高依法执政能力和水平的必需，也是全面推进依法治国的根本保障。

3. 道路思想

坚持走中国特色社会主义法治道路是习近平法治建设道路思想的坚守，其核心是坚持党的领导、人民当家作主与依法治国的有机统一。2014年10月23日习近平在党的十八届四中全会第二次全体会议上发表《坚定不移走中国特色社会主义法治道路》的讲话，指出："全面推进依法治国，必须走对路。如果路走错了，南辕北辙了，那再提什么要求和举措也都没有意义了。全会决定有一条贯穿全篇的红线，这就是坚持和拓展中国特色社会主义法治道路。中国特色社会主义法治道路是一个管总的东西。具体讲我国法治建设的成就，大大小小可以列举出十几条、几十条，但归结起来就是开辟了中国特色社会主义法治道路这一条。"对如何做到坚持走中国特色社会主义法治道路的问题，习近平提出了五点：一是必须坚持中国共产党的领导；二是必须坚持人民主体地位；三是必须坚持法律面前人人平等；四是必须坚持依法治国和以德治国相结合；五是必须坚持从中国实际出发。

4. 车轮思想

习总书记用车之两轮来比喻改革与法治之间的关系，没有法治之轮，中国特色社会主义建设事业秩序将无从保证。因此，必须树立法治权威，善用法治思维和法治方式。没有改革之轮，法治发展将缺失动力，因此，必须有改革的勇气和决心，不断推进制度优化，推进法治不断走向深入。“要处理好改革和法治的关系，做到立法决策和改革决策相衔接、相统一。凡属重大改革要于法有据，不允许随意突破法律红线；同时，立法要主动适应改革发展需要，不能成为改革的‘绊马索’。”习总书记的这段话事实上就充分体现了其法治思想中在改革完善法治、在法治下推进改革的思路。为什么说改革和法治是建设中国特色社会主义事业的车之两轮、鸟之两翼？因为独有改革或独有法治，都不足以推动中国特色社会主义事业的健康发展，改革是要破除发展中的障碍，法治是要成就发展中的规范，二者是破与立的关系。

5. 驱动思想

习总书记关于社会主义法治建设的驱动思想集中体现在法的实施与监督上。2013 年 2 月 23 日，他在十八届中央政治局第四次集体学习时的讲话中指出：“全面推进依法治国，必须坚持严格执法。法律的生命力在于实施。如果有了法律而不实施，或者实施不力，搞得有法不依、执法不严、违法不究，那制定再多法律也无济于事。”他甚至还用徙木立信的典故来说明立法过后就要严格执行的道理，指出严格法的实施是取信于民的重要手段。同时，他还如实地指出：“现在，我们社会生活中发生的许多问题，有的是因为立法不够、规范无据，但更多是因为有法不依、失于规制乃至以权谋私、徇私枉法、破坏法治。”为了推进法的实施，习近平对执法规范性问题尤为关注，提出推进严格执法，重点是解决执法不规范、不严格、不透明、不文明以及不作为、乱作为等突出问题。对行政机关要强化制约、强化监督、强化公开，防止权力滥用。

四、深刻把握和应用习近平新时代中国特色社会主义法治思想

（一）任何时候都要保持坚定的政治立场

谈法治，从来都离不开政治。法治作为治国理政的基本方式，本身就作为一种政治形态而存在，任何一种法治都与特定的政治语系关联。正如习总书记所言：“法治当中有政治，没有脱离政治的法治。每一种法治形

态背后都有一套政治理论，每一种法治模式当中都有一种政治逻辑，每一条法治道路底下都有一种政治立场。”中国特色社会主义法治就是坚持将党的领导、人民当家作主与依法治国有机统一起来的治国理政基本方式，其中党的领导的是灵魂，是保持法治中国特色和社会主义性质根本性的东西，直接决定中国特色社会主义法治道路的前途与走向。在发展法治的过程中，必须始终坚持的党的领导，坚持以人民为中心，这是最基本的政治立场，失去了这些，就丢失了理解习近平新时代中国特色社会主义法治的立足点。

（二）坚定不移走中国特色社会主义法治道路

“全面推进依法治国，必须走对路。如果路走错了，南辕北辙了，那再提什么要求和举措也都没有意义了。”“中国特色社会主义法治道路是一个管总的东西。具体讲我国法治建设的成就，大大小小可以列举出十几条、几十条，但归结起来就是开辟了中国特色社会主义法治道路这一条。”在建设和发展社会主义事业过程中，为什么一定要走中国特色社会主义法治道路？习总书记早就给了我们答案：首先，他指出中国的发展必须走法治道路的原因，“法治和人治问题是人类政治文明史上的一个基本问题，也是各国在实现现代化过程中必须面对和解决的一个重大问题。综观世界近现代史，凡是顺利实现现代化的国家，没有一个不是较好解决了法治和人治问题的。相反，一些国家虽然也一度实现快速发展，但并没有顺利迈进现代化的门槛，而是陷入这样或那样的‘陷阱’，出现经济社会发展停滞甚至倒退的局面。后一种情况很大程度上与法治不彰有关。”其次，他指出只有党的领导才能保证社会主义法治的顺利进行。“党的领导是中国特色社会主义最本质的特征，是社会主义法治最根本的保证。把党的领导贯彻到依法治国全过程和各方面，是我国社会主义法治建设的一条基本经验。”所以，发展中国特色社会主义伟大事业，必须坚持在党的领导下走社会主义法治道路。缺失了这一条，几十年的建设成果可能就会毁于一旦，人民的利益也得不到保证。

（三）坚持依法治国与以德治国相结合

习总书记说：“法律是成文的道德，道德是内心的法律，法律和道德都具有规范社会行为、维护社会秩序的作用。治理国家、治理社会必须一手抓法治、一手抓德治，既重视发挥法律的规范作用，又重视发挥道德的教化作用，实现法律和道德相辅相成、法治和德治相得益彰。”法治与德治的结合，是刚性治理与柔性引导相结合的治理典范，可以通过德治的教化作用减少法治的阻力，也可以通过法治的规范作用促进德治的实现。徒法不足以自行，因此，习总书记多次强调治国过程中必须将二者结合起来，因为“法律是准绳，任何时候都必须遵循；道德是基石，任何时候都不可忽视。在新的历史条件下，我们要把依法治国基本方略、依法执政基本方式落实好，把法治中国建设好，必须坚持依法治国和以德治国相结合，使法治和德治在国家治理中相互补充、相互促进、相得益彰，推进国家治理体系和治理能力现代化”。

（四）坚持依法治国与依规治党相统一

正如前文所述，加强党内法规体系建设是社会主义法治体系的重要内容，全面从严治党是全面推进依法治国的题中应有之义，推进依法治国首先必须依规治党，因为党是带领人民走社会主义法治道路的领导者，党的先进性、纯洁性与自我净化、自我管理能力的强弱直接关系社会主义法治道路能不能走得顺，关乎中国特色社会主义事业的成功与否。习总书记多次强调：“坚定不移走中国特色社会主义法治道路，必须牢牢坚持党的领导，统筹推进依规治党和依法治国。依规治党是依法治国的引领和保障，依法治国是依规治党的基础和依托，二者统一于走中国特色社会主义法治道路的伟大实践中。”“加强党内法规制度建设是全面从严治党的长远之策、根本之策。我们党要履行好执政兴国的重大历史使命、赢得具有许多新的历史特点的伟大斗争胜利、实现党和国家的长治久安，必须坚持依法治国与制度治党、依规治党统筹推进、一体建设。”只有充分认识并坚持依法治国与依规治党高度统一，才能真正坚持走中国特色社会主义法治道路。

（五）坚持做学法、尊法、守法、用法与守法的模范

2015 年 2 月，习近平在省部级主要领导干部学习贯彻十八届四中全会精神全面推进依法治国专题研讨班上的讲话中指出：“各级领导干部在推进依法治国方面肩负着重要责任，全面依法治国必须抓住领导干部这个‘关键少数’。领导干部要做尊法学法守法用法的模范，带动全党全国一起努力，在建设中国特色社会主义法治体系、建设社会主义法治国家上不断见到新成效。”习总书记这段讲话道出了两个重要观点：第一，领导干部尊法学法守法用法是依法治国的责任所趋；第二，只有领导干部做尊法学法守法用法的模范，社会主义法治建设才能取得新成效。在全面推进依法

治国和全面从严治党的时代要求下，领导干部不学法、不懂法、不信法、不守法，从而给国家和人民利益带来损害的例子不胜枚举，实践教训也尤为深刻。只有领导干部坚持做尊法、学法、守法与用法的模范，全面提升法治素养和法治能力，才能使社会主义法治国家的建设目标早日实现。

（六）坚持权力为人民所用、被制度所控

在习近平新时代中国特色社会主义法治思想中，“良法善治”是重要的组成内容。习总书记指出：“严以用权，就是要坚持用权为民，按规则、按制度行使权力，把权力关进制度的笼子里，任何时候都不搞特权、不以权谋私。”我们党是代表广大人民利益的政党，其执政的目标也是要最大限度地维护和实现人民的根本利益，所以党的领导干部手中的权力都是人民赋予的，必须是用来为人民服务而不是损害人民利益的，而要确保权为民所用，必须加强制度对权力的管控，防止权力肆意突破边界，从而损害党在人民群众中的形象。习近平强调：“各级领导干部特别是高级干部要自觉遵守廉政准则，既严于律己，又加强对亲属和身边工作人员的教育和约束，决不允许以权谋私，决不允许搞特权。对一切违反党纪国法的行为，都必须严惩不贷，决不能手软。”正因为领导干部手中的权力是人民赋予的，所以权力的行使必须做到尊重人民、敬畏人民，必须坚持严格在法律和制度的框架内行使，决不允许有凌驾于人民之上的特权，也不允许有宪法法律之外的任何特权存在，这就是中国共产党人政治自觉和法律修养的体现。

走进新时代的中国经济

潘理权

一、走进新时代我国经济建设取得的成就

党的十八大标志着中国特色社会主义进入新时代。十八大以来，面对严峻复杂的国际国内环境，我国坚定不移地贯彻新发展理念，深入推进供给侧结构性改革，不断创新完善宏观调控，全面深化经济体制改革，深入实施创新驱动发展等战略，统筹推进区域城乡协同协调发展，持续提升开放型经济发展水平，扎实推进美丽中国建设，发展质量和效益不断提升，国际地位和国际影响力大幅提升，经济建设取得了辉煌成就。

（一）经济运行在合理区间，国际地位显著提升

五年来，全国上下深入贯彻落实习近平总书记系列重要讲话精神和治国理政新理念新思想新战略，始终坚持稳中求进的工作总基调，紧紧抓住和用好重要战略机遇期，创新和改善宏观调控，科学统筹稳增长、促改革、调结构、惠民生、防风险，战胜了诸多矛盾叠加、风险隐患交织的严峻挑战，我国经济持续健康发展，综合国力和国际影响力再上新台阶。

1. 经济保持中高速增长

2013—2016 年，国内生产总值年均增长 7.2%，高于同期世界各国平均增长 2.5% 和发展中经济体平均增长 4% 的水平。经济增量逐年递增。按照 2015 年的不变价格计算，2013—2016 年经济增量分别是 43 253 亿元、43 824 亿元、44 477 亿元、46 097 亿元，我国的综合实力显著增强。2016 年，国内生产总值达到 74 万亿元，按不变价格计算为 2012 年的 1.32 倍；一般公共预算收入接近 16 万亿元，为 2012 年的 1.36 倍。

2. 就业物价形势稳定

积极的就业政策不断显效，创业带动就业作用突出，就业形势保持稳定，成为经济运行中的突出亮点。2013—2016 年，城镇新增就业连续四年保持在 1300 万人以上，31 个大城市城镇调查失业率基本稳定在 5% 左右，农民工总量年均增长 1.8%。价格涨势温和，2013—2016 年居民消费价格年均上涨 2.0%。综合起来看，7.2% 的年均经济增长速度、2% 的通胀率、5% 左右的调查失业率，这样的运行格局难能可贵，符合经济发展的内在规律，在世界范围内一枝独秀。

3. 人均国内生产总值稳步提高

2016 年，我国的人均国内生产总值为 53 980 元，扣除价格因素，比 2012 年增长 29%，年均实际增长 6.6%。2012—2016 年，我国人均国民总收入（GNI）由 5940 美元提高到超过 8000 美元，接近中等偏上收入国家的平均水平。在世界银行公布的 217 个国家（地区）人均 GNI 排名中，我国由 2012 年的第 112 位上升到 2015 年的第 97 位，前进了 15 位。

4. 国际影响力显著提升

我国是世界经济增长的动力之源、稳定之锚，为世界经济艰难复苏做出了重大贡献。2016 年，我国国内生产总值折合 11.2 万亿美元，占世界经济总量的 15% 左右，比 2012 年提高超过 3 个百分点，稳居世界第二位。2013—2016 年，我国对世界经济增长的平均贡献率达到 30% 以上，超过美国、欧元区和日本贡献率的总和，居世界第一位。

（二）结构调整稳中有进，经济发展迈向中高端

五年来，各地区各部门按照适应把握引领经济发展新常态的要求，大力优化产业结构，不断改善需求结构，着力推动供给侧结构性改革，积极推进新型城镇化，着力促进区域协调发展，我国经济结构调整加快，转型升级成效明显，经济发展向中高端水平不断迈进。

1. 产业结构优化升级

服务业持续较快发展，对经济社会发展的支撑带动作用与日俱增。2013—2016 年，服务业增加值年均增长 8.0%，比国内生产总值增速高 0.8 个百分点。2013 年服务业（即第三产业）现价增加值占国内生产总值的比重首次超过第二产业，成为国民经济第一大产业，2016 年提升至 51.6%，比 2012 年提高 6.3 个百分点。“中国制造 2025”加快实施，工业化和信息化深度融合，装备制造业和高技术产业增长明显快于传统产业。2013—2016 年，装备制造业和高技术产业增加值年均分别实际增长 9.4%

和 11.3%，快于规模以上工业 1.9 和 3.8 个百分点；2016 年，装备制造业和高技术产业现价增加值占规模以上工业增加值的比重分别达到 32.9% 和 12.4%，比 2012 年提高 4.7 和 3 个百分点。

2. 消费成为经济增长主要推动力

在扩大内需政策措施作用下，居民消费潜力有序释放，消费升级势能持续增强，消费的基础性作用不断发挥，成为经济增长的主要推动力。2013—2016 年，最终消费支出对经济增长的年均贡献率为 55%，高于资本形成总额贡献率 8.5 个百分点。分年度看，四年的贡献率分别为 47%、48.8%、59.7% 和 64.6%，呈现稳中有升的发展态势。最终消费率稳步提高。2016 年，我国最终消费率为 53.6%，比 2012 年提高 3.5 个百分点；资本形成率为 44.2%，下降 3 个百分点。

3. 新型城镇化扎实推进

城镇化水平不断提高。2016 年年末，常住人口城镇化率为 57.35%，比 2012 年年末提高 4.78 个百分点，年均提高 1.2 个百分点；2013—2016 年城镇人口每年增加 2000 多万人，带动了巨大的投资和消费需求。户籍制度改革和居住证制度全面推进，农业转移人口市民化进程加快，农业转移人口与城镇居民的基本公共服务均等化水平提高，新型城镇化质量显著提升。2016 年年末，我国户籍人口城镇化率为 41.2%，比 2012 年年末提高 6.2 个百分点，与常住人口城镇化率的差距为 16.1 个百分点，缩小 1.4 个百分点。

4. 区域发展格局优化重塑

“三大战略”实施进展顺利。“一带一路”建设积极进展，区域开放开发步伐加快；京津冀协同发展有序推进，雄安新区启动设立；长江经济带发展取得成效，生态环保和经济辐射力增强。重庆、广州、成都、武汉、郑州等一批国家和区域中心城市快速发展，新的增长极、增长带逐步形成。西部开发、东北振兴、中部崛起、东部率先，“四大板块”统筹推进。中西部地区后发优势继续发挥，主要发展指标增速明显快于全国。2013—2016 年，中部和西部地区生产总值年均分别增长 8.6% 和 9.1%，分别快于全国 1.4 和 1.9 个百分点。东部地区转型升级、开放创新走在前列，区域发展新动能新亮点不断涌现，对全国发展的支撑引领作用日益突出。

（三）深入推进创新驱动，新动能加速孕育

五年来，创新驱动发展战略深入人心，各地区各部门坚持走中国特色自主创新道路，培育壮大新动能，加快发展新产业，持续推进大众创业、

万众创新，全社会的创新活力和创造潜能得到激发，新的经济增长点不断涌现，新旧动能有序转换。

1. 科技创新不断取得重大突破

国家对科技创新的支持力度加大，研发投入快速增加。2016 年，研究与试验发展（R&D）经费支出 15 500 亿元，比 2012 年增长 50. 5%，与国内生产总值之比为 2. 08%，提高 0. 17 个百分点。一批具有标志性意义的重大科技成果涌现，载人航天、探月工程、量子通信、射电望远镜、载人深潜、超级计算机等实现重大突破，天宫、蛟龙、天眼、悟空、墨子、大飞机等重大科技成果相继问世，带动了劳动生产率稳步提高。2016 年，全员劳动生产率（以 2015 年价格计算）达到 94 825 元/人，比 2012 年提高 30. 2%，年均提高 6. 8%。创新型国家建设取得重要进展。2016 年，我国创新指数名列全球第 25 位，比 2012 年提高 9 位，在中等收入国家中排名首位，大幅领先其他金砖国家。

2. 大众创业万众创新蔚然成风

随着商事制度改革和“放管服”改革的持续深化，乘数效应不断显现。28 个国家双创示范基地建设全面推进。2014—2016 年，全国新登记市场主体超过 4400 万户，其中新登记企业 1362 万户，年均增长 30%。2016 年平均每天新登记企业 1. 5 万户，掀起了商事制度改革以来的新高潮。专利申请量和授权量大幅增长，创新成果不断涌现。2016 年，受理境内外专利申请 346. 5 万件，授予专利权 175. 4 万件，分别比 2012 年增长 68. 9% 和 39. 8%，国内有效发明专利拥有量突破 110 万件，是继美国和日本之后，世界上第三个发明专利拥有量超过百万件的国家；技术合同成交金额超过 1. 1 万亿元。

3. 新产业新业态新模式层出不穷

“互联网+”行动计划深入推进。网络购物快速增长，带动了快递业务迅猛扩张。2015—2016 年，实物商品网上零售额年均增长 28. 6%，比社会消费品零售总额高 18. 1 个百分点。2016 年，快递业务量 312. 8 亿件，比 2012 年增长 4. 5 倍，年均增长 53. 2%。平台经济、分享经济、协同经济等新模式广泛渗透，线上线下融合、跨境电商、智慧家庭、智能交流、移动支付等新业态方兴未艾。

（四）基础产业不断增强，基础设施水平持续提高

五年来，各地区各部门着力夯实基础产业，加大基础设施建设力度，拓展基础设施建设空间，优化基础设施建设布局，一批关系国计民生的重大工程建成投产，保民生、兜底线、补短板、增后劲的效应逐步显现，基

础产业和基础设施保障能力显著增强。

1. 农业水利基础进一步巩固

随着一系列强农惠民政策落实，农业综合生产能力不断提高，确保了国家粮食安全和重要农产品有效供给。2015 年，粮食总产量达到 62 144 万吨，实现了新中国成立以来首次“十二连增”，粮食生产能力达到 1.2 万亿斤。科技创新和机械化步伐加快，主要作物良种基本实现全覆盖。近年来，我国谷物、肉类、花生、茶叶产量稳居世界第一位，油菜籽稳居世界第二位，甘蔗稳居世界第三位。一批重大水利工程开工建设，耕地灌溉面积占耕地面积比重回升到 50% 左右。

2. 交通运输能力不断增强

综合运输网络建设加快推进，横贯东西、纵贯南北、内畅外通的交通运输大通道逐步形成，通达和通畅程度不断提高。2012—2016 年，铁路营业里程由 9.8 万公里增加到 12.4 万公里；高速铁路运营里程由不到 1 万公里增加到 2.2 万公里以上，稳居世界第一。公路里程由 424 万公里增加到 470 万公里，其中高速公路里程由 9.6 万公里增加到 13.1 万公里，位居世界第一。定期航班航线里程由 328 万公里增加到 635 万公里。现代高效的城市轨道交通快速发展。2016 年年末，城市轨道交通运营线路里程 4153 公里，拥有运营线路的城市 30 个。

3. 信息通信水平快速提升

2016 年，邮电业务总量 43 345 亿元（按 2010 年不变价格计算），比 2012 年增长 1.9 倍，年均增长 30.3%。“宽带中国”战略加快实施，全球最大规模的宽带通信网络基本建成。2016 年，固定互联网宽带接入用户达到 2.97 亿户，居全球前列；互联网上网人数为 7.31 亿人，比 2012 年增长 29.7%；互联网普及率达到 53.2%，提高 11.1 个百分点。移动互联网业务蓬勃发展。2016 年移动互联网接入流量达 93.6 亿 G，手机上网人数达到 6.95 亿人。

4. 能源供给能力不断增强

2016 年，发电装机容量超过 16 亿千瓦。清洁能源发展大踏步前进。2016 年，核电发电装机容量为 3364 万千瓦，比 2012 年增长 167.6%；并网风电为 14 864 万千瓦，增长 142.0%；并网太阳能发电 7742 万千瓦，增长 21.7 倍。水电、风电、光伏发电装机规模和核电在建规模均居世界第一。煤炭清洁化利用和石油天然气深度开发水平不断提升。

（五）全面深化推进改革，四梁八柱性改革框架基本确立

五年来，全国上下以踏石留印、抓铁有痕的劲头全面深化改革，主要

领域“四梁八柱”性改革全面铺开，一些重点领域和关键环节改革取得突破，社会主义市场经济体制进一步完善，为发展提供了体制机制保障。

1. 供给侧结构性改革迈出实质性步伐

以“三去一降一补”为重点任务的供给侧结构性改革初见成效。2016年退出钢铁产能超过6500万吨，煤炭产能超过2.9亿吨。2016年年末，商品房待售面积为69 539万平方米，比上年年末减少2314万平方米，下降3.2%，多年来首次出现下降；规模以上工业企业的资产负债率为55.8%，比上年年末下降0.4个百分点。全面推开营改增，2016年降低企业税费成本1万亿元左右；生态环保、农业、水利和战略性新兴产业等短板领域投资快速增长。

2. 放管服改革取得实质性进展

推动简政放权、放管结合、优化服务，市场在资源配置中的决定性作用和政府有效作用得到更好发挥。2013年以来，国务院共取消和下放618项行政审批等事项，提前完成本届政府减少行政审批事项三分之一的目标，彻底终结了非行政许可审批。商事制度改革不断深化，“五证合一、一照一码”推进实施，“双随机、一公开”全面推行。外商投资负面清单管理模式不断完善，在上海、广东、天津、福建开展市场准入负面清单制度试点。

3. 关键领域改革向纵深推进

财税金融体制改革稳步推进，全面放开贷款利率管制，取消存款利率浮动上限，汇率双向浮动弹性增强，存款保险制度正式实施，沪港通、深港通开通。国企改革不断深化，公司制股份制改革步伐加快，大多数央企建立了规范的董事会制度，央企子企业公司制改制面超过90%。投融资体制改革全面展开，政府和社会资本合作（PPP）项目落地加快。成品油价格调控机制不断完善，液化石油气出厂价格全面放开。90%左右的城市已推广居民阶梯水电气价。医疗服务价格改革不断推进，公立医院医药价格改革在县级全覆盖、在9个省的城市全面实施。机关事业单位养老保险制度稳步推进，户籍制度改革加快，建立了城乡统一的户口登记制度。全面推行河长制。

（六）对外开放向纵深推进，高水平对外开放呈现新格局

五年来，我国适应经济全球化新形势，实行更加积极主动的开放战略，加快构建开放型经济新体制，加快转变对外贸易和对外投资方式，坚持出口和进口、货物贸易和服务贸易、利用外资和对外投资协调发展，对外开放的深度和广度进一步拓展，开放型经济活力日趋增强。

1. 进出口贸易由量的扩张转向质的提升

2016年，我国货物进出口总额为24.3万亿元，占世界贸易总额的比重保持在11%以上。货物贸易方式不断优化，一般贸易进出口占比由2012年的52.0%上升到2016年的55.1%。服务进出口快速发展。2016年，服务进出口总额6575亿美元，比2012年增长36.7%，年均增长8.1%，稳居世界第二位。高附加值领域服务出口增长势头强劲，2016年维护和维修服务、信息服务出口均实现40%以上的增长。

2. 双向投资达到新水平

利用外资和对外投资规模均创历史新高，双向投资保持基本平衡。2013—2016年，我国累计实际使用外资4894亿美元，年均增长3.1%；累计非金融类对外直接投资4915亿美元，年均增长21.6%。吸收外资的质量提高。2016年服务业实际使用外资5716亿元，比上年增长8.3%，其中高技术服务业实际使用外资增长86.1%。

3. 全方位开放取得新进展

2016年，我国与“一带一路”沿线国家进出口总额为6.3万亿元，占我国贸易总额比重达25.7%。截至2016年年末，我国企业在沿线国家建立初具规模的境外经贸合作区56个，累计投资超过185亿美元。一批重大工程和国际产能合作项目落地，高铁、核电“走出去”迈出坚实步伐。自由贸易区建设不断加快，中国-东盟自贸区升级议定书正式生效，我国与冰岛、瑞士、韩国、澳大利亚等国自贸区启动实施。设立上海、广东、天津等11个自贸试验区和12个跨境电子商务综合试验区。

4. 全球经济治理话语权提升

我国深入参与全球治理进程，在全球经济制度建设中不断贡献中国智慧、中国方略。倡议建立亚洲基础设施投资银行和设立丝路基金，成功主办了“一带一路”国际合作高峰论坛、亚太经合组织（APEC）北京峰会、二十国集团（G20）领导人杭州峰会、博鳌亚洲论坛。2016年人民币正式纳入国际货币基金组织特别提款权（SDR）篮子，人民币成为国际储备货币迈出重大步伐。

二、走进新时代中国经济走势

总体来看，十八大以来的中国经济相对于前期而言，结束了近两位数的高增长态势，呈现出中高速增长特征。由于长期积累的结构性矛盾影响，经济运行处于下行通道，但相对于2007—2012年的剧烈波动，进入新时代的中国经济运行更加平稳，经过5年多的调整，目前经济呈现出“L”型增长态势（见图1）。

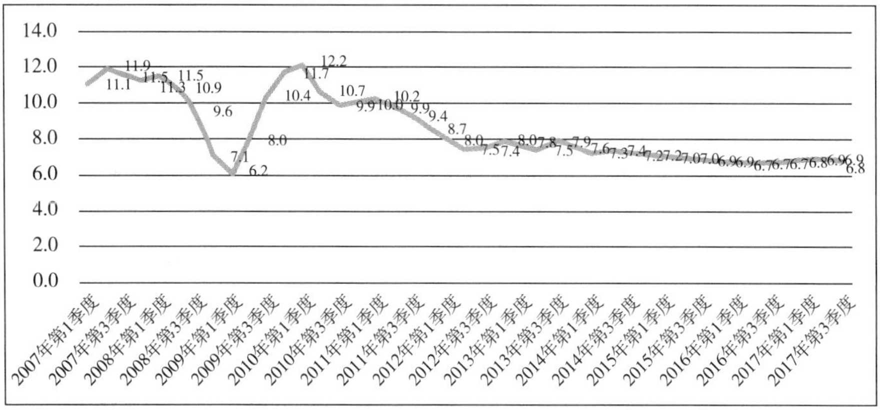

图1　2007年1季度—2017年3季度中国季度GDP增长走势图（单位:%）

（一）处在下行通道

自2010年以来，中国经济结束了2008年为应对美国金融危机采用4万亿元强刺激带来的经济高增长，GDP增速一路下行，2011年破10，2012年破9、破8。而2012年又是中国政治大换届的时间窗口，在中国经济进入新一轮政治周期之年，经济出现破8的巨大压力下，各地方政府成为稳增长的主导者，推出了一系列稳增长的投资刺激计划。2012年7月浙江省宁波市打响了全国刺激经济政策的第一枪，下发了《市政府关于推进工业经济稳增长调结构促转型的若干意见》，26条新政内容涉及清费减税、扩大投资、调整结构、科技创新、要素保障、营造氛围等六个方面。接着，湖南省长沙市对外宣布，2012年重大推介项目195个，总投资额达8292亿元，以期推动经济结构调整，激活潜在市场需求。贵州也不甘落后，8月份公布《贵州省生态文化旅游发展规划》，从各地上报的2382个项目中筛选出总额3万亿元左右的重点投资项目，提出规划10个国家级重大项目、50个省级重大项目和200个省级重点项目。据不完全统计，当时共有13个省市出台的计划投资总额达到12.8万亿元，每个省市平均投资额约1万亿元。但2.0版的4万亿元投资刺激只是带来了GDP在第四季度出现反弹，然后又继续掉头向下。2012—2013年没有再现1992—1993年、2002—2003年的政治周期性的高增长。

究其原因，主要有两方面：一是过去靠打强心针搞大水漫灌的刺激政策效应递减、不再有效；二是新一届领导集体在宏观经济管理的思路和政策上出现重大变化，即希望更多发挥市场机制调节作用来激活经济，而不是一味地采用政府之手来调节经济。

中国经济的持续减速，从需求因素来看体现在“三驾马车”的动力失速。首先是过去长期支撑中国经济高速增长的投资增速大幅下降，从应对美国金融危机冲击时的近40%的增速回落至不足10%的个位数增长；其次是消费增速也在下降，从2008—2009年超过20%的增速降至10%～11%；最后是过去拉动中国经济高增长的外需市场受2008年金融危机的影响需求疲软，导致我国进出口在2015年和2016年分别出现7%和0.9%的负增长，其中，出口分别负增长2.8%和2%。

中国经济的减速表面上看是“三驾马车”的动力不足，而背后深层的原因在要素供给能力和要素产出率下降。一是中国已进入老年化社会，劳动力成本上升，丧失了人口红利。自2012年开始，16～59岁的适龄就业人口出现绝对下降，60岁以上的老年人口超过2亿，占人口比重的15.5%。二是在生产严重过剩的背景下，资本的边际投资效率下降。三是土地等自然资源受到18亿亩耕地等环保红线的约束，过去依靠地方政府卖地招商实行城市扩张拉动经济高增长的模式受到很大限制。这也意味着过去依靠要素驱动的经济增长模式需要向创新驱动转型。

（二）调整力度加大

面临经济的持续下行，以习近平为核心的新一代中央领导集体转变发展理念，创新宏观管理方式，加大经济调整力度，促进经济的持续稳定发展。一是创新宏观调控思路，由过去在经济下行轨道中注重采用凯恩斯主义刺激总需求管理的思路转向了依靠熊彼特创新经济学为支撑的供给侧结构性改革，将调节总供给放在更加重要的位置。二是加大结构调整力度：一方面大幅度压缩严重过剩产能，让超过1亿吨的钢铁和超过4亿吨的煤炭产能从市场出清；另一方面大力发展高新技术产业、战略性新兴产业，培育新产业、新业态、新模式。三是积极实施创新驱动发展战略，形成了一大批在国际领先领跑的新技术新动能，互联网经济、共享经济、数字经济、高铁经济等异军突起。四是加大改革力度，改革商事制度，降低市场准入门槛，推动大众创业、万众创新，实施“营改增”降低实体经济成本等等，十八大以来共推出了1500多项改革举措，为经济社会发展注入了巨大动力。

（三）呈现“L”型走势

经过十八大以来的连续三年多的调整，中国经济从2016年开始出现企稳态势，季度GDP已连续7个季度运行在6.7%～6.9%这一区间，呈现出非常明显的“L”型走势特征。

习近平总书记在2015年中央经济工作会议上的讲话中指出：“由于目前的问题主要不是周期性的，不可能通过短期刺激实现V型反转，我国经济可能会经历一个L型增长阶段。”2016年1月4日《人民日报》刊发《七问供给侧结构性改革（权威访谈）——权威人士谈当前经济怎么看怎么干》中，国家发改委副主任、中央财经领导小组办公室主任刘鹤指出：“国民经济不可能通过短期刺激实现V型反弹，可能会经历一个L型增长阶段。”2016年5月人民日报又一次发表《权威人士再谈当前经济》的访谈中，权威人士明确指出：“综合判断，我国经济运行不可能是U型，更不可能是V型，而是L型的走势。这个L型是一个阶段，不是一两年能过去的。”

中国经济运行“L”型走势的这个判断是科学合理的，也是合乎经济发展规律的判断。而且从中长期来看，中国经济的增速也将是一个台阶、一个台阶往下走，不可能再回到过去两位数以上的高增速了。这是因为：一方面中国经济体量增大，即使是6.5%的增速，现在近80亿元的总量每年GDP也能净增5万亿元，相当于一个中等规模发达国家一年的经济总量，大概有八九千亿美元。尽管我国经济增长幅度由高速增长平稳过渡到中高速增长，但是经济增长的绝对量每年都比上一年有比较大的发展。另一方面其他国家的经济发展轨迹也证明了这一规律和趋势，如亚洲四小龙、四小虎以及美日欧等国家和地区都曾经有过高速增长阶段，但当经济逐步进入成熟期后，增长速度都会逐步下降。美国经济现在每年能有3%～4%的增长速度就是非常了不起的成就。同时，中国的环境和资源状况也承载不了过去的两位数的高增速。随着大众环保意识的增强，生态文明的理念深入人心，人民开始追求更高质量、更有效率、更加公平、更可持续的增长，对于过去“三高一低”的粗放型的增长方式已深恶痛绝。

但速度的降低并不意味着中国经济前景黯淡，相反，中国经济依然具有巨大的发展潜力和美好前景。一是我国工业化、城镇化还没有完成，工业化与信息化融合发展，创造高质量的供给，城镇化是巨大的需求，供求相互作用则为经济发展提供最大的活力；二是中国的消费正在向中高端、享受型升级，消费逐步成为拉动中国经济增长最主要的力量；三是中西部地区与东部地区存在很大的差距，差距就是发展的空间；四是改革还能释放巨大的制度红利，党的十八届三中全会确定的60项改革任务如果都能落实到位，将给我们国家的经济发展注入源源不断的活力。因此，我们说中国的经济前景依然美好，不能只是用速度指标去度量，除了速度这个指标外，我们要更多地看增长的质量、效益、经济结构和发展方式，现在对待速度的下降要更多地保持淡定，要摒弃过去容易出现的速度忧郁症。

三、当前我国经济运行的主要特征

（一）经济增长总体平稳

1. 增速稳

从2013—2016年，经济指标年均增长7.2%，从2016年一季度开始，经济增长速度一直处在6.7%～6.9%的增长区间，显示出非常强的稳定性。

2. 物价稳

物价并非越高越好，也并非越低越好。居民消费价格指数（CPI）超过3%就意味着经济运行出现了通货膨胀，物价负增长则意味着经济出现通货紧缩，治理通货紧缩比治理通货膨胀更难。CPI保持在3%以内的涨幅就是比较理想的状态，而且还有利于促进经济增长，使经济保持良性循环。这几年物价涨幅都是在2%左右，最高是2.6%，最低是1.4%，特别是农副产品价格比较稳定，这就让居民在这个过程中有越来越强的获得感。物价稳定为经济发展营造了很好的发展环境，创造了很好的条件。

3. 就业稳

近年来中国经济在下行的情况下出现就业不减的特征。其主要原因有两个方面：一是产业结构优化升级，三产占比提升，就业的容纳能力增强；二是大力推进“双创”，以创业带动就业，实现了就业扩大的乘数效应。从2012年就业1260多万人，到2013年开始超过了1300万，之后每年都是1300多万新的就业岗位，2017年前10个月份，已经实现了1191万人的目标任务，超过全年1100万新增就业岗位的目标，估计到年底可以达到1300万人的就业岗位。五年加起来达到6500多万。要创造那么多新的岗位，如果没有经济比较平稳健康的发展，那是不可想象的。

4. 国际收支稳

国际收支是衡量一个国家对外经济交易状况的宏观经济指标，国际收支稳汇率就稳，相反，汇率稳定也有利于国际收支稳定。国际收支是否稳定可以从两大指标体现：一是汇率是否稳，二是外汇储备是否稳定。为了防止人民币受到攻击出现大的波动，2015 年 8 月 11 日人民币实施汇率改革，主动对美元贬值 2%，并且扩大人民币的波动幅度，导致中国的外汇储备较大幅度下降，2015 年外汇储备减少 5000 多亿美元，2016 年又减少 3000 多亿美元，外汇储备存量破 3 万亿美元大关。2017 年，随着外部市场环境的好转，出口稳定扩大，人民币稳中有升，国际收支状况持续得到改善，外汇储备又重回 3 万亿美元以上，人民币汇率也稳中有升。

除此之外，国内消费平稳，涨幅始终保持在 10% 到 11% 之间，消费已成为稳定中国经济的重要力量。脱贫人数稳定，每年都有 1000 多万人口脱贫，贫困发生率 2017 年年底可以降到 4% 以下。

（二）运行质量稳中有进

1. 结构优化升级

五年来我国经济结构不断调整优化，实现了需求结构“消费超过投资”、产业结构“三产超过二产”，最终消费和服务业对经济发展的支撑作用进一步增强；2017 年前三季度，消费对经济增长的贡献率为 64.5%，服务业占比达到 52.9%。具体来说，经济结构的优化升级主要体现在以下三个方面：

一是产业结构。我国第三产业占比已超过二产超过 10 个百分点，2016 年年底第三产业占 GDP 总量的 51.6%，已经成为国民经济的主导产业；同时，第二产业结构也在持续优化，传统产业过剩产能比重下降，战略性新兴产业、高新技术产业等产业都呈现出快速增长的态势。

二是需求结构也在优化。包括投资和消费在内的内需成为拉动经济的主导力量，2017 年前三季度，内需对经济增长的贡献率为 97.3%，出口只有 2.7%；在内需中，消费和投资的结构也在改善，消费已经成为拉动经济增长的主导力量。当然目前还有很多影响消费扩大的阻碍因素，如居民收入水平还有待提高，收入分配结构存在差距，社会保障还不健全，产品质量和安全还有待改善，消费者权益保障还有待提升等等，要让消费成为经济增长的主动力，必须让家庭居民有钱花、敢于花钱和大胆花钱。

三是区域发展协调性增强。过去发展居后的西部地区明显好转，根据 2017 年上半年 21 个区域发展排行榜可以看出，过去落后的一些西部省份，如西藏、新疆、贵州、云南、宁夏等发展指数都处于排行榜前列，而过去发展比较快的天津、江苏以及东北地区发展指数排在后面。现在区域经济开始提出大湾区的发展概念，目前，我国有三大湾区：港珠澳湾区、环渤海湾区和环杭州湾大湾区，特别是港珠澳大湾区，涉及广东的七个市和香港、澳门共九个城市，面积5万多平方公里，人口6800多万人，经济总量将近十万亿元，比肩美国纽约大湾区、旧金山大湾区和日本东京大湾区。目前国家发改委正在做港珠澳大湾区发展规划，这里有资金、人才、科技等诸多优势，港珠澳大湾区未来将成为世界的经济中心。

2. 动能加快转换

我国长期依靠大产业、大企业和要素驱动为经济发展提供增长动能。十八大以来，我国大力实施创新驱动发展战略，新旧动能有序转换，新技术、新产业、新模式、新业态层出不穷。我们一方面通过高新技术加强对传统产业的改造升级；另一方面加快培育和促进新动能成长，经济增长动能加快转换。资料显示，我国创新能力在世界上的综合排名由2012年的第34位上升到2017年的22位，2016年我国科技进步贡献率达到56.2%，研究与试验发展经费支出达到1.55万亿元。

我们现在还有一大批的传统产业，但是这些传统产业已经不再是过去的传统企业了，是结合了科技创新，在体制机制、产品和研发方面都有了脱胎换骨的改造，转型升级的速度大大加快，焕发了蓬勃的生机。比如随着汽车进入家庭，传统的自行车（单车）行业被家用小汽车挤压得几乎失去了生存空间，但当汽车发展进入拥堵时代后，人们发现单车依然具有城市出行的独特优势，3~5公里范围内的城市出行点到点最便捷的交通工具就是单车。摩拜单车公司抓住这一商机，开发出智能自行车锁，可以为单车进行定位和后台管理，既方便了城市居民出行，又免去了过去自己买车还要维修保管防盗等烦恼，又极大地提高了单车的使用效率（上海摩拜单车公司的一辆单车一年被骑行近5000公里），更重要的是盘活了一个传统产业。2016年北京上海投放共享单车就达到100万辆，2017年预计全国投放2000万辆，传统自行车产业一下释放出巨大活力，对于推动经济发展具有很大的促进作用，为经济发展注入了强劲动力。而支撑共享单车发展背后的关键要素是北斗导航技术。

除了对传统产能的改造升级外，新产业、新业态、新模式也蓬勃发展，像滴滴打车、共享单车、移动支付，还有其他结合电子商务、电子信息发展起来的业态层出不穷。国庆长假期间，不少群众到国外旅游，他们觉得在国外很不适应，因为我们在国内是用手机支付订票、订酒店、订餐。到了国外旅游，手机支付等没有那么方便了，这从侧面说明，新业态的发展大大方便了人民群众的生活，提高了人民群众生活的质量和水平。

新产业层出不穷，据世界一些权威媒体报道，我们现在科技方面“独角兽”企业已经超过90家，占了全球大体上1/3左右，与现在“独角兽”企业最多的一些大国相比，我们仅仅比他们少几家而已，在人工智能领域也已处于世界领先水平，2017年产值预计达到3700亿元。这充分说明了中国新科技产业、科技企业正在蓬勃发展，更说明了中国现在对经济发展创造的营商环境和对科技中小型企业发展环境的营造有了很大的提高。这为今后经济的平稳健康可持续发展夯实了很好的基础。

3. 质量效益提升

2017年国务院下了很大的气力要减税降费1万亿元。前三季度规模以上工业企业主营业务收入利润率为6.13%，比上年同期提高0.45个百分点。8月份，规模以上工业企业实现利润总额同比增长24%，比上月提高7.5个百分点。全国居民人均可支配收入19 342元，同比名义增长9.1%；扣除价格因素实际增长7.5%，增速比上年同期提高1.2个百分点。按常住地分，城镇居民人均可支配收入27 430元，扣除价格因素实际增长6.6%；农村居民人均可支配收入9778元，扣除价格因素实际增长7.5%。城乡居民人均收入倍差2.81，比上年同期缩小0.01。1—9月累计，全国一般公共预算收入134 129亿元，同比增长9.7%。全国一般公共预算收入中的税收收入113 101亿元，同比增长12.1%；非税收入21 028亿元，同比下降1.6%。从企业利润率、居民收入及财政收入等指标可以看出，我国经济运行的质量效益有了明显提升。

（三）经济风险得到控制

2017年5月，中央召开了第五次金融工作会议，聚焦三大主题：金融服务于实体经济，防范金融风险，深化金融改革。金融工作会议召开后的首个工作日，人民日报在头版刊发评论员文章《有效防范金融风险》，文章强调：防范化解金融风险，需要增强忧患意识，既防“黑天鹅”，也防“灰犀牛”；对各类风险苗头既不能掉以轻心，也不能置若罔闻。

大家知道，“黑天鹅”是指小概率、不可预见、影响巨大突如其来的风险事件，比如说“9·11”恐怖袭击，谁能想到恐怖分子会驾着飞机去攻击世贸大厦和五角大楼呢？恐袭事件的发生给世界政治经济格局带来深远的影响，美国将重心指向反恐，为中国经济发展赢得良好机遇，十年之中中国经济由不足20万亿元连跨四个大台阶，2012年GDP超过50万亿元，极大地提升了中国经济实力和国际影响力。“灰犀牛”是指大概率、潜伏期长、危险系数大的厚积薄发的风险事件。灰犀牛是生长在非洲大草原上的一种动物，体态庞大，行动迟缓，就在你的不远处，但是它一旦发起攻击，憨直的路线、爆发性的冲击力，一下就把你扑倒在地。美国的次贷危机就是一种“灰犀牛”事件，在美国房地产泡沫持续吹大的过程中，不少的媒体、研究机构、政府部门都曾发出警告，但是一次次均没出事，最后导致市场麻木不仁，对存在的房地产市场风险视而不见，最后次贷危机爆发，华尔街金融海啸冲击全球，给世界经济带来巨大破坏。

中国现在的最大“灰犀牛”就是房地产风险，其次是企业的高杠杆。我国房地产曾出现了三次中等程度的调整：2008—2009 年初，成交量下降 20%，房地产投资接近负增长，2009 年拉起来；2011 年年底—2012 年，北京房价降了不到 20%，结果涨了 30%；2014—2015 年，调整了 15% 左右，结果 2015 年涨了 50%，上海北京等一线城市的房价都在十多万元一个平方米。三次调整都出现反复，原因就在于将房地产市场当成了稳增长的工具。面对快速上涨的房价，2016 年 9 月 30 日出台被誉为史上最严厉的房地产调控政策，短期内 20 多个城市出台政策进行调控。2017 年 3 月 18 日再次进行预防性调控，从限价到限贷、从限购到限售，目前调控风暴已经席卷中国 45 个城市，房地产市场出现全线降温的信号。

再看企业高杠杆。2015 年中国经济杠杆率大约在 240% ~270%，其中家庭的杠杆率不到 40%，政府的杠杆率约在 60%，非金融企业的杠杆率最高，大约在 140% ~170%。其中非金融企业的高杠杆又主要集中在具有政府背景的“僵尸”企业和平台公司，民营企业杠杆率是比较正常的，因为民营企业杠杆率高了，撑不住就会倒闭。但是国企有政府信用背书，大量银行信贷资金进入国有企业、平台公司、“僵尸”企业和房地产行业，尽管央行上游放水，但下游干涸的实体经济土壤依然没有水。现在去杠杆的思路是先稳杠杆、移杠杆再去杠杆，稳杠杆就是稳定企业杠杆率，不让企业债务水平进一步上升；移杠杆就是将企业的高杠杆转移到家庭和政府部门。比如说，通过刺激房价上涨，引发家庭购房，从而将房地产企业的高杠杆降下来，将家庭杠杆提起来。现在家庭的杠杆率已升至 47%。再比如，针对地方融资平台公司的高债务率，由政府分配债务额度，针对贷款银行发行置换债券，将短期贷款转化为中长期债券，将高利率的贷款转换为低利率的债券，将平台公司债务转为地方政府债务。最终降杠杆需要靠企业实实在在的经营利润作为支撑。经过一年多的努力，2017 年 9 月末，规模以上工业企业资产负债率为 55. 7%，比上年同期下降 0. 6 个百分点。

本轮经济回升企稳，既有需求侧刺激（房地产、基建投资以及外需回暖）推动，又有供给侧结构（新技术、新业态、新模式、新产业）改善。需求侧的投资、消费和出口的适度刺激是为了稳定现实的经济增长，为供给侧结构性改革赢得时间和空间；供给侧结构性改革，主要是要提高劳动力、土地、资本、创新四大要素的配置效率，提升全要素生产率和潜在的经济增长速度，为稳定现实的经济增长提供支撑。

总之，当前我国经济稳中有进，稳中向好，结构调整深化，发展动能改善，质量效益回升，风险加强防控，宏观经济的稳定性增强。我国仍处在结构调整的过关期，经济运行中还存在不少矛盾和问题。要站在长周期和结构优化升级的角度把握经济发展的阶段性特征，保持战略定力，抓好供给侧结构性改革，妥善化解重大风险隐患，促进经济持续健康发展。

四、走进新时代的中国经济政策框架

党的十八大以来，党中央紧紧抓住经济社会发展的主要矛盾和矛盾的主要方面，从经济发展长周期和全球政治经济大背景出发，审时度势形成了一整套经济政策框架，发挥了关键作用。这些政策包括：做出了经济发展进入新常态的重大判断，解决了经济发展“怎么看”的问题；提出了创新、协调、绿色、开放、共享的发展理念，明确了供给侧结构性改革的工作主线，解决了发展经济要“干什么”的问题；切实贯彻实事求是的思想路线，坚持把稳中求进工作总基调作为经济工作的方法论，解决了做好经济工作要“怎么干”的问题。

（一）经济形势怎么看

从“三期叠加”到“经济新常态”，新一届中央领导集体对中国经济形势的认识不断深化，判断更加科学准确，为经济发展怎么办、发展经济干什么打下坚实基础。

1. 三期叠加的形势判断

十八届中央领导集体履新后，2013 年中央经济工作会议对经济形势的判断是“三期叠加”，即速度调整期、结构调整阵痛期、前期政策消化期。这意味着中国经济增速下降，长期积累的结构性矛盾集中显现，我国为应对美国金融危机实施的 4 万亿元刺激计划的后遗症需要逐步消化。“三期叠加”形势的判断指明了中国经济所处的特定历史方位，意味着中国经济要在一个新的起点上出发，也是中国经济走入新时代面临的新挑战。

2. 经济发展进入新常态

2014 年 5 月，习近平总书记在河南考察时首次以“新常态”描述新周期中的中国经济。12 月份的中央经济工作会议指出：“我国经济正在向形态更高级、分工更复杂、结构更合理的阶段演化，经济发展进入新常态。认识新常态、适应新常态、引领新常态是当前和今后一个时期我国经济发展的大逻辑。”。所谓新常态的“新”就是有异于旧质，“常态”就是时常发生的稳定状态，新常态就是不同以往的、相对稳定的状态。经济新常态具有四个显著特征：一是经济正从高速增长转向中高速增长；二是经济发展方式正从规模速度型粗放增长转向质量效益型集约增长；三是经济结构正从增量扩张为主转向调整存量、做优增量并存的深度调整；四是经济发展动力正从传统增长点转向新的增长点。经济新常态理论的提出既是对“三期叠加”形势认识的深化，又为供给侧结构性改革奠定了基础。

（二）经济发展怎么办

发展经济就是要始终坚持“稳中求进”的指导思想和方法论。经济工作坚持稳中求进是中央在 2012 年提出来的要求，并一直坚持到现在。在 2016 年中央经济工作会议上又将稳中求进提升到一个新的高度，明确指出：“稳中求进既是治国理政的重要原则，又是做好经济工作的方法论。”2017 年 7 月 21 日，中共中央就当前经济形势和下半年经济工作召开党外认识座谈会，习近平总书记指出：要更好把握稳和进的关系，稳是主基调，要在保持大局稳定的前提下谋进。稳中求进不是无所作为，不是强力维稳、机械求稳，而是要在把握好度的前提下有所作为，恰到好处，把握好平衡，把握好时机，把握好度。

如何做到稳中求进？“稳”就是要首先稳政策，通过稳政策来稳市场预期，不能今天是这个政策，明天政策又来一个 180 度大转弯，让市场主体无所适从，无法规划和确定中长期投资、消费等行为。通过稳政策稳预期，最终实现稳增长、稳物价、稳就业的宏观调控目标。“求”就是要积极作为、奋发有为，特别是在反腐利剑高悬、问责力度加大的背景下，要防止官员为官不为，所以中央及时出台政策实行“三个区分开来”，建立容错纠错机制。“进”就是要在在结构调整升级上取得新进展，在深化改革开放上取得新突破，在改善民生上取得新成效。

（三）发展经济干什么

1. 我国经济发展经历的四次困境

在现实中发现问题，在历史中寻求答案。改革开放以来，中国经济经历了四次发展困境（见图 2），最后又是如何走出困境的呢？不外乎四个字：“改革”加“开放”。如果把一个国家视为一个企业，改革就相当于提高企业管理水平，盘活企业内部资源，降低生产成本，提升企业经营效率；开放，就相当于打开企业的市场空间和发展空间。

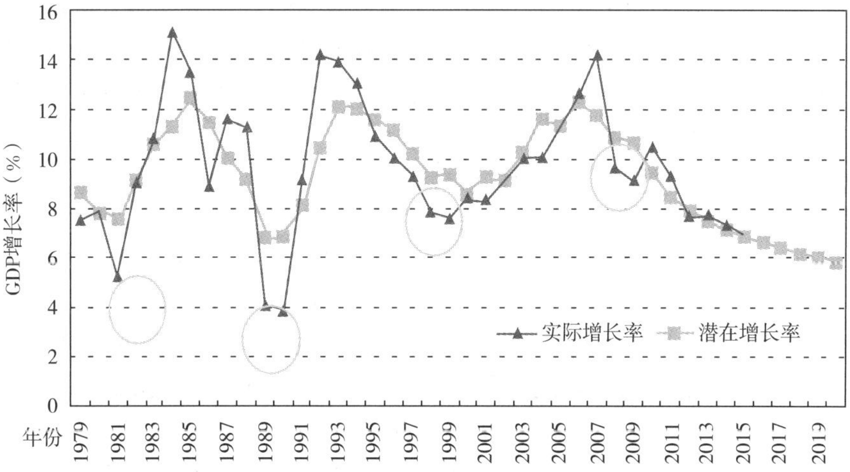

图 2　改革开放以来我国经济发展经历的四次困境

第一次困境是在 20 世纪 80 年代初期。“文革”结束后，国民经济处在崩溃的边缘，邓小平同志力挽狂澜，积极推进改革开放。改革首先从安徽小岗村土地承包经营开始。受“左倾”思想的影响，改革遇到很大阻力。在这种情况下，邓小平同志充分发挥政治家的智慧，借力中越边境有战事，打了一场对越自卫反击战，等到战事结束，国内农村改革的成效极大显现，大家不再争论，从而消除了改革的障碍，中国的改革由此拉开序幕，并将改革从农村推向城市。我国的对外开放走的是从点到线、由线及面的路子。一开始，我国开放深圳、珠海、汕头、厦门四个沿海城市，通过开放发展对外贸易、引进资金、信息和管理经验，从而打开了中国经济发展的市场空间，中国迎来了第一轮经济的高增长。

第二次困境出现在 20 世纪 80 年代末期。北京政治风波后，西方国家对中国实施封锁和制裁，中国经济出现断崖式下降，经济增速不到 4%。在这种情况下，我们又是如何走出困境的呢？依然是靠改革加开放。90 年代初邓小平同志视察南方谈话，确立了我国市场化的改革方向。1994 年我国全面推行财政、金融、价格、税收、外贸、外汇等领域的经济改革，国内经济得以盘活。同时，市场化的改革符合西方国家价值和利益追求，我们同西方国家的关系也因此逐步解冻并走向正常化。在邓小平同志的推动下，实施浦东大开放、大开发，以浦东的开放开发带动沿江开放，使中国的对外开放格局从沿海延伸到内地。中国经济因此迎来了第二轮高增长。

第三次困境出现在 20 世纪 90 年代中后期。1997 年亚洲金融危机爆发，对中国经济产生极大冲击，加上 1998 年国内又遇上百年一遇的大洪灾，中国经济增速直线下降。时任国务院总理朱镕基当时提出来经济增长保 8% 的目标，因为保 8 就是要保就业。我们是怎么走出这一轮发展困境的呢？首先，朱镕基总理是一个改革家，他大刀阔斧推行金融改革，剥离四大国有商业银行巨额不良资产，为四大国有商业银行补充资本金，防范化解金融风险。同时，他还积极推动粮食流通体制改革、国企改革、住房市场化改革、实行高校扩招等，为国内经济注入新动能、新元素。对外开放方面，1999 年我们与美国签订加入世贸组织协议，2001 年中国成为 WTO 第 143 个成员，由此打开了中国经济发展的巨大外部市场，中国一跃成为世界制造中心，由此也带来了中国经济的第三轮高增长。

第四轮发展的困境从 2008 年开始一直持续到 2016 年。2008 年美国金融危机爆发，9 月华尔街金融海啸冲击全球，导致中国经济增速拦腰被斩。在此背景下，我国出台 4 万亿元刺激政策将经济很快拉回到了两位数以上的高增长。由于四万亿元刺激政策没有解决影响中国经济长期稳定发展的内在结构性矛盾，所以高增长也只是昙花一现，经济从 2010 年开始很快进入持续六年的回调期。这期间新一届领导集体加大市场化改革力度，十八届三中全会通过的《中共中央关于全面深化改革若干重大问题的决定》，强调要发挥市场在资源配置中的决定性作用，《决定》涵盖 15 个领域 60 项具体任务，十八大以来共推出了 1500 多项改革举措，涵盖方方面面，其中最为重要的就是推进供给侧结构性改革。在对外开放领域，提出了“一带一路”的开放发展倡议，通过“一带一路”拓展中国的发展空间。供给侧结构性改革和“一带一路”倡议的实施，是新一届中央领导集体针对中国经济进入新时代后，为努力走出经济发展的困境开出的两剂大药方。

2. 推进供给侧结构性改革

供给侧结构性改革是习近平总书记在 2015 年 11 月中央财经领导小组第 11 次会议上提出的新概念，是从提高供给质量出发，要求用改革的办法推进结构调整，矫正要素配置扭曲，扩大有效供给，提高供给结构对需求变化的适应性和灵活性，提高全要素生产率，更好地满足广大人民群众的需要，促进经济社会持续健康发展。供给侧结构性改革的最终目的是要满足需求，主攻方向是提升供给端的质量，根本途径是深化改革。

供给侧结构改革抓住了影响中国经济长期健康发展的关键问题。中国经济进入新时代后，在供给和需求这一对矛盾中，矛盾的主要方面在供给侧而非需求侧，不能再依靠刺激总需求来拉动经济增长，而主要着力于改善供给端的质量来满足不断升级的市场要求，从而为经济的发展提供新的动能。

深入理解供给侧结构性改革，主要是要抓住四个“五”。一是五大理念，也就是说，要用创新、协调、绿色、开放、共享五大发展新理念来引领和指导供给侧结构性改革。创新发展，就是要为经济的发展提供新的动力；协调发展，就是要解决中国经济长期存在的结构性不平衡问题；绿色发展，就是要转变经济发展方式，实现中国的可持续发展；开放发展，就是要扩展中国经济发展的新空间；共享发展，就是要让人民共享发展成果，补齐民生短板。二是要落实“三去一降一补”五大任务，即去产能、去杠杆、去库存、降成本、补短板，这五大任务都是针对经济新常态下市场不同主体面临的发展困境而提出来的，非常有针对性。三是要实施五大政策，即宏观政策要稳，产业政策要准，微观政策要活，改革政策要实，社会政策要托底。改革需要政策支撑，宏观政策不能随意变动，要起到稳定市场预期的作用；产业政策要精准调节产业结构；微观政策要能够激发市场活力；改革政策要能够培育发展的新动力；社会政策要能够托起提供民生保障的底线。第四个“五”，就是要实施五大创新，即科技创新、产业创新、企业创新、产品创新和市场创新。

推进供给侧结构性改革要抓好五大创新，这是习总书记2016年视察安徽时提出来的。在听完时任安徽省委书记王学军的工作报告后，他谈了七个方面的问题，其中，第一个就是推进供给侧结构性改革。除了过去谈供给侧结构性改革提及的五大理念、五大任务、五大政策外，他还专门谈到五大创新，这也是习总书记到中科大创新研究院参观了安徽近年来70多项独一无二的创新成果展后的有感而发，既是对安徽近年来科技创新成就的肯定，又是对中国未来发展提出的希望。

3. 实施“一带一路”开放发展倡议

“一带一路”是习近平总书记2013年在访问印尼和哈萨克斯坦时提出来的倡议，也是顺应世界发展潮流和中国经济发展新形势而提出来的一项重大的开放发展举措。“一带一路”就是要实现“五通”，即政策沟通、设施互通、贸易畅通、资金融通、人文相通。“一带一路”倡议的提出既有深厚的历史文化支撑，又有强烈的现实需要，经过几年的努力，“一带一路”已经由愿景变为现实，由倡议转化行动。同时，我国采取了一系列的有力措施推动和支撑“一带一路”建设，比如，我们成立了丝路基金和亚洲基础设施投资银行，为“一带一路”65 个国家提供资金支持，主动与沿线国家的发展战略进行对接，实行互惠互利。2017 年 5 月我们又在北京举办了“一带一路”高峰论坛，130 多个国家和国际组织领导人前来参会，可谓盛况空前。

“一带一路”的对外开放战略是一项大战略，既有迫切的现实需求，又有深远的历史意义。第一，“一带一路”倡议的实施，有利于加强我们与“一带一路”沿线国家的国际产能合作，国内大量过剩的产能可以通过“一带一路”转移出去。第二，我们可以通过“一带一路”推进自由贸易。2017 年 1 月 19 日，在达沃斯世界经济论坛上，习总书记代表中国大力倡导全球化，积极推进自由贸易，在西方国家民粹主义思潮上升的背景下，习近平总书记的倡议赢得了国际舆论的一致好评。第三，通过“一带一路”倡议的实施，有利于增强中国的地区影响力，也有利于拓展中国的发展空间，更好地维护中国的国家安全和经济安全。比如，中国石油进口依存度高达 65%，两大战略进口通道要经过漫长的马六甲海峡运输才能到达中国的东部，通过加强“一带一路”建设，我们与沿线国家加强合作，建设港口就可以很好地维护我国的石油进口安全。现在我们已经在巴基斯坦建设好瓜达尔港，中国租用 43 年，再建一条从瓜达尔港口到新疆喀什的铁路线，就能够大大缩短中国石油的进口线路，较好地维护我国石油进口通道的安全。第四，有利于带动人民币的国际化。人民币国际化是中国真正崛起的标志。过去人民币的国际使用只是停留在民间层面，2008 年美国金融危机之后，我国抓住美元信用下降的机遇，推出了一系列人民币国际化的举措。2009 年国家出台文件提出要把上海打造为国际金融和航运中心，在对外贸易和对外投资中鼓励采用人民币结算，我国和几十个国家签署了双边货币互换协议，还利用香港这个国内境外的特殊国际金融中心地位，把香港建设成为人民币的离岸金融中心。随着中国经济实力和综合国力的增强，人民币在国际上的地位将越来越高，2017 年 10 月 1 日，人民币进入国际货币基金组织一揽子货币，成为特别提款权的重要组成货币。

总之，走进新时代的领导集体，面对我国发展形势和经济环境的变化，不仅科学指明了中国经济怎么看的问题，而且也解决了中国经济怎么办以及经济工作干什么的问题。从实践看，这套新时代的经济政策框架坚持问题导向与目标导向相统一，既重顶层设计又重具体操作，既立足当前又着眼长远，既源于实践又指导实践，并在实践中丰富完善，已成为新时代中国特色社会主义思想的重要组成部分，是我们做好新时代经济工作的根本遵循。从实践来看，这套政策方案谋划科学合理，推动实施有力有序，社会反应积极热烈，矛盾化解波澜不惊，发展预期持续向好，是马克思主义政治经济学中国化的最新发展成果。

五、结束语

十九大报告“从贯彻新发展理念，建设现代化经济体系”对未来五年中国经济工作怎么办进行了全面规划部署；继续强调要把发展作为执政兴国的第一要务，坚持解放和发展生产力，坚持社会主义市场经济改革方向。我国经济已经由高速增长阶段转向高质量发展阶段，必须坚持质量第一、效益优先，以供给侧结构性改革为主线，推动经济发展质量变革、效益变革、动力变革，提高全要素生产率，加快建设实体经济、科技创新、现代金融、人力资源协同发展的产业体系，着力构建市场机制有效、微观企业有力、宏观调控有度的经济体制，不断增强我国经济的创新力和竞争力。为此，十九大报告提出了六大发展任务，即深化供给侧结构性改革，加快建设创新型国家，实施乡村振兴战略，实施区域协调发展战略，加快完善社会主义市场经济体制，推进形成全面开放新格局。随着中国现代化经济体系建设的深入推进，中国经济将迎来更加光明的发展前景，为实现中华民族伟大复兴的中国梦提供有力支撑。

建设新时代现代化经济体系

袁维海

在党的十九次大报告中，习近平总书记深刻指出，中国特色社会主义已进入新时代。这个新时代，是承前启后、继往开来、在新的历史条件下继续夺取中国特色社会主义伟大胜利的时代。报告立足于党的十八大以来的新实践新成就，谋划了到本世纪中叶的奋斗目标。“经过长期努力，中国特色社会主义进入了新时代，这是我国发展新的历史方位”。这一宣示，科学标定了我们所处的历史方位和时代坐标，提出我国社会主要矛盾已经转化为人民日益增长的美好生活需要和不平衡、不充分的发展之间的矛盾。

这一关于新时代、新的历史方位与历史起点的新判断，也对应着新时代中国特色社会主义思想的确立及其基本方略的系统化设计。现代化经济体系建设新战略是新时代中国特色社会主义思想的重要组成部分，是中国特色社会主义政治经济学的重大创新与发展，是马克思主义政治经济学理论中国化的最新成果，开拓了当代马克思主义政治经济学新境界。

一、现代化经济体系简述

（一）现代经济体系构成要素

党的十九大报告指出：“我国仍处于并将长期处于社会主义初级阶段的基本国情没有变，我国是世界最大发展中国家的国际地位没有变。”因此，“全党要牢牢把握社会主义初级阶段这个基本国情，牢牢立足社会主义初级阶段这个最大实际”，“以经济建设为中心”。为此，在经济发展进入新常态下，就必须“贯彻新发展理念，建设现代化经济体系”。

“现代化经济体系”是十九大报告中基于建设社会主义现代化强国的

目标，创新性地提出来的一个突出的、具有建设性的重要范畴。“现代化经济体系”是与构成现代化强国的其他要素对应，是指一种可以定性或定量地描述的经济发展水平的状态、目标和结构。它是指整个国家的相互联系、相互影响的经济系统，在发展总量和速度、发展水平和质量、体制机制运行、开放发展程度等诸多方面的现代化水平和状态。相对于全面建成社会主义现代化强国的战略目标来说，它是中国特色社会主义现代化建设的一个最重要的、最基础性的建设子目标和内容。根据十九大报告精神，新时代我国现代化经济体系的基本框架主要由以下要素构成：

1. 经济总量和发展速度

中国现在已成为全世界第二大经济体，只要我国的经济增长速度每年保持在6% ~7%，到本世纪中叶，中国人均 GDP 或国民收入将达到世界现代化国家的平均水平，我国的经济总量就能处于世界第一的位置。

2. 发展水平和发展质量

中国的经济总量超过美国只是时间问题，但是人均水平要超过美国，在相当长的时期内，都不是一件容易的事情。然而，中国可以在衡量发展水平和发展质量的其他指标方面奋起直追，如人均受教育年限、人均预期寿命等方面，中国的进步都十分迅速。

3. 现代化产业体系和结构

现代化产业体系，在中国作为发展中大国的语境下，是指要全面地构建比较稳固的现代农业基础、比较发达的制造业尤其是高级装备制造业以及门类齐全、迅速发展的现代服务业。总体要求是技术进步在发展中的贡献份额不断得到提高，产业国际竞争力不断得到增强。建立这样的现代化产业体系，是现代化经济体系的物质基础。

4. 现代化空间布局结构和协调程度

它是指国土资源利用效率较高、要素密集程度较大、生态容量适度、城市群落连绵、区域发展差距较小的生产力布局结构。

5. 现代化的社会主义市场经济体制

并不是西方当代的市场经济才一定是现代市场经济。新时代中国特色社会主义市场经济体制，其主要特征是要让市场在资源配置中起决定性作用，同时更好地发挥政府的作用。市场和政府的“两只手”都要起作用，这是中国发展的优势所在。

6. 高水平的开放型经济体系

高水平的开放型经济，一定是全方位立体开放的经济体系，是深度加入全球分工体系、与世界经济之间有着良性循环关系的经济，不仅可以输出商品和要素，而且也可以吸收商品和要素，但绝不是依赖型的输入经济；不仅可以引进来，而且可以走出去；不仅可以对东开放，而且可以沿“一带一路”向西向南开放。

（二）建设现代经济体系的意义

习近平总书记指出：“建设现代化经济体系是跨越关口的迫切要求和我国发展的战略目标。”之所以这样讲，一方面是因为社会主要矛盾变化的需要。要“更好满足人民在经济、政治、文化、社会、生态等方面日益增长的需要，更好推动人的全面发展、社会全面进步”，传统追求速度和规模为重点的经济体系无法满足，需要建设现代化经济体系来解决好发展不平衡、不协调以及发展质量不高的问题。另一方面是为了顺应世界产业革命和科技革命的大趋势，应对欧美发达国家“再工业化”和新兴市场经济国家“快工业化”的双重压力，进而提高中国实体经济和制造业的国际竞争力，需要建设现代化经济体系。

我国经济已由高速增长阶段转向高质量发展阶段，正处在转变发展方式、优化经济结构、转换增长动力的攻关期，建设现代化经济体系是跨越关口的迫切要求和我国发展的战略目标。报告对于我们所处时代方位和我国社会主要矛盾的新判断，成为以深化供给侧结构性改革为主线、推进现代化宏伟事业的战略性认识依据和设计指导方略的关键性原则。

在新时代，面对以“不平衡”为关键特征的社会主要矛盾，我们在创新与奋斗的过程中，必须保持清醒的头脑，牢牢把握关于基本国情和我国国际地位的正确认识，把供给侧结构性改革的主线紧紧结合于生命线、幸福线，在中国特色社会主义道路上坚持不懈的长期奋斗中，保持我们“无比强大的前进定力”。这一马克思主义中国化的最新成果和党与人民实践经验和集体智慧的结晶，将成为全党和全国人民为实现中华民族伟大复兴而奋斗的行动指南。

二、新常态：经济建设成就辉煌

党的十八大以来，世势国情发生了深刻变化。面对世界经济复苏乏力、局部冲突和动荡频发、全球性问题加剧的外部环境，面对我国经济发展进入新常态等一系列深刻变化，以习近平同志为核心的党中央励精图治、审时度势、奋发有为、勇于实践、善于创新，总结借鉴国外发展经验教训，分析研究国内发展大势，不断深化对经济社会发展规律的认识，以新思想引领新常态，以新理念指导新实践，以新战略谋求新发展，以新理念、新作为标注中国经济的新方位，吹响了中国从大国迈向强国的冲锋号，经济建设取得重大成就，在全球经济发展史上留下了浓墨重彩的一笔。

（一）经济运行处在合理区间

纲举目张，洞察大势，一个逻辑贯穿始终。行棋当善弈，落子谋全局。只有善谋大势，才能因势而动、因势而进。近年来，我国经济发展的内外环境发生深刻变化。从国际看，世界经济处在危机后的深度调整期，国际金融市场波动加剧，地缘政治等非经济因素影响加大。从国内看，我国进入上中等收入国家行列，过去支撑经济高速增长的要素条件和市场环境已发生明显改变，经济潜在增长率趋于下行，与此同时，趋势性、阶段性、周期性矛盾相互交织，“三期叠加”的阵痛持续显现。

面对新情况新变化，以习近平同志为核心的党中央高瞻远瞩，运筹帷幄，做出我国经济发展进入速度变化、结构优化、动力转换的新常态的科学判断。新常态是对我国当前经济发展阶段性特征的高度概括，是对我国经济今后一个时期战略性走势的科学判断，是谋划和推动经济社会发展的重要依据，是我国经济向形态更高级、分工更复杂、结构更合理的阶段演化的必经过程。认识新常态、适应新常态、引领新常态，是当前和今后一个时期我国经济发展的大逻辑。

1. 处变不惊，保持定力，“四个没有变”定盘大局

进入新常态后，针对持续加大的经济下行压力，以及社会上未能完全摆脱的“速度情结”和“换挡焦虑”，习近平总书记一再强调“保持战略上的平常心态”，指出我国经济发展长期向好的基本面没有变，经济韧性好、潜力足、回旋余地大的基本特征没有变，持续增长的良好支撑基础和条件没有变，经济结构调整优化的前进态势没有变。“四个没有变”凸显了党中央“乱云飞渡仍从容”的战略定力，传递出对经济发展前景的坚定信心，稳定了市场预期，起到了定盘大局的作用。

2. 主动作为，精准发力，创新宏观调控方式

面对新常态下宏观调控两难、多难问题增多的现实，党中央打破思维定式，没有实行单一的目标调控，而是结合我国经济转型期的特点，创造性地提出了区间调控的概念，即守住稳增长、保就业的下限和防通胀的上限，只要经济运行处于合理区间，就集中精力调结构、促转型，不因经济

一时波动而采取短期强刺激政策，不搞大水漫灌。同时，在优化总量调控基础上更加注重结构调控，在强化需求管理的同时更加注重供给管理，在做好区间调控的同时更加注重定向调控、相机调控，彰显出高超的调控艺术和卓越的驾驭经济工作的能力。

（二）经济发展稳中有进、稳中有好

理念是行动的先导，是指导实践的旗帜。知之愈明，则行之愈笃。我国经济发展进入新常态，发展理念也要因时而变，这才符合时代发展的要求。以习近平同志为核心的党中央瞄准经济运行中的突出问题，聚焦实现更高质量、更有效率、更加公平、更可持续发展，提出了创新、协调、绿色、开放、共享五大发展理念。这五大发展理念既是经济运行中存在问题的“倒逼”，也是解决问题的“钥匙”。在新理念的指导下，我国经济结构加速优化，转型升级加快推进，新兴动力加速积聚，人民生活进一步改善，活力不断迸发、前景更加美好的中华巨轮在正确的航向上砥砺前行。

1. 新旧动力有序转换，创新驱动后劲增强

创新是引领发展的第一动力，创新对经济社会发展的支撑和引领作用日益凸显，发展后劲不断增强，创业创新热潮涌动。新旧动力能否顺利转换，取决于新要素的培育、新产业的崛起、新模式的创造和新市场的开辟，归根结底取决于创新。党中央把创新摆在国家发展全局的核心位置，不断深化科技体制改革：（1）奋力推进“大众创业、万众创新”。“大众创业、万众创新”可以大幅增加有效供给，增强微观经济活力，加速新兴产业发展，又可以扩大就业、增加居民收入，是经济发展的引擎；（2）大力实施“互联网+”。移动互联网、云计算、大数据、物联网等与现代制造业的结合，能促进电子商务、工业互联网和互联网金融健康发展，引导互联网企业拓展国际市场；（3）发展“中国制造2025”。“中国制造2025”，是我们由大国走向强国的必然战略选择，工业是中国成为世界有影响力大国最重要的经济基础。

2. 结构调整稳中有进，经济发展协调性增强

结构优化是实现可持续发展的必由之路。党中央把稳增长的压力转化为调结构的动力，既利用市场倒逼机制，又加强政策引导；既坚决淘汰化解过剩产能，又大力促进服务业和消费加快发展，经济转型升级势头良好，第三产业占比持续提高，服务业主导特征更加突出。

3. 节能降耗成效突出，绿色发展步伐稳健

保护生态环境就是保护生产力，改善生态环境就是发展生产力。面对

日趋强化的资源环境约束，党中央着力改变过去高污染、高排放、高消耗的发展方式，加快构建资源节约、环境友好的生产方式和消费模式，我国节能降耗取得明显成效。能源消费结构深刻变化。

4. 对外开放纵深推进，国际影响力不断提升

近年来，我国传统出口优势和参与国际产业分工模式面临巨大挑战，尤其需要提高利用国际国内两个市场、两种资源的能力。党的十八大以来，我国加快构建开放型经济新体制，深入实施“一带一路”倡议，筹建和成立亚洲基础设施投资银行，加快自由贸易试验区建设，推进人民币国际化进程。其中“一带一路”建设更是党中央主动应对国际形势深刻变化和我国发展面临的新形势、新任务、新要求，围绕推进对外开放与国际合作作出的重大决策。我们以开放的主动赢得了发展的主动、国际竞争的主动，进出口贸易规模稳步扩大。

（三）经济发展取得亮丽成绩

1. 经济发展持续向好

在新发展理念的指引下，我国经济社会发展站上新的起点，不断实现新的跃升。党的十八大以来，我国经济保持中高速增长，在世界主要国家中名列前茅，国内生产总值由 54 万亿元增长到 80 万亿元，经济总量稳居世界第二位，对世界经济增长的贡献率超过 30%，超过美国、欧元区和日本贡献率的总和。供给侧结构性改革深入推进，发展质量和效益不断提升，数字经济等新兴产业蓬勃发展，高铁、公路、桥梁、港口、机场等基础设施建设快速推进，高速公路、高速铁路里程位居世界第一。农业现代化稳步推进，粮食生产能力达到 1.2 万亿斤，国家粮食安全基础更加稳固。城镇化健康发展，城镇化率年均提高 1.2 个百分点，8000 多万农业转移人口成为城镇居民。

区域发展协调性增强，“一带一路”建设、京津冀协同发展、长江经济带发展成效显著。创新型国家建设成果丰硕，天宫、蛟龙、天眼、悟空、墨子、大飞机等重大科技成果相继问世。开放型经济新体制逐步健全，对外贸易、对外投资、外汇储备稳居世界前列，我国国际影响力显著提升。面对世情国情的深刻变化，我国牢固树立和贯彻落实新发展理念，适应把握引领经济发展新常态，开拓创新，砥砺前行。我国经济社会发展取得新的辉煌成就，决胜全面建成小康社会夺取新的重大胜利。

2. 产业结构不断优化

党的十八大以来，我国更加注重结构调整优化，推动经济迈向更高发

展水平。从产业结构看，服务业比重持续提升。国家统计局数据显示，服务业增加值比重超过第二产业，成为国民经济第一大产业，比重提升至51.6%，撑起“半壁江山”，2017年达到58.8%。从需求结构看，消费成为经济增长的主要推动力；从城乡结构看，新型城镇化扎实推进；常住人口城镇化率为57.35%，比2012年年末提高4.78个百分点，年均提高1.2个百分点；从空间格局看，“三大战略”深入实施，“四大板块”统筹推进，新的增长极、增长带正在逐步形成，区域发展新动能、新亮点不断涌现。

各地区各部门按照引领经济发展新常态的要求，大力优化产业结构，不断改善需求结构，积极推进城镇化，着力促进区域协调发展，我国经济结构加快调整，转型升级势头良好，经济发展向中高端水平迈进。以旅游为代表的社会消费，正为经济增长注入强大动力。

3. 民生持续改善

民生改善，是经济发展的出发点和落脚点。党的十八大以来，我国坚持民生优先，着力增强人民群众的获得感。只有人民群众生活不断改善，社会大局才能保持稳定。深入贯彻以人民为中心的发展思想，一大批惠民举措落地实施，人民获得感显著增强。居民收入不断提升。国家统计局数据显示，全国居民人均可支配收入为23 821元，年均实际增长7.4%。国家高度重视就业工作，就业状况持续改善，城镇新增就业年均1300万人以上。城乡居民收入增速超过经济增速，收入水平稳步提高，中等收入群体持续扩大。

（1）精准扶贫成效卓著

脱贫攻坚战取得决定性进展，6000多万贫困人口稳定脱贫，贫困发生率从10.2%下降到4%以下，贫困地区发展步伐加快。按照每人每年2300元（2010年不变价）的农村贫困标准计算，2017年，全国农村贫困人口为3046万人，比上年末减少1289万人；贫困发生率为3.1%，比上年末下降1.4%。2016年，贫困地区农村居民人均可支配收入为8452元，比全国农村居民收入年均增速快2.7个百分点。同时，贫困地区农民收入增长幅度高于全国水平。

（2）社会保障覆盖面持续扩大

覆盖城乡居民的社会保障体系基本建立，社会保障水平不断提升，城乡居民基本养老保险制度全面整合并轨、基本医疗保险制度整合并轨取得实质性进展，人民健康和医疗卫生水平大幅提高。保障性住房建设稳步推进，住房保障程度持续提高。居民受教育程度不断提高，教育事业全面发展，中西部和农村教育明显加强。九年义务教育全面普及，高等教育毛入学率显著提高，2016 年达到 42.7%，比 2012 年提高 12.7 个百分点。健康中国建设加快推进，公共卫生服务设施大幅增加。居民平均预期寿命显著提高。

（3）公共文化服务水平不断提高

文化事业和文化产业蓬勃发展，全民健身和竞技体育全面发展。国家文化软实力和中华文化影响力大幅提升。文化繁荣发展呈现新气象。文化产业固定资产投资额年均增长 21.2%。中华文化影响力扩大，中文、中国功夫、中国书画、中华美食魅力四射，全球已有 140 个国家和地区建立了 512 所孔子学院和 1073 个中小学孔子课堂。“欢乐春节”“中国文化年（节）”等各种文化品牌活动遍及全球，主流媒体国际传播能力不断提升。民主法治建设迈出重大步伐，全社会法治观念明显增强。社会治理体系更加完善，国家安全全面加强。

我国经济社会发展再上新台阶、再展新画卷，为全面建成小康社会、实现中华民族伟大复兴的中国梦打下了坚实的基础。也这是中国向世界交出的一份有分量、有质量的成绩单。

（四）经济发展空间更加广阔

在指导新实践、解决新问题的过程中，以习近平同志为核心的党中央提出了“四个全面”战略布局，确立了新形势下党和国家各项工作的战略目标和战略举措，勾勒出我国未来发展的蓝图愿景，是我们党治国理政方略与时俱进的新创造。“四个全面”战略布局是一个有机统一的整体，每一个“全面”都各有侧重，相辅相成、相互促进、相得益彰，是坚持问题导向、总结中国经验、针对中国难题、解决突出矛盾的顶层设计。

在“四个全面”战略布局中，全面建成小康社会是战略目标，全面深化改革、全面依法治国、全面从严治党是战略举措。其中，全面深化改革位列三大战略举措之首，是落实“四个全面”的强大动力和关键一招。过去 30 多年我国经济保持高速增长，靠的是改革；当前要爬坡过坎、攻坚克难，仍然要靠改革；未来要增强发展动力和发展优势，还是要靠改革。改革开放是当代中国最鲜明的特征。党的十八大以来，党中央站在全局和历史的高度，明确了全面深化改革的战略布局，形成了全面深化改革的重要战略思想。一系列重点领域改革有序推进、成效显著，经济增长潜能有序释放，发展空间更加广阔。

1. 坚持市场经济改革，激发微观主体活力和创造力

30 多年改革开放的实践证明，只有尊重市场、依靠市场、充分发挥市场配置资源的作用，经济建设和各项社会事业才能蓬勃发展。党的十八大以来，党中央以简政放权、放管结合为“先手棋”，不断推进行政体制改革、转变政府职能，注重厘清政府与市场边界，充分发挥市场在资源配置中的决定性作用和更好地发挥政府作用。市场能做的，都交给市场，政府主要是制定规则、维护公平、优化服务。主动取消和下放行政审批权，极大地释放了改革红利，激发了微观主体活力，为经济稳定增长提供了重要的体制机制保障。

2. 瞄准体制性、结构性问题，供给侧改革刮骨疗毒

新常态下我国经济面临多种困难叠加、风险隐忧交织的严峻挑战，产能过剩与有效供给不足、去产能去库存与稳增长、融资难融资贵与财政金融风险上升、“走出去”与国际市场萎缩等两难、多难问题明显增多。这些问题根源上是体制性和结构性的，单靠需求管理难以有效解决，而且可能埋下一些新的风险和隐患。以习近平同志为核心的党中央顺应发展规律，紧扼问题关键，提出要在适度扩大总需求的同时，着力加强供给侧结构性改革。

以新供给创造新需求，从供给侧实现新跃升，这是宏观调控思路与时俱进的一次重大变革。习近平总书记强调，在适度扩大总需求的同时，着力加强供给侧结构性改革，着力提高供给体系质量和效率，增强经济持续增长动力，推动我国社会生产力水平实现整体跃升。针对经济新常态提出供给侧结构性改革的新战略，形成了“三去一降一补”的经济工作部署。“三去一降一补”即去产能、去库存、去杠杆、降成本、补短板五大任务。就是从供给侧改善资源配置、提升经济运行效率和全要素生产率的关键举措。

3. 深入实施“一带一路”倡议，不断拓展国际市场

党中央以海纳百川、互惠互利的开放意识实施新一轮高水平对外开放，积极推进“一带一路”倡议深入实施。“一带一路”沿线国家大多是新兴经济体和发展中国家，正处于经济发展的上升期，这些国家要素禀赋各异，发展水平不一，互补性很强，合作潜力巨大。建设“一带一路”有利于发掘潜在的合作机会，释放沿线各国的发展潜力，也有利于拓展国际市场，推动“中国制造”走出去。

以习近平同志为核心的党中央治国理政的新理念新思想新战略内涵丰富，意蕴深远，既有利于破解发展难题，又有利于激发发展潜能，为新的历史条件下深化改革开放、加快推进社会主义现代化提供了科学理论指导和行动指南。放眼未来，新常态下的中国经济正在全新的探索与实践中迈向新的征程，挑战前所未有，机遇千载难逢。

（五）新常态下经济建设的经验启示

在全面建成小康社会征程上取得了一系列重大进展，为第一个百年目标的如期实现奠定了坚实基础。这些成绩的取得并非轻而易举，而是在世界经济持续低迷和国内“三期叠加”的逆境下取得的，成就来之不易，经验弥足珍贵，值得认真总结。这些成就和成功经验给我们的启示是：

1. 坚持以人民为中心推进共同富裕

实现共同富裕是中国特色社会主义的根本原则，也是全面建成小康社会的基本宗旨。党的十八大以来，以习近平同志为核心的党中央坚持以人民为中心的发展思想，提出一系列治国理政新理念新思想新战略，强调发展为了人民、发展依靠人民、发展成果由人民共享，要求全党把增进人民福祉、促进人的全面发展、朝着共同富裕方向稳步前进作为经济发展的出发点和落脚点，部署经济工作、制定经济政策、推动经济发展都要牢牢坚持这个根本立场。党的十八届五中全会提出新发展理念，以创新发展为引领，以共享发展为目标，全面系统表达了对中国经济的发展思路、发展方向和发展着力点的新认识新观点，发展了党的群众路线思想，为新历史条件下全面建成小康社会指明了方向。

2. 坚持以顶层设计为引领全面深化改革

全面建成小康社会是一项系统工程，必须从全局的、系统的、整体性的高度进行顶层设计和系统谋划，才能有条不紊向前推进。党的十八届三中全会以来，党中央和国务院高屋建瓴，制定和实施了一系列重大改革方案，涉及经济体制、政治体制、文化体制、社会体制、生态文明体制和党的建设制度等方方面面，突出凝聚全社会改革共识和合力、致力于推进国家治理体系和治理能力现代化，突出使市场在资源配置中起决定性作用和更好发挥政府作用，突出促进社会公平正义、增进人民福祉，突出对人民群众关心的社会热点问题作出积极回应，有力地引领改革向深度和广度推进，为全面建成小康社会注入了强大动力。

3. 坚持以新发展理念为指导、以供给侧结构性改革为主线

党的十八大以来，习近平总书记根据国内国际经济形势的深刻变化，作出了中国经济发展进入新常态的重大判断，这个重大判断是近年来我们制定经济政策的根本出发点。新常态下，我国拥有诸多优势和有利条件，但面临的矛盾和风险也很多，需要爬坡过坎，经济工作的理念、思路、着力点等也要相应调整。党的十八届五中全会提出创新、协调、绿色、开放、共享的新发展理念，强调要引导经济朝着更高质量、更有效率、更加公平、更可持续

的方向发展，指明了新常态下我国经济发展的正确方向。为了解决我国经济面临的突出矛盾，特别是为了解决重大结构性失衡问题，党中央作出了深入推进供给侧结构性改革的重大决策，为调整经济结构、转变经济发展方式提供了治本良方。这是我们党从实际出发提出的引领我国经济持续健康发展的一套政策框架，对指导经济工作发挥了重要作用。

4. 坚持稳中求进工作总基调

党的十八大以来，以习近平同志为核心的党中央从我国经济发展进入新常态的实际出发，运用马克思主义立场、观点和方法，提出坚持稳中求进工作总基调，强调稳中求进工作总基调是治国理政的重要原则，也是做好经济工作的方法论。在这一工作原则和方法论指导下，党中央提出宏观政策要稳、产业政策要准、微观政策要活、改革政策要实、社会政策要托底的政策方针，既敢于担当、锐意推进改革，又坚持底线思维、防患于未然；既认识到解决经济社会发展中一些长期存在的难题需要久久为功，又从不畏首畏尾，发扬钉钉子精神，一步一个脚印向前迈进。实践证明，稳中求进工作总基调是完全正确的，是取得全面建成小康社会建设辉煌成就的正确工作原则和科学方法论。

5. 坚持全面从严治党这个坚强保证

能否带领13亿多人民如期全面建成小康社会，从根本上讲取决于党的领导核心作用发挥得好不好，能不能为发展航船定好向、掌好舵。党的十八大以来，我们党把推进党的建设与全面建成小康社会结合起来，实施全面从严治党战略，坚持思想建党与制度治党并举、严格自律与严肃他律并举，牢固树立政治意识、大局意识、核心意识、看齐意识，强化宗旨意识，坚持为人民办好事、办实事。全面从严治党取得了显著成效，党的理论优势、政治优势、组织优势、制度优势和群众基础优势得到了充分发挥，党的领导力和战斗力不断增强，这为全面建成小康社会提供了强有力的政治保证。

三、新征程：经济发展隐忧仍在

（一）经济发展不平衡不充分

中国特色社会主义进入新时代，但我们处于社会主义初级阶段的基本国情没有变，我国经济发展仍然面临着诸多挑战和困难，其中发展不平衡不充分的问题最为突出。

党的十九大报告指出，发展不平衡不充分的一些突出问题尚未解决，发展质量和效益还不高，创新能力不够强，实体经济水平有待提高。

在经济领域，不平衡不充分的发展集中体现在两个方面：一方面，我国经济规模总量虽已位居世界第二，但人均 GDP 仍然相对落后，这就是经济发展不充分的表现；另一方面，区域发展不平衡、城乡发展不平衡、收入分配差距依然较大等突出问题也是经济发展不平衡的表现。

1. 产业结构方面的不平衡不充分

按照世界经济发展和产业升级的规律，三次产业中服务业应该占大头，发达国家如美国三次产业中服务业占比超过 80%，我国与发达国家相比差距还较大。我国要由制造业大国向制造业强国转变，但在第二产业中先进制造业的发展相对于传统制造业来看是不平衡不充分的。第三产业中，为先进制造业服务的现代服务业发展也不平衡不充分。

2. 需求结构方面的不平衡不充分

需求结构是指消费品生产与投资品生产的比例结构。一个国家的需求结构决定这个国家的产业结构，消费需求结构反映着社会生产力发展水平。改革开放之后 30 多年主要靠投资、出口、消费“三驾马车”带动经济，投资在这三者中的比重较大，近几年消费逐渐取代投资，成为拉动经济增长的第一“马车”；同时我国在努力提高人民收入水平的同时，让基本物价保持一定的水平，让大家敢于消费，但公共服务和产品的供给和需求比差距还很大。

3. 经济发展驱动力的不平衡不充分

我国经济发展要由“三驾马车”驱动转向创新驱动，从目前来看，创新的驱动作用还发挥得不平衡不充分。消费、投资、出口结构出现新变化，经济增长的动力处于转换之中，这是中国特色社会主义步入新时代的必然趋势。消费是基础，要在稳步培育上找出路；投资是关键，应在优化结构上下功夫；出口是支撑，需在增量提质上多用心。“三驾马车”协同发力，才能解决不平衡不充分的问题，经济发展的动力转换才会平稳衔接。

4. 区域和城乡发展方面的不平衡不充分

长期以来，我国为了在极为薄弱的基础上较快实现工业化，不得不实施一些倾斜性发展的措施。这些政策措施使我国在较短时间内走过了发达国家 200 多年的工业化历程，成功实现了从农业大国向工业大国的转变，但也导致了区域和城乡经济发展不平衡，其中一些问题和矛盾日益凸显，已成为建设现代化经济体系亟待解决的难题。

无论是从发展的领域范围来看，还是从发展的层级和质量来讲，我国社会主要矛盾的变化，要求我们要在继续推动发展的基础上，着力解决好发展不平衡不充分问题，大力提升发展的质量和效益，更好满足人民日益增长的美好生活需要。

因此，要贯彻落实“坚持以人民为中心”的新发展理念，建设符合新时代要求的现代化经济体系，破除经济发展不均衡不充分这一主要制约因素。

（二）新常态下的新挑战

新常态将给中国带来新的发展机遇，也让中国的经济改革面临新的挑战。概括来说，主要体现在以下七个方面：

1. 经济增量可观，但稳定经济增长任务繁重

经过30多年高速增长，中国经济体量已今非昔比。从经济总量看，我国目前已成为仅次于美国的第二大经济体；从发展速度看，30多年来，中国经济以世界少有的年均接近两位数的增长速度高速发展，创造了经济增长的“中国奇迹”。

经济新常态下，依靠依然可观的实际增长，能够有效保障国家财政实力不断增强，而财力的增加能够对促进经济发展、强化经济和社会中的薄弱环节、切实改善民生、有效应对各种风险和自然灾害的冲击提供有力的资金保障。从我国的发展实际看，依靠依然可观的实际增长。但客观讲，经济新常态下，经济下行的挑战亦十分明显，需要我们保持战略定力，采取各种措施综合施策，使经济增长运行在合理区间。

2. 经济增长动力多元，但核心动力源有待培育

我国进入经济发展新常态，经济韧性好、潜力足、回旋空间大。从城镇化角度看，我国正在经历世界上速度最快、规模最大的城镇化过程，城镇化伴随的大规模人口迁移，将推动消费持续增长，这将成为中国经济增长的强大推动力。2016年我国的名义城镇化率仅为57.4%，户籍城镇化率则低得多，与发达国家相比还有很大的发展空间。从工业化角度看，我国工业化的任务远没有完成，除东部部分省市基本完成工业化外，中部、西部等省区工业化的发展还不是很充分，仍有很大的发展空间。这是新常态下中国经济改革的重要机遇。但也应当看到，我国的科技体制改革、创新能力提升等方面还有很长的路要走，面临的创新挑战和技术瓶颈依然存在，离依靠“技术红利”创造经济增长核心动力源还有较远的距离。

3. 发展前景稳定，但经济结构有待转型升级

在支撑我国30多年的高速增长中，内需结构中投资占比相对较高，消费率出现较快增长趋势，在经济结构中占比再次超过投资率，消费的基础性作用和投资的关键性作用逐步得到体现。由于地理条件、发展基础、历史文化等因素，我国区域经济结构中，东中西部发展差距较大，随着“一带一路”、京津冀协同发展、长江经济带等区域发展战略的制定和实施，区域结构亦在逐步得到优化，将为中国经济带来更多的“发展红利”。

但同时应看到，我国经济结构的转型升级还面临着诸多挑战，传统产业收缩，而新兴产业尚待发展。第三产业领域新兴产业比重比较低，服务业发展也相对缓慢。是以创新型为主导的产业，形成生产力和产业规模，要有一个过程。现有的产业结构与发达国家相比还显得较为落后，需求结构、区域结构、城乡结构、收入分配结构等还有很大的调整空间，这些因素在制约着中国经济质量的整体提高。

4. 市场活力进一步释放，但政府职能仍需转变

在经济新常态下，政府职能转变的核心仍然是处理好政府和市场的关系。新一届政府将简政放权、转变政府职能作为全面深化改革的“突破口”和“当头炮”，目的就是要从体制机制上给各类市场主体松绑，发挥市场在资源配置中的决定性作用。

这些举措既对减轻企业负担、激发市场活力发挥了重要作用，也将成为中国经济改革的重要机遇之一。同时我们也要承认，当前地方一些职能部门过度干预企业经营管理，吃拿卡要、“红顶中介”、寻租腐败等现象依然存在，建立法治政府、加快转变政府职能还有很多工作要做，这也是新常态下中国经济改革的重要挑战之一。

5. 经济结构不合理

资源能源瓶颈凸显，生态压力释放缓慢，生态压力问题是改革开放以来不断加剧的问题。随着经济发展速度的加快、规模的扩张，生态问题也开始出现。城乡、区域、经济社会发展不够协调，人口资源环境压力加大，就业、社会保障、教育、医疗等民生问题比较突出；经济增长的资源环境代价过大；农业稳定发展和农民持续增收难度加大；劳动就业、社会保障、收入分配、教育卫生、居民住房、安全生产、司法和社会治安等方面的问题仍然较多。这些内部问题是中国进一步发展面临的最大挑战。

6. 经济增速下降，隐性矛盾显现

在高速增长阶段，由于潜在的需求的旺盛、资产价格的持续上涨等等，一些矛盾和风险可能会被掩盖或者被吸收。但是在新常态下，随着经

济发展速度的下降，原先一些隐性的矛盾可能会产生。比如一些制造业，原先是盈利的，现在因为成本的上升或者需求的不足，出现亏损，效益下滑；再如长期积累的房地产有一些泡沫，可能因为需求的收缩，而使发展受到一些大的震荡。还有，比如受经济下行、企业经营困难以及企业间互相融资因素的影响，银行业金融机构不良贷款的余额比例增加等等，都有可能变成一种新的矛盾或者是造成发展中的一些新的困难。

所有这些，都意味着经济发展新常态所面临的考验、挑战比较多，也比较严重。所以能否适应新常态、把握新常态和引领新常态，是个亟待研究的一个重要问题。党的十九大报告指出，要在继续推动发展的基础上，着力解决好发展不平衡不充分问题，大力提升发展质量和效益，更好满足人民在经济、政治、文化、社会、生态等方面日益增长的需要，更好推动人的全面发展、社会全面进步。建设现代化经济体系是适应中国特色社会主义进入新时代、社会主要矛盾转变的客观要求。

四、新时代：经济体系日臻完善

理念引领行动。迈入中国特色社会主义新时代，着力解决好发展不平衡不充分问题，必须依靠科学发展，必须坚定不移地贯彻创新、协调、绿色、开放、共享的发展理念。唯有如此，才能增强经济创新力和竞争力，才能激发经济发展活力，才能真正实现更高质量、更有效率、更加公平、更可持续的发展。

（一）现代经济体系建设方向

党的十九大报告从深化供给侧结构性改革、加快建设创新型国家、实施乡村振兴战略、实施区域协调发展战略、加快完善社会主义市场经济体制、推动形成全面开放新格局等六个方面进行了深入阐述。这为我们建设现代化经济体系指明了方向和路径。

1. 深化供给侧结构性改革

我国经过改革开放后近 40 年的超常规发展，在取得一系列成就的同时，也面临矛盾累积、隐患叠加的复杂局面，集中体现为种种结构失衡问题。为进一步大踏步跟上时代，突破“行百里者半九十”的现代化瓶颈期即关键的冲关期，必须在“目标定向”与“问题导向”下，着力以供给侧结构性改革和供给体系质量和效率的提高，来化解“社会矛盾和问题交织叠加”的潜在威胁，在制度结构、产业结构、区域结构、收入分配结构、人文与生态结构等方面，有效地克服“不平衡”的问题。这是建设现代化经济体系的基础任务，其中发展实体经济是着力点，提高供给体系质量是主攻方向，目的是显著增强我国经济的质量优势。

在深化供给侧结构性改革过程中，需要处理好规模与质量、速度与效益、增长与转型的关系，坚持“加减乘除”一起做，提高供给体系质量，培育新增长点、形成新动能。发展的经验已经表明，要解决供给质量问题，靠走老路是行不通的，必须依托既有优势，在中高端消费、创新引领等领域培育新增长点，走出一条新路子。具体举措有：建设制造强国，发展先进制造业，推动互联网、大数据、人工智能和实体经济深度融合，支持传统产业优化升级，发展现代服务业，加强基础设施网络建设，坚持“三去一降一补”，鼓励创新创业，建设知识型、技能型、创新型劳动者大军等。

党的十九大报告提出，建设现代化经济体系，必须把发展经济的着力点放在实体经济上，把提高供给体系质量作为主攻方向，显著增强我国经济的质量优势。世界各国的发展实践表明，实体经济发展质量和效益直接关乎国民经济健康发展和国际竞争力提高。正如习近平总书记指出的：“不论经济发展到什么时候，实体经济都是我国经济发展、在国际经济竞争中赢得主动的根基。”因此要把发展经济的着力点放在实体经济上，筑牢国家发展的根基。

2. 加快建设创新型国家

创新是引领发展的第一动力，是建设现代化经济体系的战略支撑。发展必须以创新为基础和前提，加快建设创新型国家，要求我们要瞄准世界科技前沿，强化基础研究，实现前瞻性基础研究、引领性原创成果重大突破。

中国过去主要依靠劳动力、土地、货币等要素投放推动经济增长，这种要素投放的模式已经到头，不可持续。经济增长动力转换要求从主要依靠资源和低成本劳动力等要素投入转向创新驱动。实施创新驱动发展战略、建设创新型国家，有助于我国在全球经济竞争的舞台上由技术模仿者、追赶者转变为技术领先者，由技术标准的遵从者变为制定者，由市场追随者变为领跑者。

由要素投入向创新驱动转变，这是中国经济增长方式转变的方向。创新驱动有三个层次：一是产品服务的创新；二是商业模式的创新；三是技术创新。其中，最为重要的是技术创新，最难的也是技术创新。创新基础由三个部分组成：一是法律基础，对知识产权的保护；二是财力基础，需要强大的财力支持；三是物质基础。没有现代化的实验室，不可能有创新。要进一步瞄准世界科技前沿，强化基础研究，强化原始创新，降低对外依赖度。要建立以国家推动、科研院所与企业为主导、以市场为导向的多主体科技创新体系，并建立灵活有效的科研激励机制。

与此同时，我们也要加强国家创新体系建设，深化科技体制改革，为创新型国家建设提供体制机制保障；倡导创新文化，为创新型国家建设营造良好、活跃的创新营造文化氛围；加强知识产权创造、保护、运用，为创新型国家提供知识产权保障；培养一大批科技人才和创新团队，为创新型国家提供人才支撑和智力支持。

3. 实施乡村振兴战略

这是构建现代化经济体系的基础环节和基本支撑。农业农村农民问题是关系国计民生的根本性问题，解决好“三农”问题始终是全党工作的重中之重。进入新时代，尤其是在全面建成小康社会决胜阶段，如何满足农民对美好生活的需要显得尤为迫切。“小康不小康，关键看老乡”，实施乡村振兴战略，是促进农业发展、农村繁荣、农民增收的治本之策，必将进一步推动城乡融合发展，让农村成为安居乐业的美丽家园。

党的十九大报告明确了达到产业兴旺、生态宜居、乡风文明、治理有效、生活富裕总要求的基本方略是：坚持农业农村优先发展原则，建立健全城乡融合发展体制机制和政策体系，加快推进农业农村现代化。振兴乡村必须大力发展产业，推动一、二、三产业融合发展，培育农村新业态。落实中央惠农强农政策，加大对农业农村发展的投入。推动基础设施和公共服务向乡村延伸，缩小城乡差距。

巩固和完善农村基本经营制度，深化农村土地制度改革，完善承包地“三权”分置制度，为解决好“三农”问题提供了制度保障。保持土地承包关系稳定并长久不变，第二轮土地承包到期后再延长30年，给农民吃了“定心丸”。深化农村集体产权制度改革，保障了农民财产权益。促进农村一、二、三产业融合发展，支持和鼓励农民就业创业，拓宽了农民增收的渠道。健全自治、法治、德治相结合的乡村治理体系，明确了今后乡村治理的新方向。培育新型农业经营主体，吸引科技、资本、人才进入农业。培养造就一支懂农业、爱农村、爱农民的“三农”工作队伍，有助于未来更好地推进“三农”工作。只有真正实现农民增收、农业增效、农村振兴，才能让这片田野更富有生机、充满希望。

4. 实施区域协调发展战略

这是构建现代化经济体系空间布局的重要路径，是解决区域间发展不平衡的必由之路。党的十九大报告提出区域协调发展要以市场为导向、政府为主导，打破地区分割和隐形壁垒，推动形成全国统一市场，促进各类生产要素有序自由流动、优化配置；完善促进基本公共服务均等化的制度保障等。打造区域协调发展新局面将成为经济持续发展的新引擎。

实行区域协调发展战略要从各区域发展实际出发，因地制宜、分类指导，运用差别化的区域政策：对于革命老区、民族地区、边疆地区、贫困地区，通过加大支持力度，促进其加快发展；对于东北等老工业基地，通过深化改革释放发展活力，促进其振兴；对于中部地区，通过发挥优势推动其崛起；对于东部地区，通过创新引领率先实现优化发展。以城市群为主体构建大中小城市和小城镇协调发展的城镇格局，加快农业转移人口市民化，明确了未来中国城镇化道路的前进方向，标志着我国战略规划单元已经从单个的城市、省份走向世界级的大城市群，有助于推进城市群内部精准定位、共建共享、协调发展。

实施区域协调发展战略，建立更加有效的区域协调发展新机制，是在较长时间跨度内对中国经济发展空间进行的战略布局，区域协调发展新局面的形成必将进一步释放经济发展的潜力和活力。

5. 加快完善社会主义市场经济体制

这是建设现代化经济体系的重要制度保障。2018 年是中国改革开放 40 周年。我们今天的改革，必须面对现实，坚持问题导向，哪些问题最为尖锐就改革哪里。经济体制改革的重点是完善产权制度和要素市场化配置，这是因为没有完善的产权制度，企业就缺乏足够的激励进行技术创新，为满足人民日益增长的美好生活需要提供更好的产品和服务；没有要素市场化配置，要素配置效率难以进一步提高，经济发展的质量和效益难以进一步提升。经济体制改革的目标是实现产权有效激励、要素自由流动、价格反应灵活、竞争公平有序、企业优胜劣汰。重点任务主要包括以下几个方面：

一是完善各类国有资产管理体制，深化国有企业改革。目的是促进国有资产保值增值，推动国有资本做强做优做大，培育具有全球竞争力的世界一流企业；通过全面实施市场准入负面清单制度等措施，促进统一市场的形成，维护公平竞争。

二是创新和完善宏观调控，为现代化经济体系建设营造稳定的宏观经济环境。深化经济体制改革，发挥国家发展规划的战略导向作用，健全财政、货币、产业、区域等经济政策协调机制，有助于各项政策相互协调，协同发力，助力现代化经济体系建设。完善促进消费的体制机制，增强消费对经济发展的基础性作用；深化投融资体制改革，发挥投资对优化供给结构的关键性作用；加快建立现代财政制度，有助于财政尽快肩负起“国家治理基础和重要支柱的历史使命”。

三是深化金融体制改革，健全金融监管体系。要在增强金融服务实体经济能力的同时守住不发生系统性金融风险的底线。党的十九大报告强调，健全货币政策和宏观审慎政策双支柱调控框架，深化利率和汇率市场化改革。这是十九大报告中的新提法，也是未来我国深化金融体制改革的重要目标。“货币政策+宏观审慎政策”双支柱框架是我国在金融宏观调控政策框架实践方面取得的重要成果。稳健的货币政策为供给侧结构性改革创造了良好的货币金融环境，宏观审慎政策为稳健货币政策的实施和传导提供了有力支持，“双支柱”互相协调增强了金融宏观调控的前瞻性、有效性，较好地维护了金融稳定。下一步还需要对相关机制继续加强和完善：首先，要持续增强货币政策在推动利率市场化进程中的作用；其次，要加强金融监管协调，强化宏观审慎管理；再次，要进一步丰富“双支柱”框架的内涵和外延。

6. *推动形成全面开放新格局*

这是现代化经济体系形成国际竞争新优势的必然选择。开放带来进步，封闭必然落后。推动形成全面开放新格局，是对中国改革开放的新提升，更是在中国特色社会主义进入新时代背景下的重大战略部署，具有特殊意义。推动形成全面开放新格局包含了提高开放水平、拓宽开放领域、优化开放布局和提高开放质量等一系列目标任务。例如，形成陆海内外联动、东西双向互济的开放格局，推进贸易强国建设，优化区域开放布局，形成面向全球的贸易、投融资、生产、服务网络等。党的十九大报告从“一带一路”建设、对外贸易、区域开放布局、自由贸易试验区改革等方面对推动开放新格局作出了一系列部署。从十九大报告看，开放新格局包含了新模式、新平台、新业态、新领域、新优势等深刻内涵，推动形成全面开放新格局也需要在这些方面发力。

在新模式方面，要以“一带一路”建设为统领，坚持共商共建共享，形成与经济发展新形势相适应的开放和合作模式；在新平台方面，自由贸易试验区将获得更大的改革自主权，将探索建设自由贸易港等，加快推动贸易投资便利化；在新业态方面，运用新的信息技术发展跨境电商、外贸综合服务平台等；在新领域方面，扩大服务业等领域的开放；在新优势方面，主要是提升开放水平，加快培育国际经济合作和竞争新优势。

总体上看，我国外贸的市场份额稳步提升，动力转换和结构调整不断加快，为经济稳定增长做出了重要贡献。但也要看到，我国与贸易强国的要求尚有一定差距。对此，我们要以创新驱动和扩大开放为动力，优化外贸布局，加快外贸新优势培育，推动外贸多元平衡可持续发展。

“十九大报告提出，拓展对外贸易，培育贸易新业态新模式，推进贸易强国建设。这不仅明确了我国外贸发展的目标，也指明了具体实现路径。”站在新的历史起点上，我们要牢固树立五大发展理念，不断提升开放发展的层次和水平，加快推进我国从贸易大国向贸易强国的转变。此外，实行高水平的贸易和投资自由化便利化政策，全面实行准入前国民待遇加负面清单管理制度，为打造更加公平、更具有国际竞争力的营商环境提供了制度保障。推动形成全面开放新格局，必将极大促进中国与世界经济关联方式向优进优出转变、产业体系向全球价值链深度融合的全流程再造跃升，中国将从经济全球化的积极参与者变为更有作用力的推动者、更有影响力的引领者。

（二）现代经济体系实现路径

发展是解决中国一切问题的基础和关键，发展必须是科学的发展，必须坚定不移地贯彻新发展理念，以新发展理念统筹建设现代化经济体系全局。一项原则是坚持质量第一、效益优先。“质量第一”是解决社会主要矛盾的迫切需要，是经济迈向高质量发展新时代的必然要求，是建设现代化经济体系的核心任务；“效益优先”是当前经济发展成果的具体导向和检验手段，是建设现代化经济体系的基本指向。党的十九大报告提出的建设现代化经济体系，可以从以下角度理解：

1. 坚持以供给侧结构性改革为主线

这就是建设现代化经济体系要以供给侧结构性改革为主线，从经济数量优势向经济质量优势转变。在市场经济活动中，有生产（包括服务）—分配—交换—消费的各个环节。建设现代化经济体系，必须重视经济活动的各个关系链条，尤其是需求不断升级的新时代背景下，支持传统产业优化升级，推动互联网、大数据、人工智能和传统产业深度融合；服务业方面，加快发展现代服务业，瞄准国际标准提高水平；不断提高公共物品供给品质。

2. 以创新为原动力

就是以创新为建设现代化经济体系第一动力。包括国家层面、科技层面、产业层面、企业层面、个人层面“大众创业、万众创新”以及产、学、研、军等融合创新，形成有机的创新生态系统。

3. 以“一带一路”为引领

建设现代化的经济体系一定是一个开放的经济体系，也一定是全球经济体系中重要的子体系。开放的现代化经济体系要以“一带一路”为重点，培育贸易新业态、新模式、制定新规则，推进我国从贸易大国向贸易强国转变。

4. 以社会主义市场经济体制为保障

这是建设现代化经济体系的保障基础。以完善产权制度和要素市场化配置为重点，完善国有企业资本授权经营体制，发展混合所有制经济；支持民营企业发展，激发各类市场主体活力；深化农村土地制度改革，完善承包地“三权”分置制度。同时深化商事制度、财政制度、税收制度、金融体制、促进消费的体制等制度改革。

5. 以激发社会创造力与发展活力为着力点

从当前的经济形势和今后的发展任务来看，建设现代化经济体系，需要抓好两个着力点——激发社会创造力和发展活力。

一是加快形成有利于创新的体制机制，激发社会创造力。继续实施制度创新，释放改革红利，建立健全创新创业的法律体系，保护知识产权和科研合作各方的权益。继续放开投资领域，打破不合理的垄断和市场壁垒，促使社会资本在公平竞争中实现创新。实施乡村振兴战略，继续推进土地制度和农村产权制度改革，激发农村活力。优化财政、金融、产业等宏观政策，完善创新的激励机制。发挥财税政策的引导、激励作用，用引导基金、税收优惠、政府采购等形式，支持创新以及转型升级和结构调整。加快调整税制结构，形成有利于创新和实体发展的税收环境。完善支持自主创新的科技金融政策体系，构建多层次风险分担与政策支持机制。

二是调整国有资源配置，激发经济发展活力。调整、优化国有资本存量结构，加快国有企业“去杠杆”，使其削减非主业、聚焦主业，提升核心竞争力。削减、收缩国有企业的非主业，既是加快国有企业“去杠杆”、提高国有资源配置效率的必要之举，也是提升国有企业核心竞争力、使其做强做优做大的重要之策。对于产能过剩、发展潜力不大的非主业，可通过市场化的资产处置方式予以解决；对于具有一定的优势或发展潜力的非主业，则通过产业间整合，实现资源的优化配置，提升产品品牌价值和企业竞争力。同时，压缩地方政府存量债务规模，消解地方债对深层供给侧结构性改革的制约。在省级范围内，统筹财力分配、统筹公共资源全局调整、统筹融资平台转型与改革。

6. 实现产业之间、城乡之间、区域之间三个平衡

三个平衡就是现代化经济体系要实现产业结构的平衡，城乡间、城市

之间发展的平衡和区域之间发展的平衡。现代经济体系建设，在补第三产业发展不足短板的同时，更要促进三次产业之间的融合，尤其是促进农村一、二、三产业融合发展。要把城乡之间的不平衡发展，把一线城市、二线城市、三线城市、四线城市之间不平衡发展，向相对平衡发展迈进，以城市群为主体构建大中小城市和小城镇协调发展的城镇格局。推进西部大开发，加快东北等老工业基地振兴，推动中部地区崛起，尤其要支持革命老区、民族地区、边疆地区、贫困地区加快发展。

总之，现代化经济体系建设新战略是一个逻辑严密、科学系统的有机整体，对于激发全社会创造力和发展活力，实现更高质量、更有效率、更加公平、更可持续的发展具有重大而深远的意义。

五、结　语

十九大报告强调："必须认识到，我国社会主要矛盾的变化，没有改变我们对我国社会主义所处历史阶段的判断，我国仍处于并将长期处于社会主义初级阶段的基本国情没有变，我国是世界最大发展中国家的国际地位没有变。"这一强调意味深长。在新时代面对以"不平衡不充分"为关键特征的社会主要矛盾，我们在创新与奋斗的过程中，必须保持清醒的头脑，牢牢把握关于基本国情和我国国际地位的正确认识，也就是要牢牢立足"几代、十几代、甚至可能几十代人"才能走完的"社会主义初级阶段这个最大实际"，并"牢牢坚持党的基本路线这个党和国家的生命线、人民的幸福线"，把供给侧结构性改革的主线，紧紧结合于生命线、幸福线，在中国特色社会主义道路上坚持不懈的长期奋斗中，保持我们"无比强大的前进定力"。

现代化经济体系的建立过程，是全面深化改革的过程，是政府、企业与市场良性互动的过程，是有效落实新发展理念的过程，是中国人力资本出现质的飞跃的过程，这个过程需要解放和发展社会生产力，激发全社会创造力和发展活力，需要我们共同努力，实现更高质量、更有效率、更加公平、更可持续的发展。加快建设现代化经济体系，为做好经济工作指明了方向。我们要按照时间表和路线图，紧扣关键环节和关键节点，抓好重点改革任务落实，为建设现代化经济体系提供有力支撑，为在决胜全面建成小康社会、推进社会主义现代化建设中持续走在前列注入强劲动力。在这一新战略的指导下，我们必将夺取全面建成小康社会的伟大胜利，必将实现"两个一百年"的奋斗目标，必将实现中华民族伟大复兴的中国梦！

新时代安徽乡村振兴战略

倪良新

2017年10月18日，习近平同志在党的十九大报告中提出实施乡村振兴战略。2017年12月29日，中央农村工作会议首次提出走中国特色社会主义乡村振兴道路，让农业成为有奔头的产业，让农民成为有吸引力的职业，让农村成为安居乐业的美丽家园。安徽是传统农业大省和新型科技大省，也是中国农业改革的发源地，要深入贯彻落实党的十九大和习总书记系列重要讲话精神，在观念上、认识上、工作部署上不断改革创新，实施新时代安徽乡村振兴战略，加快建设现代化五大发展美好安徽。

一、乡村振兴战略的提出

实施乡村振兴战略，是我们党“三农”工作一系列方针政策的继承和发展，是中国特色社会主义进入新时代、做好“三农”工作的总抓手。实施乡村振兴战略既有鲜明的目标导向，又有现实的问题导向，同时也有深刻的理论内涵和丰富的实际经验借鉴。

（一）中国特色社会主义进入新时代，对于“三农”问题的认识达到了一个新高度

重农固本，是安民之基。我国是农业大国，农业人口多，农民历来都是重要的社会阶层，农业、农村、农民始终是国家安定和改革发展的基础与依靠。我们党成立90多年来，历来高度重视解决“三农”问题，正是由于在革命、建设和改革各个时期都正确处理了农民问题，我们才能从一个胜利走向又一个胜利。

党的十八大以来，习近平总书记就做好“三农”工作作出了一系列重要论述，提出了一系列新理念、新思想、新战略。归纳而言，这些新理念、新思想、新战略包括：一是坚持加强和改善党对农村工作的领导，为

"三农"发展提供坚强的政治保障；二是坚持重中之重战略地位，切实把农业农村优先发展落到实处；三是坚持把推进农业供给侧结构性改革作为主线，加快推进农业农村现代化；四是坚持立足国内保障自给的方针，牢牢把握国家粮食安全主动权；五是坚持不断深化农村改革，激发农村发展新活力；六是坚持绿色生态导向，推动农业农村可持续发展；七是坚持保障和改善民生，让广大农民有更多的获得感；八是坚持遵循乡村发展规律，扎实推进美丽宜居乡村建设。这些新理念、新思想、新战略是我们党"三农"理论创新的最新成果，是习近平新时代中国特色社会主义思想的重要组成部分，是指导过去5年我国农业农村发展取得历史性成就、发生历史性变革的科学理论。

党的十九大提出实施乡村振兴战略，是中国特色社会主义进入新时代做好"三农"工作的行动指南，标志着我们党对于"三农"问题的规律性认识、战略性目标和具体化行动方案有了更新更深刻的认识。党的十九大报告中分别提出了"科教兴国战略""人才强国战略""创新驱动发展战略""乡村振兴战略""区域协调发展战略""可持续发展战略""军民融合发展战略"等战略，其中乡村振兴战略是首次提出，蕴含了许多新战略、新思想、新观点和新论断。第一，创造性地提出了乡村振兴的总要求，确立了"三农"工作新的发展目标和评价标准。第二，首次提出了坚持农业农村优先发展的新思想，确立了把农业与农村发展摆在更加重要位置的新定位。第三，首次提出了城乡融合发展的新思想，确立了破除城乡二元结构、建立新型工农城乡关系的新思路。第四，首次提出了加快推进农业农村现代化的新思想，确立了把农村现代化纳入社会主义现代化国家建设体系的新安排。第五，首次提出了实现小农户和现代农业发展有机衔接的新思想，确立了破解农业现代化瓶颈制约因素的新途径。第六，首次提出了自治、法治、德治相结合的乡村治理新思想，实现从民主管理农村到有效治理乡村的新跨越。第七，首次提出了培养造就一支懂农业、爱农村、爱农民的"三农"工作队伍的新思想，确立了乡村振兴推进主体的新要求。在此基础上，2017年12月29日，中央农村工作会议首次提出走中国特色社会主义乡村振兴道路，让农业成为有奔头的产业，让农民成为有吸引力的职业，让农村成为安居乐业的美丽家园。

（二）全面建设社会主义现代化国家新征程，对于"三农"问题的解决需要新思路

中国特色社会主义发展是阶段性和连续性的统一。改革开放之后，我们党对我国社会主义现代化建设作出战略安排，提出从温饱到小康再到21世纪中叶基本实现现代化的“三步走”战略。在前两步目标已提前实现的基础上，又提出到建党一百年时全面建成小康社会，到新中国成立一百年时把我国建成社会主义现代化国家的“两个一百年”奋斗目标。科学的目标设定和战略安排，对我国的成功发展起到了重要引领作用。基于对我国发展新的历史方位的科学判断，顺应人民对美好生活的向往，党的十九大将实现第二个一百年奋斗目标分两个阶段来安排：第一个阶段，从2020年到2035年，在全面建成小康社会的基础上，再奋斗15年，基本实现社会主义现代化。这把我们党在20世纪80年代提出的21世纪中叶基本实现现代化的目标提前到2035年完成。第二个阶段，从2035年到本世纪中叶，在基本实现现代化的基础上，再奋斗15年，把我国建成富强民主文明和谐美丽的社会主义现代化强国。

我国社会主义现代化建设和改革的进程，从一定意义上看，就是不断探索公平和效率关系的进程。大致可分为五个阶段：一是公平优先阶段；二是效率优先的阶段；三是和谐发展阶段；四是共享发展阶段；五是共同富裕阶段。从这五个阶段来看城乡关系的演变历史，不同阶段具有不同的制度安排，乡村发展呈现出不同的特点。公平优先阶段是社会主义改造完成以后，我国进行社会主义现代化建设初期至“文化大革命”期间。在“工分制”、“大锅饭”、平均主义影响下的一种城乡关系，由于忽视生产力发展规律，公平压倒效率，剥夺了社会主义生产的积极性；第二阶段效率优先阶段是我国改革开放全面进行的时期，也是农村路线发展的一个阶段，以家庭联产承包责任制和乡镇企业兴起的一些农村改革来带领全面的社会主义现代化建设。第三阶段是和谐发展阶段，最明显的标志是十六大以后关于社会主义新农村建设。这个时期是效率优先、兼顾公平的发展阶段，这个时期连续出台的十个中央1号文件都是关于农村改革的文件，还包括两个趋向的判断，这个阶段是城乡统筹发展的阶段。第四阶段是共享发展阶段。十八大以后，进入了城乡共享发展阶段，这个时期农村的建设其实是追求一种更加平等、更加公平、更具质量的社会环境，包括农民工对自己社会地位、社会身份的一种向往和追求，其实都是在这个阶段所体现出来的。第五阶段是共同富裕阶段，这一阶段还没到来。在共享发展阶段有一个短板，就是乡村发展的短板，于是现在提出了乡村振兴。

改革开放以来，我国进入了快速城镇化阶段。数据显示，截至2016年年底，我国城市数量达到657个。其中，直辖市4个，副省级城市15个，地级市278个，县级市360个，建制镇数量达到20 883个，全国城镇化率已经达到了57.4%。而与此同时，尽管在东部发达地区，一些地方的农业农村已经实现了现代化，但从总体而言，城乡二元结构依然没有破解，城乡之间的不平衡发展问题日渐突出。在城乡发展格局失衡的条件下，农村剩余劳动力、甚至越来越多的青壮年放弃农业生产，进入城镇寻找就业机会成为城镇常住人口，在为推进工业化和新型城镇化做出重大贡献的同时，我国的一些地方农村开始加速凋敝，“空壳村”“空心村”“空巢村”“空转村”大量出现。全国共有200万个村庄，正以每年消失4万个的速度减少。其中具有重要文化价值的传统村落正以每天消失1.6个的速度减少，其在行政村中的占比已经不到2%。在快速城镇化化阶段，农村人口向城镇转移是新型城镇化的重要特征，实现农民工的市民化成为统筹城乡协调发展的重要举措。而面对乡村的衰败，国家主要采取了两种应对方式：一是启动传统村落保护工程。这是基于传统村落对于中华文化的特殊重要性而实施的文化保护工程。2012年，住建部、财政部等部委启动传统村落保护工作。目前纳入中国传统村落名录的有4153个，基本遏制住传统村落快速消失的局面，但总体而言，其只是发挥了“博物馆”的效果。二是顺应农村人口向城市集中的客观现实，采取撤乡并镇、村居合并的改革。这是一种站在行政成本的立场采取的举措，虽然压缩了机构和人员编制，减少了国家财政负担，但给一些地方基层群众提供公共服务的水平和质量明显下降。

由此可见，城乡发展不平衡、农村发展不充分，是新时代我国社会主要矛盾的突出表现，必须解决好。虽然我国农业在国内生产总值中的比重在变小，农民在减少，村庄也在减少，但现实的国情是，农村还有约6亿人，农业在国民经济中的基础地位没有变、农民是最值得关怀的最大群体的现实没有变、农村是全面建成小康社会的短板没有变。如果说在决胜全面建成小康社会阶段，我们要消除绝对贫困，那么在全面建设现代化强国阶段，就要缩小城乡差别。如期实现第一个百年奋斗目标并向第二个百年奋斗目标迈进，最艰巨最繁重的任务在农村，最广泛最深厚的基础在农村，最大的潜力和后劲也在农村。实施乡村振兴战略，是解决人民日益增长的美好生活需要和不平衡不充分的发展之间矛盾的必然要求，是实现“两个一百年”奋斗目标的必然要求，是实现全体人民共同富裕的必然要求。

按照党的十九大提出的决胜全面建成小康社会、分两个阶段实现第二个百年奋斗目标的战略安排，坚持因地制宜、循序渐进的基本原则，2017年12月29日，中央农村工作会议明确提出了实施乡村振兴战略的目标任务：到2020年，乡村振兴取得重要进展，制度框架和政策体系基本形成；到2035年，乡村振兴取得决定性进展，农业农村现代化基本实现；到2050年，乡村全面振兴，农业强、农村美、农民富的目标全面实现。

（三）建设现代化经济体系新任务，对于“三农”问题的解决需要新思维

建设现代化经济体系是开启全面建设社会主义现代化国家新征程的重大任务。建设现代化经济体系的新任务，对于“三农”问题的解决需要新思维，新思维的依据是相关理论和实践经验。300多年前，威廉·配第在研究当时英国农民、工人与船员收入后发现：论从业收入，从事农业不如从事工业，从事工业不如从事商业。20世纪40年代克拉克对配第这一发现作了验证，并提出了“配第-克拉克定理”。该定理说，由于第三产业收入高于第二产业，第二产业收入又高于第一产业，故劳动力会从第一产业依次向第二、第三产业转移。后来刘易斯提出“城乡二元经济模型”，也得出结论说：工业化初期农村劳动力将流向城市。中国近30年的经验，完全印证了上面的推断。据最新入户调查结果显示，目前我国农村常住人口为5.8亿。这是说，过去8亿农村人口中，已有2.2亿转移进了城市，而且这2.2亿人口都是青壮劳动力。当一个国家农村劳动力大规模流向城市的时候，显然不可能实施乡村振兴。

当前，中国工业化已进入中后期，农村劳动力流向已开始发生改变。受国际金融危机的影响，2008年有2000万农民工下岗返乡。而据有关调研报告称，这2000万人后来大多留在农村就业创业，并没有再进城市。事实上，近年来“珠三角”“长三角”频频出现招工难就是一个信号，预示着农村劳动力向城市流动已经临近“刘易斯拐点”。随着工业投资密度不断加大，城市利润率肯定会下降，这就是经济学所谓“投资收益递减规律”。这种背景下农村创业的利润率和吸引力必然提高，因此实施乡村振兴战略恰逢其时。另一方面，企业家到农村办企业会增加当地农民收入。从选择角度看，这无疑提高了农民进城务工的机会成本。比如过去农民种地年收入为5000元，进城务工的机会成本就是5000元。假定当地农民年收入增加到20 000元，则机会成本就上升为20 000元。再有，进城务工不仅背井离乡，而且生活费用也高，假定一年房租和孩子寄读费是20 000元，这样务工收入若达不到40 000元，进城务工就得不偿失。今天劳动力流动出现“刘易斯拐点”，原因即在于此。

另外，从国际经验看，当一个国家城市化率超过50%，资本、技术、

管理等要素就会转向农业部门流动。20 世纪 50 年代美国就出现了这种“逆城市化”现象，到 70 年代，欧洲工业化国家以及日本、俄罗斯等国也相继出现这种趋势。2010 年，我国的城市化率已接近 50%，2016 年年底已达 57.6%，由此可见，现在我们实施“乡村振兴战略”是顺势而为，适逢其时。

二、乡村振兴战略的主要内容

乡村振兴的内涵十分丰富，既包括经济、社会和文化振兴，又包括治理体系创新和生态文明进步，是一个全面振兴的综合概念。归纳起来，主要涉及以下几方面：

（一）强调“三农”问题是重中之重

党的十九大报告指出，农业农村农民问题是关系国计民生的根本性问题，必须始终把解决好“三农”问题作为全党工作重中之重。农业、农民和农村问题，是贯穿中国革命、建设和改革过程的最重要的问题之一，在 20 世纪 90 年代被作为一个整体，归为“三农”问题。“三农”问题，并不仅仅是农业、农民和农村问题，也是中国现代化的基本问题，还关系到工业化、城市化、共同富裕等一系列中国发展和民族复兴的重大问题。始终高度重视“三农”问题，是党在中国革命、建设、改革开放历史实践的思想结晶。中国共产党 97 年的历史证明，在不同历史时期，正确认识“三农”问题并制定正确的政策，是党领导的革命事业顺利发展的决定性因素。反之则受到挫折。从新民主主义革命时期党带领农民“打土豪、分田地”直至建立新中国，到社会主义建设时期党带领农民发展农业、改造农村取得举世瞩目的伟大成就，再到改革开放以来党领导农民率先开启农村改革实现“三农”面貌的历史性巨变，都不断实证了始终高度重视“三农”问题的重要性、必要性和正确性。党的十八大报告中唯一出现过一次的“重中之重”，是在论及“三农”问题之时。党的十八大报告指出：“要推动城乡发展一体化。解决好农业农村农民问题是全党工作重中之重，城乡发展一体化是解决‘三农’问题的根本途径。”

经过多年的持续奋斗，当前我国农业农村进入了历史上最好的发展时期，但“三农”问题仍是关系发展全局的根本性问题。在全面建成小康社会的决定性阶段，处于传统农业向现代农业转型升级的农业仍是国民经济的基础支撑，处于传统型向现代职业型转变的农民仍然是全社会的基础阶层，城镇化进程中的广大农村仍然是全面建成小康社会的短板和难点。同时，农业综合生产能力、物质技术装备水平都还不高，农业还是“四化同步”的短腿，城乡基础设施和基本公共服务差距仍然存在，城乡居民收入之比仍高达2.73：1，全国还有5575万农村人口没有摆脱贫困。因此，把“三农”这个全局性、战略性问题作为全党工作重中之重，事关长远、意义重大，是现实选择，也是长期要务。

（二）坚持农业农村优先发展

新中国成立以来，优先发展战略对促进经济社会发展起到了积极推动作用。新中国成立初期，曾实行重工业优先发展战略，促进了工业体系和国民经济体系的建立。改革开放之后，先后提出了公共交通优先、就业优先、教育优先、人才优先等发展战略，促进了各项社会事业快速发展。党的十九大报告共提出“三个优先”，即优先发展教育事业、坚持就业优先战略、坚持农业农村优先发展等，首次把农业农村放在优先发展的位置，表明我们党对“三农”工作的认识深度、重视程度和工作力度提升到了一个崭新高度，为今后搞好乡村振兴战略的顶层政策设计指明了方向。

农业农村优先发展是对我国城乡关系、工农关系的重大战略调整。新中国成立以来，我国农业农村发展的定位随着社会发展在不断调整变化。社会主义建设初期，毛泽东在《论十大关系》中谈到如何处理好重工业和轻工业的关系时强调，“重工业是我国建设的重点，必须优先发展生产资料的生产”，对农业的定位是提供“发展工业所需要的粮食和原料”，由此基本确立起了“农村支持城市、农业养育工业”的方针和政策，通过农业农村发展解决我国工业化和城镇化所需的资金和原材料问题。改革开放以来，邓小平在总结农业农村发展经验和教训的基础上提出：“工业支援农业，农业反过来又支援工业，这是个加强工农联盟的问题。”他充分肯定了农业农村农民为我国工业和城市发展做出的贡献。2004年，党的十六届四中全会作出了我国已经进入“工业反哺农业、城市支持农村”阶段的判断，明确了实施“以城带乡、以工补农”的重大方针。党的十九大提出，当前我国社会主要矛盾是人民日益增长的美好生活需要和不平衡不充分的发展之间的矛盾，这“不平衡不充分”中就包括当前我国的工农差距和城乡差距。目前我国城乡关系、工农关系还不适应实现“两个一百年”奋斗目标尤其是决胜全面建成小康社会的要求，必须据此作出重大调整。从体制机制上看，城乡要素平等交换和公共资源均衡配置的体制机制仍然没有完全建立，农业农村发展仍然受到工农业产品价格“剪刀差”与城乡要素价格“剪刀差”双重挤压，工农差距、城乡差距仍然很大。因此，坚持农业农村优先发展战略，就是要打破城乡发展的制度藩篱，实现城乡发展一体设计、统筹布局、融合促进，建立农业农村与工业城镇共享资源配置、要素交换、公共服务的调控制度和市场机制等。

（三）提出乡村振兴战略总体要求

党的十九大报告指出，按照产业兴旺、生态宜居、乡风文明、治理有效、生活富裕的总要求，建立健全城乡融合发展的体制机制和政策体系，加快推进农业农村现代化。

与社会主义新农村建设的总要求相比，党的十九大提出的总要求主要有几点新的变化：一是把生产发展改为产业兴旺，由生产到产业，范围扩大了，在发展农业生产的基础上，要促进农村二、三产业全面发展；由发展到兴旺，目标要求更高了，不仅强调发展过程，更强调达到兴旺的结果。二是把村容整洁改为生态宜居，强调乡村的生态环境建设内容更丰富了，目标要求更高了，不仅要美丽，还要适宜居住。三是把管理民主改为治理有效，管理农村侧重的是政府作为主体的行政管理，注重管理过程，强调的是管理行为的民主性；治理乡村则是由政府、社会组织、村民个人等多元主体进行共同治理，更注重结果导向，强调的是治理行为的合理性和有效性，要求标准更高了，效果更好了。四是把生活宽裕改为生活富裕，要在农民收入更快增长的基础上显著提高农民的消费水平，让农民的生活更加富裕。从这四个方面总要求的变化来看，乡村振兴战略是新农村建设的升级版，是对新农村建设在内容上的丰富和充实，在标准上的细化和提高。

（四）建立健全城乡融合的体制机制和政策体系

党的十九大报告提出建立健全城乡融合发展体制机制和政策体系，这是在总结中外城乡发展经验基础上，着眼于当前城乡关系发展实际和未来新型城乡关系发展趋势作出的重大战略部署，也是新时代做好“三农”工作，实现乡村振兴，加快推进农业农村现代化的根本遵循和战略方向。

健全城乡融合发展的体制机制和政策体系，是站在新的历史方位实现乡村振兴、满足人民日益增长的美好生活需要的客观要求。经过几十年的快速城镇化和大规模人口迁徙，城乡发展不平衡、农村发展不充分的客观矛盾，已经成为制约当下人们追求美好生活的现实障碍。生活在城市的人们，希望有更加优美的环境、更加安全的食品。生活在乡村的人们，希望有更加完善的基础设施和公共服务，更加生态宜居的生产生活环境。

最近十几年来，中央对推进统筹城乡经济社会、城乡发展一体化分别作出重大部署，初步形成工业反哺农业、城市支持乡村的发展框架。但是城乡发展的融合水平不高、城乡二元分割的结构仍是当前社会突出的结构特征。因此，彻底打破城乡二元结构，走融合发展之路是当务之急。只有建立健全城乡融合发展的体制机制和政策体系，推动城乡规划布局、要素配置、产业发展、公共服务、生态保护等多个方面共同发展，才能承担起新形势下满足人们需要的城市和乡村功能，推动城市和乡村健康发展。

（五）构建现代农业产业体系、生产体系、经营体系

习近平总书记在2015年“两会”期间参加吉林代表团审议时指出，推进农业现代化，要突出抓好加快建设现代农业产业体系、现代农业生产体系、现代农业经营体系三个重点。2016年5月19日，习近平总书记在安徽小岗村农村改革座谈会上进一步强调，要以构建现代农业产业体系、生产体系、经营体系为抓手，加快推进农业现代化。党的十九大报告指出，构建现代农业产业体系、生产体系、经营体系，完善农业支持保护制度，发展多种形式适度规模经营，培育新型农业经营主体，健全农业社会化服务体系，实现小农户和现代农业发展的有机衔接。

现代农业产业体系、生产体系、经营体系，是发展现代农业、特色农业、创汇农业的“三大支柱”。产业体系和生产体系的关键是提升农业生产力水平和生产效率，而经营体系的关键则在于创新农业经营模式。

现代农业产业体系是集食物保障、原料供给、资源开发、生态保护、经济发展、文化传承、市场服务于一体的综合系统，是多层次、复合型的产业体系。现代农业产业体系是衡量现代农业整体素质和竞争力的主要标志，解决的是农业资源的市场配置和农产品的有效供给问题。构建现代农业产业体系，就是要以市场需求为导向，充分发挥各区域的资源比较优势，以粮经饲统筹、农牧渔结合、种养加一体为手段，通过对农业结构的优化调整，提高农业资源在空间和时间上的配置效率。

现代农业生产体系是先进科学技术与生产过程的有机结合，是衡量现代农业生产力发展水平的主要标志。主要是通过实施良种化、延长产业链、储藏包装、流通和销售等环节的有机结合，提升产业的价值链，发展

高层次农产品，壮大农业新产业和新业态，提高农业质量效益和整体竞争力。构建现代农业生产体系，就是要转变农业要素投入方式，用现代物质装备武装农业，用现代科学技术服务农业，用现代生产方式改造农业，提高农业良种化、机械化、科技化、信息化、标准化水平。

现代农业经营体系是新型农业经营主体、新型职业农民与农业社会化服务体系的有机组合，是衡量现代农业组织化、社会化、市场化程度的重要标志。主要涉及专业大户、家庭农场、家庭牧场、农民合作社、龙头企业等。当前构建现代农业经营体系要集中解决好一系列问题，例如，农民要向职业化方向发展、坚持适度规模经营、建立社会化服务体系等。

（六）健全自治、法治、德治相结合的乡村治理体系

党的十九大报告提出，加强农村基层基础工作，健全自治、法治、德治相结合的乡村治理体系。乡村治理与国计民生息息相关，关乎“两个一百年”奋斗目标的实现。当前，中国特色社会主义已经进入新时代。在这个新时代，我国乡村治理环境发生重大变化，既有诸多有利条件，也面临着不少急需破解的难题。必须坚持以习近平新时代中国特色社会主义思想为引领，着力构建以党的基层组织为核心、以村民自治组织为主体、以信法守法为准绳、以崇德向善为基础的乡村治理体系，确保农村社会安定有序，农业发展朝气蓬勃，努力使广大农民过上幸福美好生活。

三、安徽省乡村发展基本情况

安徽省是我国的农业大省，也是农村改革的发源地，农业资源丰富，区位条件优越。安徽省是全国13个粮食主产省之一，是重要的商品粮生产基地、重点淡水渔业省份，16类主要农产品中，粮食、油料、淡水产品等常年产量均居全国前10位。农村改革以来，安徽的农业和农村经济稳定持续发展，农业生产力大幅度提高。根据《国家统计局关于2017年粮食产量的公告》，2017年安徽粮食播种面积为6642.5千公顷，全国排名第4；单位面积产量为5233.0公斤/公顷，高于全国平均水平（5506公斤/公顷），但全国位次较低，排名第19位；粮食总产量3476.0万吨，全国排名第8位。2017年1—9月安徽省农林牧渔业总产值为2776.25亿元，2016年安徽省农林牧渔业总产值为4655.53亿元。

表1　2017 年全国及各省（区、市）粮食产量一览表

地　区	播种面积（千公顷）	单位面积产量（公斤/公顷）
全国总计	112219. 6	5560. 2
北京	66. 8	6145. 7
天津	351. 2	6036. 3
河北	6190. 7	5666. 5
山西	3204. 4	4056. 7
内蒙古	5757. 8	4808. 2
辽宁	3227. 2	6621. 1
吉林	5023. 3	7405. 5
黑龙江	11827. 1	5089
上海	118. 7	7514
江苏	5406. 4	6547. 5
浙江	1282	5994. 8
安徽	6642. 5	5233
福建	1179. 4	5641. 9
江西	3667. 4	5799. 9
山东	7447	6342. 4
河南	10135. 5	5893. 6
湖北	4471. 7	5813. 6
湖南	4862. 4	6136. 9
广东	2500. 1	5460. 4
广西	2976. 2	4931. 7
海南	348. 3	4843. 6
重庆	2239	5212. 9
四川	6441. 4	5431. 1
贵州	3051. 2	3862. 5
云南	4446. 1	4339. 8
西藏	184. 8	5585. 2
陕西	3045. 3	3993. 7

（续表）

地　区	播种面积（千公顷）	单位面积产量（公斤/公顷）
甘肃	2782.5	4055.1
青海	278.6	3614.7
宁夏	775.6	4747.4
新疆	2289.1	6324.1

数据来源：国家统计局《关于2017年粮食产量的公告》。

（一）农业基础设施继续改善

1. 农田水利建设成效显著

2016年，安徽各地认真贯彻落实省委、省政府决策部署，坚持政府主导，加大财政投入，加强项目整合，进一步深化农田水利投资、建设和管护体制机制改革，积极开展以重点水利工程和面上农村水利工程为主要内容的农田水利基本建设。截至12月底，全省农田水利基本建设共完成投资190亿元，完成土石方量5.89亿立方米。实现新增、恢复、改善灌溉面积673万亩，建设高效节水灌溉工程面积15万亩。全年共解决了328.45万农村居民的饮水问题，成立各类小型水利工程管护组织1.5万个，颁发所有权证20.9万份、使用权证26.9万份，签订管护责任书31.2万份，圆满完成了农田水利基本建设任务。2016年，安徽省有效灌溉面积4463.7千公顷，新增63.3千公顷；新增节水灌溉面积48.9千公顷。

2. 农业机械化水平明显提高

党十八大以来，安徽省积极争取中央农机补贴资金，加大地方配套力度，全省农业机械拥有量和机械化水平稳步提升。一是主要农业机械拥有量较快增长。2016年年底，全省农用机械总动力6867.5万千瓦，比2011年增加1210.4万千瓦，年均增长4%；大中型拖拉机24.6万台，增加10.1万台，年均增长11.1%；联合收获机19.6万台，增加8.2万台，年均增长11.5%。二是机械耕种收面积不断增加。2016年全省机耕面积、机播面积、机收面积分别为4406.1、5215.6、6582.9千公顷，比2011年增加276.9、1306.8、1046.1千公顷。三是机械化水平大幅提高。2016年全省主要农作物耕种收综合机械化率达到73.5%，比2011年提高10.9个百分点。农业机械化水平的提高为我省农业增效、农民增收和全面建成小康社会提供了重要支撑。

3. 乡村基础设施大为改善

“十二五”时期，全省建设农村公路超1.6万公里，农村公路总里程达16万公里，基本形成了以县道为骨架、乡道为支线、村道为脉络的农村公路网络体系。2015年12月23日，省政府出台了《安徽省人民政府关于实施农村道路畅通工程的意见》，要求从2016年起，用3年时间，在全省实施农村道路畅通工程，包括县级公路畅通、乡级公路畅通、老村级道路加宽改造、撤并建制村路面硬化和贫困村内较大自然村道路硬化等五类工程，共计约7.5万公里。“十二五”时期，建设农村户用沼气超16万户、养殖小区和联户沼气近千个。实施了新一轮农村电网改造升级工程，覆盖了全部乡镇、行政村。农业基础建设的加强、农业生产条件的改善，为农业生产和农村经济快速发展提供了有效支撑。

（二）农业综合生产能力逐年提高

1. 粮食实现“十二连丰”

“十二五”时期，安徽省深入推进水稻产业提升、小麦高产攻关、玉米振兴计划“三大”行动，开展高产创建活动，加快高标准农田建设，粮食综合生产能力稳步提升。2015年，全省粮食总产3538.1万吨，比2010年增加457.6万吨，年均增长2.8%；粮食单产355.6公斤/亩，比2010年增加45.2公斤，年均增长2.8%。

表2　“十二五”全省粮食产量及单产增长情况

粮食种类	产量增加量（万吨）	年均增速（%）	单产增加量（公斤/亩）	年均增速（%）
粮食	457.6	2.8	45.2	2.8
稻米	75.9	1.1	24.6	1.2
小麦	204.3	3.2	42.8	2.4
玉米	183.5	9.7	101.4	6.5

2. 主要经济作物在结构调整中平稳增长

油料生产面积调减，产量持平，单产增加。2015年，油料面积772.1千公顷，比2010年减少172.2千公顷；产量227.9万吨，增加0.3万吨；单产196.7公斤/亩，增加36公斤。受菜籽油市场价格持续低迷、种植效益下滑的影响，“十二五”油菜籽种植面积和产量逐年下降。2015年，油菜籽面积532.4千公顷，比2010年减少158.6千公顷；产量126.3万吨，减少7.4万吨；单产158.1公斤/亩，增加29.1公斤。受市场波动剧烈、价格低迷的影响，加之棉花种植费时费工，全省棉花种植面积持续减少。2015年，棉花面积232.5千公顷，比2010年减少111.9千公顷；产量

23.4 万吨，减少 8.2 万吨；单产 67.1 公斤/亩，增加 5.9 公斤。

3. 新型农业经营体系逐步形成

认真贯彻落实国家切实转变农业发展方式、大力发展现代农业的决策部署，以构建新型农业经营体系为重要抓手，不断推进农业现代化建设。初步形成了以家庭承包经营为基础、专业大户和家庭农场为骨干、龙头企业为核心、农民合作社为纽带、农业社会化服务组织为支撑的新型农业经营体系。2017 年，安徽省出台《关于完善农村土地所有权承包权经营权分置办法的实施意见》，贯彻中央文件精神，完善土地所有权承包权经营权分置办法，依法推进土地经营权有序流转。截至 2016 年年底，安徽省 1238.5 万承包农户中，流转出承包地的农户有 540.8 万户，占 43.7%，比全国高出 13 个百分点。目前，我省承包耕地流转面积已超过承包耕地总面积的 40%，在部分市县，流转比例已经超过 50%。加快培育新型农业经营主体，截至 2017 年 11 月底，安徽省经工商部门登记注册的家庭农场 72 181 个、农民合作社 88 012 个，分别较上年底增加 32.5% 和 14.3%。截至 2017 年年底，全省各级示范家庭农场达 9106 家，其中省级 1298 家；示范合作社达 8709 个，其中国家级 361 家、省级 538 家。完善农业社会化服务体系，农机和植保社会化服务组织超过 1.8 万个。加快培育壮大龙头企业，规模以上农产品加工企业达 5922 家，其中，国家级龙头企业 49 家，省级龙头企业 931 家。2015 年，全省规模以上农产品加工企业达 5922 家，比 2011 年净增 2400 家，实现总产值 9151 亿元，比 2011 年增加 4090 亿元，年均增长 16%。农产品加工业产值与农林牧渔业总产值之比达到 2.08∶1，比 2011 年上升 0.62。农产品加工企业总产值超亿元的达 2362 家，实现产值 7425 亿元，占全省的 81.1%，超 20 亿元的 28 家，超 50 亿元的 2 家。龙头企业的壮大、实力的增强，加快了农业产业化进程。

（三）美丽乡村建设成效显著

1. 完成 569 个中心村规划编制

截至 2016 年年底，完成 599 个乡镇政府驻地建成区整治规划和 569 个中心村建设规划编制工作，同时在凤阳等 20 个县，开展县域乡村建设规划编制试点，科学确定乡村体系，统筹乡村基础设施与服务设施建设，建立"多规合一"规划编制机制。在试点基础上，争取 2017 年年底全省县域乡村建设规划全覆盖。

2. 落实 10.6 万户农村危房改造

2016 年，我省推进农村危房改造与精准扶贫有机结合，将全省 21

万户建档立卡贫困户危房改造基本信息全部录入住房和城乡建设部信息系统，确保农村危房改造工作对象精准、目标明确。目前，全省已完成10.6万户农村危房改造，其中，建档立卡贫困户为6.5万户。“十三五”期间，全省计划完成49.8万户农村危房改造，其中建档立卡贫困户21.2万户。

3. 乡镇生活垃圾处理率达85%

结合美丽乡村建设，完成了2万多个自然村环境整治，一大批“脏乱差”的村庄环境卫生得到有效改善。目前，全省乡镇生活垃圾处理率达85%，村庄生活垃圾处理率达60%。持续推进农村人居环境治理，深化农村生活垃圾三年治理行动，省住房和城乡建设厅会同省环保厅等部门下发《关于全面推进农村垃圾治理的实施意见》，制定农村生活垃圾治理技术指南与考核验收办法。全椒县开展县域农村生活垃圾治理PPP试点，取得了积极成效。目前，全省有十余个县（市、区）已推行或即将推行县域农村生活垃圾治理PPP模式。

4. 35县启动乡镇驻地污水治理

制定全省乡镇生活污水治理三年计划，提出到2018年年底，实现全省乡镇政府驻地生活污水处理设施全覆盖目标。首批在全省35个县（市、区）启动乡镇驻地生活污水治理，其中巢湖市、潜山县、繁昌县、青阳县列入全国县域农村生活污水治理示范县。在巢湖流域、新安江流域、大别山生态保护区等35个县（区）开展县域乡镇污水治理，探索建立县域项目打包、社会投资运营、政府考核付费等乡镇生活污水治理模式。35个县（市、区）乡镇污水处理设施建设全面启动，599个美丽乡镇完成9.1万户卫生厕所改造。

5. 新增52个“国字号”传统村落

在2016年进行的第四批中国传统村落申报中，我省52个传统村落列入中国传统村落公示名单。至此，我省“国字号”传统村落数量已达163个，进入全国第一方阵。《安徽省传统村落“十三五”保护发展规划》提出，到2020年，力争列入中国、省级传统村落名录的村落分别达到200个、500个，全省传统村落得到有效保护发展利用。

6. 5镇入选首批中国特色小镇

铜陵市大通镇、岳西县温泉镇、黟县宏村镇、裕安区独山镇、旌德县白地镇等5个被住房城乡建设部认定为第一批中国特色小镇。肥西县三河镇等21个镇被列为第一批省级特色小镇。到2020年，将选择80个小城镇进行重点培育，打造一批具有徽风皖韵、凸显“专精美活”、生态宜居的特色小镇。

（四）乡村治理体系逐步完善

1. 探索村民自治经验

2017 年 2 月 3 日，省民政厅发布安徽省《关于以村民小组或自然村为基本单元的村民自治试点实施方案》，今年将开展试点，逐步实现农村有人管事、有章理事、有钱办事，探索村民自治制度的新路径、经验。新的《实施方案》强调在保持现有村民委员会设置格局的前提下，对处于独立居民点且拥有集体土地所有权的若干村民小组或自然村，按照自治半径相对合理、公共利益联系紧密的原则，根据群众意愿建立村民理事会，代表村民对本集体组织范围内的公共事务开展议事协商，实行民主管理和监督。

2. 激发乡贤治理作用

肥西县积极挖掘、传承优良传统文化，有序推进县、乡镇和村居社区乡贤文化场馆建设，弘扬优秀乡贤精神，凝聚乡贤力量，在广大群众中培育知贤、颂贤、学贤的社会风尚，传播社会正能量，推动乡贤文化在基层治理中发挥积极作用，维护社会稳定，促进社会和谐。近年来，宿松高岭乡不断拓宽矛盾纠纷解决渠道，充分激活乡贤资源，把发挥乡贤在维护稳定中的作用作为社会治理创新的有效举措，取得了明显效果。高岭乡将每名乡贤的家庭命名为“乡贤之家”，“乡贤之家”在日常居家活动中零距离推广乡贤文化，影响乡村民风，就地解决民事矛盾纠纷问题。为提升古城文化内涵，弘扬徽州传统文化，黟县将县衙正堂打造成乡贤纪念馆，展示在黟县历史上具有一定影响力、在各个领域做出过无私奉献的名人。

（五）农民生活逐步富裕

1. 农民收入较快增长

“十二五”以来，安徽省不断加大劳动力转移力度，努力拓宽农民增收渠道，农民收入稳步增长。全省农村常住居民人均可支配收入由 2010 年的 5776 元增长到 2015 年 10 821 元，五年增长了 87. 3%，年均增长 13. 4%，高出全国平均水平 0. 7 个百分点，位居全国第 11、中部第 1 位；收入水平与由相当于全国的 92. 1% 提高到 94. 7%，相对差距缩小了 2. 6 个百分点。

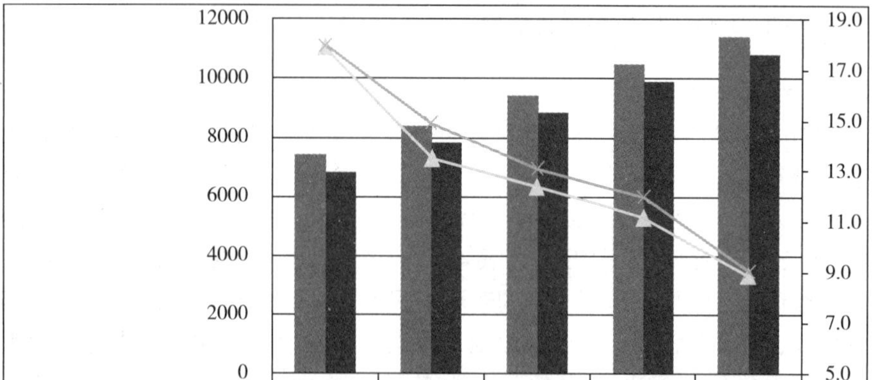

	2011年	2012年	2013年	2014年	2015年
绝对值：元（全国）	7394	8389	9430	10489	11422
绝对值：元（安徽）	6811	7826	8850	9916	10821
增幅%（全国）	17.9	13.5	12.4	11.2	8.9
增幅%（安徽）	17.9	14.9	13.1	12.0	9.1

图1 “十二五”以来安徽农民收入与全国对比变动趋势图

2. 农民生活质量稳步提高

随着收入的稳步增长，农村居民消费水平和生活质量不断提升。人均生活消费支出由2010年的4013元增加到2015年的8975元，年均增长17.5%。农村居民家庭恩格尔系数由2010年的40.7%下降到2015年的35.8%。2015年，农村居民家庭平均每百户洗衣机、电冰箱、彩电拥有量分别为73.58台、90.55台、121.33台，比2010年分别增长30.2%、43.1%、8.2%；每百户家用汽车、电脑、手机拥有量分别为8.48辆、19.37台、205.34部，比2010年增长1362.1%、144%、50%。

（六）农村改革不断深化

农村土地承包经营权确权登记颁证试点工作全面展开，农村集体产权制度改革和农村产权流转交易市场建设试点稳步开展，小型水利工程产权制度改革深入推进。农村金融综合改革进一步深化，在全国率先完成农村合作金融机构改制为农村商业银行，构建“政银保担”四位一体新型农业担保体系，成立全国首家省级农业信贷担保有限公司。农业补贴政策改革有序推开，垦地合作发展模式不断创新。创建国家级现代农业示范区13个，认定省级现代农业示范区97个。

四、安徽省乡村发展存在问题

党的十九大报告指出："中国特色社会主义进入新时代，我国社会主要矛盾已经转化为人民日益增长的美好生活需要和不平衡不充分的发展之间的矛盾。"发展的不平衡主要是表现在区域不平衡、领域不平衡和群体不平衡三大方面。区域不平衡主要是指东中西部发展不平衡、城市与农村发展不平衡、发达地区与欠发达地区发展不平衡；领域发展不平衡主要是指"五位一体"即经济建设、政治建设、文化建设、社会建设、生态文明建设五大领域发展不平衡。发展的不充分主要包括整个社会的发展总量不够丰富、发展程度不够高、发展态势不够稳固。发展的不充分表现在多个方面，发展方式有待充分转变、依法治国有待充分推进、精神文明有待充分提升、社会事业有待充分发展、生态环境有待充分改善、体制机制有待充分改革等。

当前，最"不平衡"的发展，就是城乡之间的发展不平衡，最"不充分"的发展，就是农村发展不充分。因此，农村发展不平衡不充分既是乡村振兴战略实施的障碍，同时也是实施乡村振兴战略亟待解决的主要问题。

（一）安徽省乡村发展不平衡问题

1. 城乡发展和收入差距不平衡

一是整体收入偏低。2016 年全国农村居民平均收入为 12 363 元，最高的上海为 25 520 元；安徽省全省农村居民平均收入为 11 720，与全国平均水平相差 643 元，与上海相差 13 800 元，差距十分显著，说明安徽省农村居民收入整体偏低。二是收入差距大。安徽省 2016 全年常住居民人均可支配收入为 19 998 元，比上年增长 8.9%。城镇常住居民人均可支配收入为 29 156 元，增长 8.2%；全年农村常住居民人均可支配收入为 11 720 元，比上年增长 8.3%。世界银行相关报道显示，城乡收入比维持在 1.5∶1 是世界大多数国家所能接受的合理比例，而 2016 年安徽省城乡居民收入比为 2.4∶1，远远超过了世界银行的标准。虽然城乡居民收入的增长趋势是一致的，但前者一直快于后者，二者间的差距也呈持续扩大的趋势。安徽省农村居民收入差距不仅仅存在城乡收入差距大的现象，区域收入差距大也十分显著。皖南、皖中、皖北的农村居民收入具有较大差距。三是收入来源结构单一。居民收入一般包括工资性收入、经营性收入、财产性收入、转移性收入。安徽省农民收入结构呈现以下趋势。（1）经营性收入为主，但呈现下降趋势。1998 年家庭经营性收入为 1311. 70 元，占总收入的比重为 70. 41%，位居第一位。到 2011 年，家庭经营性收入达 2986. 07 元，涨幅很大，但在总收入中所占的比重却下降为 47. 91%，下降了 22. 5%。尽管家庭经营性收入是安徽省农村居民收入的最大来源，但它在总收入中所占的比例呈现出加速下降趋势。（2）工资性收入呈现上涨趋势。1998 年工资性收入为 457. 18 元，占总收入的比重为 24. 54%，位居第二位。随着经济的发展，工资性收入占总收入的比重一直上升，近年来比较稳定地保持在 40% 左右。到 2011 年，工资性收入上升为 2723. 17 元，所占比重达到 43. 70%，无论是数量还是增幅都很大。工资性收入虽仍处于第二位，但与位居第一位的家庭经营收入相比，二者在总收入中所占比重的差距已经从 1998 年的 45. 87% 降为 2011 年的 4. 21%。工资性收入在不久的将来有可能反超家庭经营性收入，变成安徽省农村居民收入的第一大来源。（3）转移性与财产性收入相对不足。从 1998 到 2011 年，转移性和财产性收入从 94. 18 元上升到 522. 96 元，虽有所提高，但在总收入中所占的份额一直都很少，变化幅度也不是很大，仅从 5. 06% 增长到 8. 39%。这说明转移性和财产性收入无法成为安徽省农村居民收入增长的主要组成部分。目前安徽省农村居民收入仍然以家庭经营性收入为主，说明农村居民仍然从事辛苦的农活来获得收入；同时，工资性收入比例的大幅增长，从侧面反映了农村劳动力大量外流，农村缺乏优质劳动力；转移性和财产性收入比例低，则说明了农村居民手中掌握的生产资料不足，甚至有些农村居民因此陷入了外出务工后无法回到农村立足生活的困境。

2. 城乡基础设施建设和公共服务不平衡

城乡基础设施建设和公共服务不平衡主要表现为水、电、路、房和教育、文化、社保、医疗等八个方面不平衡，形象的比喻就是“城市像欧洲，农村像非洲”。

3. 农村区域发展不平衡

一是省内各地市发展严重不平衡。从 GDP 贡献比例的角度，皖南城市群远高于皖北地区。历史、政治、资源、科技、人才等原因导致了皖南发展快，皖北发展相对慢；二是城乡发展的不平衡、不协调，城乡二元结构的矛盾依然存在，城乡人均收入差距还在扩大，广大农村在基础设施建设、教育、医疗卫生等公共服务水平上与城市相比也有很大差距。即使在城市，外来人口也不能平等地享有与本地人同样的公共服务。三是经济发展与社会发展的不平衡、不协调。尽管安徽省近几年经济快速发展，但医疗教育、卫生文化等社会事业发展相对滞后。四是经济发展与环境保护的不平衡、不协调，一些地区片面追求经济发展，忽视环境问题，使得很多地方虽然经济发展上去了，有了金山银山，但失去了绿水青山。五是经济发展与精神文明建设的不平衡、不协调，我们的物质财富相对丰裕了，但是国民素质和社会文明程度仍然有待提高，不诚信、不文明的现象仍时有发生。

近年来安徽省的经济发展出现了区域性分化，城市之间、地区之间的发展不平衡有所扩大。比如，合肥市经济持续发展，2015 年的地区生产总值占全省的 25.7%，连续 10 年都是全省唯一人口净流入的城市；皖江地区 8 市的地区生产总值和财政收入占全省的比例分别为 70%、65%，但人口只占全省的 40.5%。皖北地区 6 市常住人口在全省占比高达 44.6%，但地区生产总值仅占全省的 28.3%。人口与经济总量、地方财政收入区域配置是“错位”的。尽管举全省之力振兴皖北经济，但与合肥和皖江地区的差距仍有扩大。

安徽省区域城镇化分布不均衡，城镇化水平较高的区域是合芜蚌示范区和皖江示范区，其次是皖南地区，皖北地区较低。2016 年城镇化率最高的合肥市高达 72.05%，而最低的亳州城镇化率仅为 38.28%。偏低而区域差距较大的城镇化率制约了安徽省的经济发展，安徽在新型城镇化建设方面任重而道远。

（二）安徽省乡村发展不充分问题

1. 农业基础设施投入仍显不足

一是础设施特别是农田水利基本建设欠账较多，不少中小型水库带病运行，排涝灌溉设施不足且老化严重，易旱易涝问题没有根本解决，农业生产尚未根本摆脱靠天收的状况，农业抗风险的能力不强。对农业基础设施的投入增长机制有待进一步完善，财政支农投入的制度化建设任务仍艰巨。二是新农村建设专项奖补资金有待增加。随着示范工程不断向纵深推进，每个示范村、镇能够得到的专项补助资金明显不足，特别是一些欠发达地区因财力限制，示范点的推进力度出现了减弱态势。三是地方财政收支矛盾仍突出。县域经济总体实力不强，部分县乡财政困难，财政支农能力较弱，城乡基本公共服务水平差异较大，公共财政覆盖农村的范围有待进一步拓展，财政对农村经济社会发展的保障力度仍需加大。四是财政支农管理机制不够健全。财政支农资金多头管理、项目分散、名目繁多、资金量小、发放工作量大、行政成本高。涉农资金整合力度不大，财政资金“四两拨千斤”作用难以有效发挥。监督管理还存在漏洞，少数地方项目财务管理还不够规范，截留、挤占、挪用财政支农资金的情况时有发生。少数支农项目建设验收和资金支付不够及时。个别地方招标监理不够规范，专业监理措施不力。一些项目工程管护不到位，支农资金使用效益有待提高。

2. 现代农业发展基础有待进一步巩固

总体来看，安徽省农业基础设施仍薄弱，生产经营方式较粗放，物质技术装备水平不高，农业抗灾能力不强；耕地减少、水资源紧缺与提高农业综合生产能力的矛盾更加突出，生态脆弱和环境污染日益加剧，农业发展的资源环境约束加大；农产品市场体系、农业社会化服务体系和农业支持保护体系尚不健全完善；农村土地、劳动力、资金等资源要素价值流失趋势没有得到有效遏制，农村公共事业发展水平明显落后，城乡公共服务不均衡问题仍存在。

3. 村镇规划建设有待进一步加强

一是资金投入不足影响规划编制的推进。从整体上看，安徽省村镇经济产业支撑不强，村镇财力不足，村镇融资有限，村镇规划建设投入不足，同时市县两级政府在财政上对乡镇补贴十分有限，资金投入不足严重影响村镇规划编制进度和质量。二是基础设施配套不到位影响规划的落实。有些地方虽然编制了村镇规划，但由于缺乏基础设施和公共服务设施配套，同时受建设用地指标和土地家庭承包经营等因素的制约，规划难以落实。

4. 新农村建设工作推进机制还需进一步优化

一是新农村建设决策机制存在角色错位。一方面，上级政府包办代替，农民参与不进来，很多县乡的新农村规划，是规划部门做出来的；另一方面，基层干部和农民有较严重的“等、靠、要”思想。不少基层干部既缺少抓新农村建设的动力和压力，也缺少带领农民致富的本领和手段，对如何结合实际推进新农村建设工作，大多表示要等上面布置；多数农民自身也没有主动参与意识，表示“上面要干啥就干啥”。上级政府在新农村建设中的指导、引导地位往往演变成主导地位，农村基层和农民在新农村建设中的主体地位难以有效体现。二是部门间协调不够。新农村建设涉及各个部门和方方面面，需要统一协调，按各部门的职能，上下对接，务实服务，帮助解决新农村的实际问题。如村容整洁，就涉及住建、环保、农业、卫生等部门。三是各级新农办工作力量不足。目前省、市、县三级新农村建设办公室多为非正式机构，人员临时抽调，经费难以保障。现在需定人定编定经费，进一步增强新农村建设工作的组织落实力量。

5. 乡村产业兴旺尚有很大空间

一是缺少特色产业支撑。新农村建设得好的地方，大多数是靠发展主导产业，走产业支撑的路子发展起来。新农村建设应因地制宜、突出特色，发展“一村一品”。根据有关调查发现，很多地方特色并不明显，大多数示范村还没有找准自己的特色定位，没有明确自己的主导产业，甚至还没有确定村庄建设风格。二是劳动力流失。很多地区农民收入主要靠外出务工取得，大量农村劳动力外流，本地缺乏素质较高的劳动力，导致农村产业发展缓慢。劳动力的流失，很难使乡村产业得到有效全面的发展。三是企业发展较落后。大力发展乡镇企业，对农村产业结构的战略性调整具有重要意义。龙头企业和小企业共同发展是乡镇企业的方向，现在发挥龙头企业的带动作用已成为共识。相比于发达地区的乡镇企业发展现状，安徽省的乡镇企业发展明显乏力，农产品加工企业的实力也有待提高。四是其他产业发展不足。乡村的产业发展不仅仅是农业产业，还包括旅游产业、文化产业、加工制造产业、体育产业和金融产业等等。皖南地区依托美丽的自然环境和深厚的文化底蕴，在旅游产业的发展上有一定的成果，从全省来看，乡村地区的其他产业发展总体来说较为落后，与发达地区差距明显。五是农业科学技术落后。目前，安徽科技落后，与生产不相适应，广大农民对科技服务的需求不足。安徽省农产品科技含量较低。农业科学技术的落后与新阶段农业生产不相适应。农业科技进步不能快速地被推进，使得农业生产效率低。从事农业科学技术的人员知识缺乏，人才队伍需要重新加强建设。近年来，由于农业给农民带来的收入低，农民的工资水平赶不上物价上涨水平，大部分有文化、有知识的青壮年农民外出打工，不情愿在村里从事传统的农业生产。“386199”部队成了农业生产的主力军，他们文化程度很低，难以接受和学习新的农业科学技术知识。

五、安徽省实施乡村振兴战略的几点思考

实施乡村振兴战略，关键就是走中国特色社会主义乡村振兴道路。中央农村工作会议明确提出：走城乡融合发展之路、走共同富裕之路、走质量兴农之路、走乡村绿色发展之路、走乡村文化兴盛之路、走乡村善治之路、走中国特色减贫之路。这“七条道路”，明确了实施乡村振兴战略的目标路径，构成了中国特色社会主义乡村振兴道路的具体内涵。走中国特

色社会主义乡村振兴道路，就要重塑城乡关系，坚持以工补农、以城带乡，使工农互促、城乡互补、全面融合、共同繁荣的新型工农城乡关系加快形成；就要巩固和完善农村基本经营制度，实现小农户和现代农业发展的有机衔接；就要深化农业供给侧结构性改革，实现由农业大国向农业强国的转变；就要坚持人与自然和谐共生，让良好生态成为乡村振兴的支撑点；就要传承发展提升农耕文明，形成文明乡风、良好家风、淳朴民风，焕发文明新气象；就要创新乡村治理体系，建立健全党委领导、政府负责、社会协同、公众参与、法治保障的现代乡村社会治理体制，健全自治、法治、德治相结合的乡村治理体系；就要打好精准脱贫攻坚战，把提高脱贫质量放在首位，把激发贫困人口内生动力、增强发展能力作为根本举措。把这些具体部署落到实处，才能激发振兴乡村的强大推动力。

对于安徽来说，必须按照习近平总书记在十九大报告中提出的总要求，以产业兴旺为重点、生态宜居为关键、乡风文明为保障、治理有效为基础、生活富裕为根本，结合安徽的具体情况，因地制宜，精准施策，建立健全城乡融合发展体制机制和政策体系，加快推进农业农村现代化。

（一）建立健全城乡融合发展体制机制和政策体系

党的十九大报告明确提出“建立健全城乡融合发展体制机制和政策体系”，这是中央文件首次提出“城乡融合发展”的概念，是在总结中外城乡发展经验基础上，着眼于当前城乡关系发展实际和未来新型城乡关系发展趋势作出的重大战略部署，也是新时代做好“三农”工作、实现乡村振兴、加快推进农业农村现代化的根本遵循和战略方向。早在2003年10月，党的十六届三中全会就明确提出要“统筹城乡发展”，并把它放在五个统筹的首位。2012年11月，党的十八大报告又明确提出要“推动城乡发展一体化”，形成以城带乡、城乡一体的新型城乡关系。城乡统筹发展强调政府的统筹作用，城乡发展一体化强调一体化目标，而城乡融合发展强调融合互动和共建共享，是实现城乡共荣和一体化的重要途径，其表述更加符合现阶段的发展特征。从“统筹城乡发展”到“城乡发展一体化”，再到“城乡融合发展”，既反映了中央政策的一脉相承，又符合新时代的阶段特征和具体要求。

1. 树立城乡融合发展的理念

城市与乡村是一个相互依存、相互融合、互促共荣的生命共同体。城市的发展和繁荣绝不能建立在乡村凋敝和衰败的基础上，乡村的振兴也离不开城市的带动和支持，城乡共荣是实现全面小康和全面现代化的重要前提。党的十九大报告明确指出：当前我国社会主要矛盾已经转化为人民日益增长的美好生活需要和不平衡不充分的发展之间的矛盾。这种不平衡不充分的发展主要集中体现在城乡发展不平衡和乡村发展不充分上。现阶段，城乡发展的不平衡是我国不平衡的发展的突出表现，而乡村发展的不充分则是最大的发展不充分。2016 年，我国城乡居民人均可支配收入之比仍然高达 2. 72 : 1，农村居民消费水平仅有城镇居民的 36. 8%。农村基础设施和公共服务也远不能适应人民日益增长的美好生活的需要。因此，树立城乡融合发展的理念，推动城乡要素、产业、居民、社会和生态融合，实现城乡共建共享共荣，将是破解不平衡不充分的发展难题的根本途径，也是确保实现高质量发展的前提条件。

2. 大力促进城乡要素融合互动

城乡开放是城乡融合发展的基础和前提。长期以来，受传统二元体制的束缚，我国城乡要素流动是单向的，即农村人口、资金和人才等要素不断向城市集聚，而城市人口被禁止向农村迁移，城市公共资源向农村延伸、城市人才和资本向农村流动也处于较低水平。近年来，随着各地统筹城乡发展力度的加大，城市公共资源和公共服务向农村延伸的步伐明显加快，城市人才、资本和技术下乡也取得了较大进展，城乡要素正从单向流动转向双向互动。在新形势下，必须按照平等、开放、融合、共享的原则，积极引导人口、资本、技术等生产要素在城乡之间合理流动，促进城市公共资源和公共服务向农村延伸，加快推动城市资本、技术、人才下乡的进程，实现城乡要素双向融合互动和资源优化配置。

3. 建立城乡融合的体制机制

城乡二元结构是制约城乡融合发展和一体化的主要障碍。实施乡村振兴战略，加快推进农业农村现代化进程，必须从根本上打破城乡分割的传统体制机制障碍，建立健全城乡融合发展的体制机制。当前，重点是全面深化城乡综合配套改革，构建城乡统一的户籍登记制度、土地管理制度、就业管理制度、社会保障制度以及公共服务体系和社会治理体系，促进城乡要素自由流动、平等交换和公共资源均衡配置，实现城乡居民生活质量的等值化，使城乡居民能够享受等值的生活水准和生活品质。特别是要依靠深化农村产权制度改革，全面激活农村各种资源，尽快打通“资源变资产、资产变资本”的渠道，实现农村资源的资产化、资本化、财富化，为农民持续稳定增收开辟新的渠道和来源。

4. 完善城乡融合的政策体系

早在 2004 年，中央就提出我国已经进入“以工补农、以城带乡”的发展阶段，并逐年加大了对“三农”的支持力度。自此以后，中央连续发布14个一号文件聚焦“三农”，强调“三农”问题的重要地位。然而，由于我国农村地域辽阔、人多地少，农民居住分散，加上发展基础薄弱、长期投入不足，目前农村居民人均占有的公共资源存量仍远低于城镇居民，农村基础设施和公共服务仍严重滞后。在当前决胜全面建成小康社会的关键时期，农村地区已经成为全面小康的最大短板；而在推进中国现代化建设的进程中，农业现代化始终是一条短腿，农村现代化则是薄弱环节。为此，必须把城市与农村看成一个平等的有机整体，建立完善城乡融合的政策体系。要坚持农业农村优先发展，始终把“三农”工作放在全面建成小康社会和实现社会主义现代化的首要位置，把政府掌握的公共资源优先投向农业农村，促使政府公共资源人均投入增量向农村倾斜，逐步实现城乡公共资源配置适度均衡和基本公共服务均等化。同时，要实行数量与质量并重，在进一步增加农村基础设施和公共服务供给数量的基础上，着力改善供给结构，提高供给效率和质量。

（二）构建现代农业产业体系、生产体系、经营体系

1. 构建现代农业产业体系

产业体系其实主要讲的是结构问题和资源的有效利用问题。要建立一个现代的农业产业，首先要考虑中国农业的自然资源状况是怎么样的；这样的自然资源能不能得到科学的、充分的、更好的开发和利用，从而形成农业各个部门的协调发展。从大的角度来说，资源会决定产业，我们对农业资源的合理开发利用，应当形成中国农业的合理产业结构。改革开放以来结构的不断调整，也说明了我们已经意识到农业的资源具有多样性，因此它存在着发展多种产业的可能性。

除了利用农业资源和发展农业的各个部门或者发展农业的各个产业，其实农业的产业体系还有一层意思，就是农业的产业体系不仅仅止步于田间地头。农产品生产出来之后，尤其是在现代社会，有更大比重的农产品会进入加工和营销环节，所以农业的产业体系应该包括两方面内容：一是如何充分地、科学地、合理地利用好农业资源，使其各得其所，提供最大的效率；二是如此众多的农产品被生产出来之后，如何适应社会需求新的变化，让它进入加工、流通等领域，同时这些领域也必须发展。所以发展农业的产业体系，一是讲产业结构的优化，二是产业链的延长和产业链政策。

2. 构建现代农业生产体系

生产体系其实主要讲的是运用什么样的手段去从事生产。现代农业应

当运用现代化的农业手段去从事生产，所以毫无疑问这里着重讲的是农业的科技化，包括从良种到栽培、养殖的技术，到使用的各种装备的技术，一直到加工营销的技术等，都要保证传统农业加快向现代农业的转型。我们的农业确实已经从完全依靠手工的传统农业快速转向了依靠机械、依靠科技进步，目前农业科技进步对农业增长的贡献率约为56%、农业全程机械化约为65%。在小麦这个特定的产品中，农业的全程机械化率已经超过了90%、高的地方甚至达到95%，这说明我们的农业生产过程运用的手段和技术是在不断进步的。所以我们就需要认真考虑在发展现代农业的过程中，怎么使农业生产的手段和技术不断地现代化。一则新闻报道：广西壮族自治区努力结合当地实际发展各种小型的山地机械，实现山区农业的现代化，原来一天需要四十个人的工作，现在一个人就够了。所以技术提高劳动生产率是很了不起的，它降低了成本、提高了效率。

所以从这个角度看，生产手段的变革是实现农业农村现代化的一个非常重要的途径。所以，构建现代农业生产体系就是要从育种开始、从最基本的投入开始，一直到最后农产品被生产出来，保证农产品的加工、增值都采取现代的、不断进步的技术。

3. 构建现代农业经营体系

构建现代农业经营体系就是如何能让资源、资金、技术、劳动力等要素被优化利用。我们要把要素很好地组织起来，否则提高效率就不会太高。所以我们讲经营体系，实际上是讲如何让这些已经开发出来、得到认可的资源、要素实现优化组合，形成增长能力，投入农业生产、经营和运行中。

（三）加快农业农村现代化

1. 大力推进乡村产业振兴工程，发展高效生态现代农业

大力推进乡村产业振兴工程，以发展高效生态现代农业和绿色美丽经济为重点。要按照走高效生态的农业现代化道路，深入推进农业供给侧结构性改革，以农产品优质化品牌化、产业融合化多功能化和布局集聚化特色化为突破口，构建高效优质现代农业产业体系。深入推进粮食生产功能区和现代农业园区的“农业两区建设”，切实保护和提升好基本农田的生产能力，确保粮食安全和优质农产品有效供给；以生态循环农业示范省试验和健全农产品质量安全可追溯体系为契机，构建绿色化循环化可持续的现代农业生产体系；加快构建以家庭农场、专业合作社、农业企业为新型主体，家庭经营与产业化合作经营和农业社会化服务相结合的现代农业经营体系。大力推进生产、供销、信用三位一体的合作联合服务体系建设，

实现小农户与现代农业发展的有机衔接；巩固完善农村基本经营制度，深化农村土地制度改革，完善承包地“三权”分置制度，保持土地承包关系稳定并长久不变，第二轮土地承包到期后再延长三十年。大力推进一、二、三产业融合发展，优化农村大众创业、万众创新的创业就业环境，积极发展农家乐、民宿经济、乡村旅游业，让绿色美丽经济成为农民增收致富的新增长点，发展壮大农村集体经济，增加农民财产性收入。

2. 大力推进美丽乡村建设工程，建设生态化的宜居家园

大力推进美丽乡村建设工程，建设生态化的宜居宜业宜游的农民美好生活的幸福家园。以更高标准、更高要求、更丰富内涵实施好美丽乡村建设工程。努力实现从局部美到全域美、一时美到持久美、外在美到内在美、环境美到人文美、形象美到制度美的转型升级，工作重心要从建设美丽乡村向经营美丽乡村和共享美丽乡村转变。致力于建设一批高标准、高颜值、高普惠、可推广的美丽乡村建设示范县，全面提升县域村庄垃圾分类无害化处理、污水治理、“三改一拆”等人居环境治理水平，打造一批美丽村庄、美丽庭院、美丽田园、美丽庄园、美丽乡道、美丽水道等美美与共的美丽乡村风景线。

3. 大力推进乡村文化复兴工程，促进农村文化繁荣

大力推进乡村文化复兴工程，以农村文化礼堂建设为主抓手。从农村是中国优秀传统文化的发源地和乡愁记忆最丰富区域的实际出发，把传承和弘扬优秀的农耕文化和民俗文化作为乡村文化复兴的重要内容，在美丽乡村建设中按照“看得见山，望得见水，记得住乡愁”的要求，保护和开发利用好历史文化村落和非物质文化遗产；大力推进农村社会主义先进文化建设，以农村文化礼堂等为抓手，构建农村文化建设的主阵地。要以村落历史文化陈列馆、乡村非遗文化传艺馆和思想道德教育馆等“三馆”功能和农村文化大舞台为重点，挖掘农村文化礼堂对乡村文化复兴的多重功能，把农村文化礼堂建设和农村文化事业的发展提升到一个新水平。

4. 大力推进乡村社会和兴工程，推动乡村治理体系现代化

大力推进乡村社会和兴工程，以自治、法治和德治“三治合一”为目标。按照乡风文明的要求，大力推进农村平安社区、和谐社区建设，开展丰富多样的移风易俗活动，努力消除农村的陈规陋习和黄赌毒等丑恶现象，加强农村法治建设和社会治理，打击农村违法乱纪现象，促进农村社会公平正义。要大力推广新时期的“枫桥经验”和花园村乡村治理现代化等经验。按照“三治合一”的乡村治理现代化的要求，探索新型乡村治理模式和治理办法，充分发挥农村基层党组织的战斗堡垒作用和核心作用，

大力发挥农村共产党员的先锋模范作用，积极发挥妇联、共青团、社会志愿者和新乡贤的作用，形成共建共享农村文明新秩序、文明新风尚和文明新生活的良好氛围。

5. 大力推进乡村生态绿兴工程，力促绿色可持续发展

大力推进乡村生态绿兴工程，践行“绿水青山就是金山银山”理念。要着力推进生态文明体制改革和机制创新，大力推进农村生态文明建设和农村人居环境、生态环境整治，积极推进农村生产方式、生活方式和消费方式的绿色化、生态化，加快整治农业面源污染和生产生活污染，大力推进绿化造林和退耕还林，保护好生态公益林和水源涵养地，努力把美丽乡村建设成为美丽中国的生态涵养基础，让美丽乡村成为农民幸福生活的绿色家园和市民休闲养生养老的生态乐园。

6. 大力推进城乡综合配套改革，增强乡村振兴新动能

大力推进城乡综合配套改革，率先构建起城乡融合发展的体制机制和政策体系。要从当前城乡分割的二元体制机制尚未从根本上消除影响城乡资源要素市场化配置的政策障碍的实际情况出发，以构建城乡融合发展的体制机制和政策体系为目标，进一步深化城乡综合配套改革，重点在构建城乡一体化的土地制度、户籍制度、公共服务制度和政府行政管理制度改革上取得突破性的全面进展，切实保障广大农民能够平等地享受财产权利和发展权利，形成城乡地位平等、城乡开放互通、城乡互惠互利、城乡要素自由流动的城乡融合发展新格局，积极推动城市的资本、资金、技术、人才等要素与农村丰富的资源和劳动力结合，引导城市消费向农村延伸，使“一城一乡”的投资、创业和消费成为推动乡村振兴和内需扩大的强大动能，努力使新型工业化、新型城镇化、信息化、绿色化和农业农村现代化协调推进。

（四）健全自治、法治、德治相结合的乡村治理体系

国家治理体系和治理能力现代化是实现社会主义现代化的特征之一。乡村治理既是国家治理体系的重要组成部分，也是实现乡村振兴战略的基石。为此，党的十九大报告提出了加强农村基层基础工作，健全自治、法治、德治相结合的乡村治理体系的具体要求，为振兴乡村指明了方向。

村民自治作为推进乡村治理的基本形式，是我国社会主义基层民主制度的重要组成部分，是村民直接参与社会主义民主政治建设的主阵地和乡村治理的重要平台。建立村党组织领导下的组织健全、自治有效、服务完善、文明祥和的村民自治制度，有利于调动农民参与村民自治的主动性和积极性，有利于实现和维护农民群众的民主权利，有利于促进农村建设和

发展，有利于推进乡村治理体系和治理能力现代化进程。自治按照自我管理、自我教育、自我服务的基本原则，以村民的民主选举、民主决策、民主管理、民主监督等民主权利为基本内容，是在法治框架下由农村群众依法办理自己的事务，以村民自治章程和村规民约等为自治形式，如建立村民代表会议制度、村务公开制度、民主理财制度、村规民约制度、村务监督制度，以达到自治固本。

法治建设既是依法治国的组成部分，也是国家治理体系建设的重要内容。按照十九大报告的要求，全面依法治国是中国特色社会主义的本质要求和重要保障，必须把党的领导贯彻落实到依法治国全过程和各方面，全过程自然覆盖到乡村。按照坚持依法治国、依法执政、依法行政共同推进的要求，必须强化依法行政，完善农业农村立法，依法保护农民的合法权益；强化公正司法，改善农村执法、司法状况，运用法治思维和法治方式解决改革发展稳定中遇到的问题；强化法治监督，实行依法治国和依规治党的有机统一，把权力关进制度的“笼子”里，让权力在阳光下运行；强化全民守法，提高全民族法治素养，增强农民法律意识，让农民信仰法律，在社会活动中感知和认同法律。实施乡村法治，也是建设中国特色社会主义法治体系实现全面推进依法治国总目标的需要。

德治与法治在治国理政中相辅相成、相互促进，两者在价值取向和导向上相向而行。德治在乡村治理中起着基础作用，有利于预防和减少社会矛盾。按照十九大报告的要求，坚持依法治国和以德治国相结合，提高全民族道德素质；把社会主义核心价值观融入社会发展的各方面，转化为人们的情感认同和行为习惯；坚持全民行动、干部带头，从家庭做起，从娃娃抓起；深入挖掘中华优秀传统文化蕴含的思想观念、人文精神、道德规范，结合时代要求继承创新。特别是党的十九大将中国特色社会主义文化写进了党章，让我们更加坚定道路自信、理论自信、制度自信、文化自信。这些均是十九大精神对乡村德治建设的指引。

加强乡村德治建设，通过建立村规民约、居民公约等形式，健全完善乡村民主管理、民主监督等制度，将社会主义核心价值观融入乡村，深入挖掘和阐发中华优秀传统文化讲仁爱、重民本、守诚信、崇正义、尚和合、求大同的时代价值，开展优秀传统文化传播，立家训家规、传家风家教，倡文明树新风、革除陈规陋习等活动，推进家风建设、文明创建、诚信建设，依法治理、道德评议等行动，实现居民自治良性互动，形成共建共治共享“三共”的社会治理格局和自治、法治、德治“三治结合”的乡村治理体系，从而达到坚持农业农村优先发展提出的乡风文明、治理有效的总要求。

新时代安徽区域协调发展战略

朱启保

习近平总书记在党的十九大报告中指出，实施区域协调发展战略，加大力度支持革命老区、民族地区、边疆地区、贫困地区加快发展，强化举措推进西部大开发形成新格局，深化改革加快东北等老工业基地振兴，发挥优势推动中部地区崛起，创新引领率先实现东部地区优化发展，建立更加有效的区域协调发展新机制。以城市群为主体构建大中小城市和小城镇协调发展的城镇格局，加快农业转移人口市民化。

区域协调发展是我国区域发展的核心战略。为了贯彻党的十九大精神，安徽应以习近平新时代中国特色社会主义思想为指导，以五大发展理念为统领，全面推进区域协调发展的战略升级。

一、新时代安徽区域协调发展的意义

（一）体现了新发展理念，全面融入国家三大战略

十九大报告提出，贯彻新发展理念，建设现代化经济体系。要实施区域协调发展战略。当前，国家大力推动实施“一带一路”、京津冀协同发展、长江经济带建设三大战略。三大战略体现了新时代国家区域协调发展的新思路。

2016我省经济工作暨城市工作会议，突出强调要大力促进区域协调发展，巩固多极支撑格局。目前，国家战略规划全面覆盖我省各大区域，但受制于发展基础，各地发展不平衡、不协调的问题依然突出，主要是人口流动与资源承载力不匹配，城乡区域居民收入和公共服务水平差距较大，国家级战略平台亟待进一步完善，中心城市知名度不高、带动力不强。

因此，贯彻党的十九大精神，我省要全面深度融入国家“一带一路”、

京津冀协同发展、长江经济带建设三大战略，在国家战略中找准定位、提升标杆、统筹兼顾、彰显特色，为促进安徽区域协调发展源源不断地注入新动力。

（二）体现了尊重自然规律理念，打破以往的发展思维定式

习近平总书记在党的十九大报告中指出，人与自然是生命共同体，人类必须尊重自然、顺应自然、保护自然。人类只有遵循自然规律才能有效防止在开发利用自然上走弯路，人类对大自然的伤害最终会伤及人类自身，这是无法抗拒的规律。

我们要建设的现代化是人与自然和谐共生的现代化，既要创造更多物质财富和精神财富以满足人民日益增长的美好生活需要，也要提供更多优质生态产品以满足人民日益增长的优美生态环境需要。必须坚持节约优先、保护优先、自然恢复为主的方针，形成节约资源和保护环境的空间格局、产业结构、生产方式、生活方式，还自然以宁静、和谐、美丽。

对照十九大报告精神，要求我们改变过去所有区域都要加大经济开发力度的思维定式，按照自然规律的客观要求，实现我省区域经济的协调发展。因为我省各区域之间的资源环境承载能力和发展潜力差异较大，特别是有的地方生态环境十分脆弱，并不适合大规模开发，不适合大规模地推进工业化和城镇化。在全省 13.96 万平方公里的土地上，有些区域要承担发展经济、集聚人口的功能，支撑全省经济的持续发展；有些区域要承担保护生态环境的功能，对于这些区域，“发展”的含义主要不是做大经济总量，而是保护好自然生态。这样，才能既遵循经济规律，也遵循自然规律，既快又好地发展。

（三）体现了打破行政区划理念，改变政策和绩效评价体系

习近平总书记在党的十九大报告中指出，我国经济已由高速增长阶段转向高质量发展阶段，正处在转变发展方式、优化经济结构、转换增长动力的攻关期，建设现代化经济体系是跨越关口的迫切要求和我国发展的战略目标。必须坚持质量第一、效益优先。

我省不同区域的资源环境承载能力不同，集聚经济和人口的能力不同，因而发展的内涵和要求应该不同，对不同主体功能区的评价内容和重点也应该不同。贯彻落实十九大精神，要求我省在区域经济发展中，只有采取突破现有体制障碍和政策约束的新举措，打破行政区划的界限，全省一盘棋，制定更有针对性的、差别化的区域政策和绩效评价指标，才能使

区域政策和绩效评价指标更加科学，才能科学引导区域协调发展。同时，要体现长远战略思维，改变急功急利的发展观念，富有前瞻性地谋划好我省未来人口、经济在空间上的分布，主动引导经济布局、人口分布与资源环境相适应，协调好地域空间有限性与需求无限性的矛盾，对六千多万江淮儿女的长远发展与生存极为重要。

二、新时代安徽区域协调发展战略的内涵

（一）区域协调发展的概念

所谓区域协调发展，就是力求把区域发展差距控制在一个合理限度之内，充分发挥区域内部各地区的发展潜力和优势，并在各自发展中建立起良好的区际互动关系，从而提升区域竞争力，推动整个区域经济又好又快发展。

区域经济协调发展可以加快欠发达区域的经济发展，这是减缓区域经济差异扩大、逐步缩小区域经济差异的根本所在，而且也为发达区域的发展提供了可靠的支撑；同时又可以继续发挥发达区域在全省经济发展中的带动作用，增强我省的经济总体实力，为通过区域合作来帮助欠发达区域的发展创造更好的条件。区域协调发展要求正确处理好经济发展与环境保护之间的关系，既要金山银山，也要绿水青山。通过促进区域经济协调发展，就可以有效地协调区域之间的经济利益关系，处理好经济社会发展中的全局利益与局部利益、近期利益与远期利益之间的关系，保证经济社会的持续、稳定发展。

（二）新时代安徽区域协调发展的特征

1. 区域发展战略定位变化

“十二五”以来，全国区域发展从东中西三大板块转为三大支撑带（是指一带一路、京津冀协同发展、长江经济带建设），作出了重大调整。安徽区域发展战略有了新的变化：2010 年设立皖江城市带承接产业转移示范区，2012 年皖北 7 市县区进入中原经济区规划，2014 年建立皖南国际文化旅游示范区，2015 年皖西地区纳入大别山革命老区振兴发展规划；在安徽整体加入长三角地区后，皖江 8 市进入长三角世界级城市群，合肥成为长三角城市群副中心。皖江、皖北、皖南、皖西先后上升到国家战略，实

现了国家战略省域全覆盖。合肥都市圈、皖江、皖北、皖南、皖西五个区域板块组成的“1+4”战略大格局，成为我省区域协调发展新的出发点，全新的战略定位体现了发展重点的差别化、发展模式的多样性，决定了安徽区域协调发展新格局。

2. 区域经济发展动力转化

就投资、出口、消费“三驾马车”看，安徽“十二五”期间投资增速达到20.3%，高于同期全国平均水平17.8%。2016年投资总额为2.68万亿元，已超过GDP总额，投资对全省经济增长的贡献最大。社会消费品零售总额增速为12.3%，领先于中部省份。科技进步因素的作用更在上升。如全省R&D经费支出，由2010年的163.7亿元增长到2016年的475亿元，占GDP的比例由1.32%上升到1.97%。2016年全省高新技术产业增加值增长16.7%，说明技术因素对经济增长的贡献在增加，正在推进区域经济增长动力的转化。

3. 区域发展影响要素强化

随着生态文明建设的全面推进和绿色发展的严格要求，资源环境要素约束程度进一步提高。以绿色发展为主线，皖江水资源与沿岸生态环境的保护加强，皖北地区沿淮水污染的防治与控制，皖南和皖西地区生态修复与保护，生态环境约束对全省各地经济发展的影响日益趋于强化；全省土地要素供给趋紧，工业用地价格会上涨，拼政策、拼土地时代已经终结；由于节能减排要求的提升，生态红线的划定，产业进入门槛会大大提高，城市承载力受限。高素质专业人才与高技能人才稀缺，“用工荒”“技工荒”呈蔓延之势，劳动力要素对全省各地经济发展的约束也在加大。

4. 区域经济联系日趋紧密

随着高速化交通网和信息化互联网的快速发展，全省区域发展正呈现出网络化态势，主要表现是，城镇之间的联系更加便捷，相邻城镇间正在形成网络化的都市圈、城镇群；城乡之间的联系更为便捷，在交通、信息、人流、物流、要素流等方面，正在形成“网络化”的城乡空间新格局，特别是由于电子商务在城乡普及，对商品实体交易的大规模替代，城乡一体化逐渐由商品实体交易时代的“中心化”格局，向电子商务交易时代的“网络化”格局转型，进一步推进全省区域发展向“多中心、网络化”格局演变，既有利于全省在整体上加快发展，又有利于全省在区域上的协调发展。

5. 合肥牵引能力不断增强

近年来全省经济发展出现了区域性分化，合肥作为省会城市，经济持续发展，2016 年的合肥市地区生产总值达 6247.3 亿元，占全省的 26%，连续十多年都是全省唯一人口净流入的城市。特别是合肥都市圈的建立和发展，使得合肥市的发展腹地得到不断扩大，合肥对全省经济的牵引能力不断增强。合肥的基础设施建设不断加快，密集的高速公路网，“米”字形的高铁网，高速联通、服务便捷的信息网络等，使得合肥与周边地区的联络更加紧密。合肥在人流、物流、信息流、资金流等方面正发挥越来越大的集聚和辐射作用，为全省加快发展做出更大贡献。

（三）新时代安徽区域协调发展的必要性

我省地处中部地区，发展不充分、不平衡。因此，促进地区经济合理布局和协调发展，逐步缩小地区发展差距，最终实现共同富裕，是保持经济持续发展、社会和谐稳定的重要条件，是贯彻落实党的十九大精神的客观要求，也是体现社会主义本质的重要方面。

1. *有利于发挥各地优势，发展各具特色的区域经济*

安徽地貌类型多样，资源分布不均而相对集中，加上基础条件不同，省内地域差异明显，经济社会差异较大。农业类型上，有以麦、豆、薯为主的淮北平原旱作区，主产水稻、油菜的江淮丘陵水旱兼作区，盛产水稻、水产、水禽的沿江平原水网、水作区，还有主产林、茶、桑的皖西大别山区和皖南山区。社会条件上，有“六通”俱全的开发区，高等级公路发展快的干线区，也有交通条件较差的贫困区。经济发展速度和水平上，合肥市、沿江城市明显高于、快于其他地区。

区域特色可谓各具特点。其中世界级的有被联合国教科文组织批准列为“世界自然和文化遗产名录”的黄山，加上中国四大佛教圣地之一的九华山和四大道教圣地之一的齐云山，构成皖南山区得天独厚的旅游资源优势。国家级优势特色的还有：全国重点科教基地的合肥市，被全国畜牧业会议授予“全国第一养牛大区”的阜阳市，批准为中国第一个国家生态经济示范区和实施《中国 21 世纪议程》试点区的池州地区，列为国家大型商品粮基地的滁州市、阜阳市，作为国家“能源、原材料基地”的两淮煤矿和沿江“钢城”、“铜城”。从发挥各地优势、发展各具特色的经济出发，进行区域布局，是从宏观层次上进行经济结构调整的一项战略措施，是对地（市）、县经济结构的一种宏观调控，有利于区域化、专业化生产的发展和产业集中度的提高以及规模经济的形成，对不合理的重复建设、低水平竞争和结构趋同等现象起抑制作用。

2. 有利于缩小地区差异，促进全省各地共同繁荣

十九大报告提出，加大力度支持革命老区、民族地区、边疆地区、贫困地区加快发展，建立更加有效的区域协调发展新机制。因此，促进全省区域协调发展、逐步缩小区域发展差距，是深入贯彻落实党的十九大精神、建设现代化经济体系的重大战略任务。因为如果全省区域发展差距过大，将不利于全省经济的可持续发展；损害落后地区的自我发展能力，加剧地区之间的矛盾；不利于社会公平和共同富裕目标的实现；不利于社会和谐稳定。

一方面省财政要加大财政转移支付的力度，加大精准扶贫的力度，加强地区之间对口支援，要千方百计采取措施帮助较落后地区发展生产，缩小与发达地区的差距，实现全省经济的协调发展；另一方面，自然条件落后地区的经济发展不但要追求分子的扩大，也可通过分母减少的办法，使人均水平得到提高。对于一些不适合发展的地方，引导居民向外转移。这样既能改善生态环境，又能通过人口的流动，使人口流动到发展潜力大的地方，流动到比较发达的地区，解决发达地区劳动力不足的问题，使整个人地关系的矛盾缓和。因此要采取有效措施，鼓励和引导人口的合理流动，使人口分布与经济发展程度相一致。

3. 有利于通过区域布局，调整、改善经济结构

安徽区域经济的合理布局，就是要充分合理地利用各地区的资源优势和区位优势，因地制宜地发展地方经济，有效避免重复建设和低水平建设，更好地利用和保护自然环境，使经济结构得到改善和优化。

例如，合肥充分利用科技人才优势，近年来大力布局发展了智能语音、新能源汽车、生物医药和高端医疗器械等战略性新兴产业；芜湖大力发展了机器人产业、通用航空产业、农业机械产业；马鞍山大力发展先进轨道交通装备产业和高端数控机床产业；六安的特色农业产业、滁州的智能家电产业、淮南的大数据产业等都得到快速发展。

安徽要实现可持续发展，就必须在环境与经济协调发展的过程中，坚持四项原则：速度与结构、质量、效益相统一的原则，经济发展与社会进步相统一的原则，当前发展与着眼长远相统一的原则，全局和局部相统一的原则。

为了进一步提高安徽区域发展协调，改善经济结构，应着力健全市场机制，打破行政界限和市场分割，继续完善资金、技术、人力等要素自由流动的机制，引导投资和产业合理布局。特别是区域发展的内涵已不仅仅限于经济增长，而是进一步拓展到改善民生和生态保护等诸多领域，以人

为本成为各地推动区域协调发展的重要原则。

三、当前安徽区域发展中存在的主要问题

十九大报告指出，中国特色社会主义进入新时代，我国社会主要矛盾已经转化为人民日益增长的美好生活的需要和不平衡不充分的发展之间的矛盾。我国稳定解决了十几亿人的温饱问题，总体上实现小康，不久将全面建成小康社会，人民美好生活的需要日益广泛，不仅对物质文化生活提出了更高要求，而且在民主、法治、公平、正义、安全、环境等方面的要求日益增长。同时，我国社会生产力水平总体上显著提高，社会生产能力在很多方面进入世界前列，更加突出的问题是发展不平衡不充分，这已经成为满足人民日益增长的美好生活需要的主要制约因素。

经过几十年的改革和发展，我省社会经济走上了快速发展的轨道，重视资源配置效率，投资重点放在经济效益好、见效快的皖中地区和长江沿岸地区，使各地区的比较优势得到了不同程度的发挥，造就了一个较为繁荣的皖江经济带和合肥都市圈，拉动了我省工业化进程。但与发达省市相比较，我省区域经济发展中仍然存在不少问题，阻碍了我省区域经济全面、协调发展。

（一）经济总量不大，经济发展相对滞后

1. 经济发展相对滞后，自我发展能力不足

改革开放以来，虽然我省国民经济得到较快发展，人民生活水平得到很大提高，但与发达地区相比较，安徽整体品牌影响力不强，农业产业化程度较低、工业发展差距较大、城镇化进展不快、经济外向程度较低，影响了对外吸引力和竞争力，经济发展相对落后，自我发展能力不足（见表1）。

表1　2016年安徽等七省GDP统计表

序　号	省　份	GDP（亿元）	GDP排名
1	广东	79512.05	1
2	江苏	76086.2	2
3	山东	67008.2	3
4	浙江	46485.0	4

（续表）

序　号	省　份	GDP（亿元）	GDP 排名
5	河南	40160.01	5
6	四川	32680.5	6
7	安徽	24117.9	13

2. 基础设施较为薄弱，发展保障能力不足

虽然近年来我省区域基础设施建设有了较大发展，但与长三角等发达地区相比较，仍然较为落后，人流、物流、信息流，无论规模、速度均处于较为落后状态，需要加大发展力度。

以长江大桥建设为例，江苏省共有长江大桥 11 座，湖北省有长江大桥 21 座，安徽省只有 5 座，芜湖 2 座、马鞍山、铜陵、安庆各有一座长江大桥（见表 2）。

表 2　2016 年长江沿岸五省市长江大桥数量统计表

序　号	省　市	长江大桥（座）	排　名
1	江苏	11	3
2	安徽	5	5
3	湖北	21	2
4	重庆	33	1
5	四川	8	4

以机场的运送能力为例，合肥新桥机场 2016 年旅客吞吐量为 700 万人次；而同时期上海浦东机场为 6598.21 万人次，虹桥机场为 4045.29 万人次；长沙黄花国际机场为 2129.67 万/人次；武汉天河国际机场为 2077 万/人次；郑州新郑国际机场为 2076 万/人次；南京禄口国际机场为 2235.81 万人次。这些城市的机场旅客吞吐量均远远超过合肥新桥机场（见表 3）。

表 3　2016 年合肥等八个机场旅客吞吐量统计表

序　号	机　场	旅客吞吐量（万人）	排　名
1	北京首都国际机场	9439.34	1
2	上海浦东国际机场	6598.21	2
3	上海虹桥国际机场	4045.29	7

（续表）

序　号	机　场	旅客吞吐量（万人）	排　名
4	南京禄口国际机场	2235.81	12
5	长沙黄花国际机场	2129.67	13
6	武汉天河国际机场	2077.00	14
7	郑州新郑国际机场	2076.00	15
8	合肥新桥国际机场	700.00	35

3. 国家政策支持较少，享受优惠力度不足

我国改革开放是从东部沿海地区开始的，长期以来，国家给予东部沿海地区大量的优惠政策，支持沿海地区的发展。后来又提出西部大开发战略，从政策、资金、人力、物力等多方面加大对西部地区的支持力度。

安徽地处中部地区，长期以来受到国家的政策支持力度较小。1978 年改革开放后至 1995 年十四届五中全会前是非平衡发展战略阶段，重点向沿海倾斜，优先发展东部及东南沿海地区；1995 年十四届五中全会至今是协调发展战略阶段，重点发展西部（西部大开发）和东北地区（振兴东北老工业基地）。在我国区域经济发展战略的演变过程中，中部地区的位置有过变化，但从总体上看享受到国家政策的优惠待遇较少，这也是经济相对落后的重要原因。

（二）经济发展不平衡，地区间差距较大

安徽省内各地区的发展，依据其经济发展水平的差异，大体上可以划分为三个层次：经济发展水平较高的是合肥市和沿江地区，其次是皖南地区，比较落后的是皖西、皖北及沿淮地区。总体上看是南强北弱，区域经济发展不平衡。

1. 地区差异较大

我省地形复杂，各地区之间地理位置、地形、气候等相差很大。合肥、芜湖属于发展相对较快的城市，而六安则属于比较落后的地区，工业基础薄弱，自我发展能力不足。2016 年年末合肥市总人口为 786.9 万人，占全省的 12.7%，地区生产总值 6274.3 亿元，占全省比重达 26%；芜湖市总人口 367 万人，占全省的 5.92%，地区生产总值为 2699.4 亿元，占全省比重为 11.19%；而六安市 2016 年年末总人口为 477.2 万人，占全省的 7.7%，地区生产总值为 1108.1 亿元，占全省比重只有 4.59%；黄山市总人口为 137.4 万人，占全省的 2.2%，地区生产总值为 576.8 亿元，占

全省比重为2.39%（见表4）。

表4 2016年合肥、芜湖、六安、池州、黄山相关指标比较

序号	城市	人口（万人）	占全省比重（%）	GDP（亿元）	占全省比重（%）
1	合肥	786.9	12.7	6274.3	26.00
2	芜湖	367.0	5.9	2699.4	11.19
3	六安	477.2	7.7	1108.1	4.59
4	池州	143.6	2.3	583.0	2.42
5	黄山	137.4	2.2	576.8	2.39

2. 城乡差别显著

无论是从居民收入，还是教育、医疗、消费、就业、政府的公共投入，城市与农村相比较，安徽各地区都存在着巨大的差距。这种城乡二元结构，显然不利于城镇的发展和区域经济一体化的进程。这种情况不仅安徽存在，我国其他地方都存在这种突出问题。

表5 2016年安徽省和七城市城乡居民人均可支配收入指标比较

序号	城市	城镇居民人均可支配收入（元）	农村居民人均可支配收入（元）
1	马鞍山	38142	17719
2	合肥	34852	17059
3	芜湖	32315	17307
4	全省	29156	11720
5	黄山	28393	12869
6	亳州	25053	10576
7	六安	24728	9960
8	阜阳	25483	9776

（三）产业结构不合理，经济外向度不高

1. 传统产业集群占比大、新兴产业集聚比重偏小

我省区域内产业集聚大多集中在传统产业，像农副食品加工业、纺织业、机械制造业等这些劳动密集型、低附加值的产业。缺乏知识含量高、经济效益好的高附加值产业集群。尤其像旅游业和文化产业，它们的发展不仅不会有环境污染的问题，而且带来的经济效益相当可观。我省的工业

增长主要依赖外延投入扩张，工业企业生产管理以粗放型为主，技术水平比较落后，发展后劲明显不足。

一些相对来说比较核心的企业实力和创新能力有限，对集聚区企业的带动力较弱；科技投入对企业向远处和深处发展的影响重大，而集群内大多数企业缺乏长远的战略性眼光，不重视科技研发的投入，再加上园区内配套服务不足，企业之间没有真正形成合作协同关系，“孤军作战”现象比较普遍；没有形成上下游产业的互补效应，缺乏既竞争又合作的创新机制。

2. 支柱产业无法带动整个经济发展

近年来，在省委省政府的高度重视和推动下，我省培育发展了一批支柱产业。如合肥的家电、汽车及工程制造、化工及新型建材等，芜湖的汽车产业、电子电器、材料产业、电线电缆产业等，马鞍山的钢铁、电力、装备制造业等，滁州的家电信息、装备制造业等，安庆的石油化工、纺织服装、食品加工等，六安的农业特色产业，淮南的煤电化产业等。这些支柱产业虽然具有一定的规模和影响力，但目前还不足以带动整个区域经济的发展（见表6）。

表6　合肥等七市特色产业分布表

序　号	城　市	特色产业
1	合肥	家电、汽车、工程制造、化工、新型建材
2	芜湖	汽车、电子电器、材料产业、电线电缆
3	马鞍山	钢铁、电力、装备制造业
4	滁州	家电、信息、装备制造业
5	六安	农业特色产业（“白鹅王国、羽绒之都”）（优质粮油、蔬菜、茶叶、生猪、家禽、水产品、茧丝绸、油茶、六安大麻、中药材、草竹柳编等）
6	淮南	煤电化产业
7	安庆	石油化工、食品加工、纺织服装业

3. 第三产业发展滞后，内部结构需进一步调整完善

改革开放以来，安徽区域第三产业增长很快，但存在总量偏小和行业结构不合理问题，发展水平滞后。从总量来看，第三产业增加值在GDP中所占比重明显偏低。以合肥市为例，2016年第三产业增加值为2814.8亿元，第三产业占比为44.9%。而目前绝大部分发达国家的第三产业比重在70%左右，大部分发展中国家在50%左右，合肥市第三产业占比明显偏

低，全省其他城市更是如此。

从第三产业内部结构看，发达国家主要以信息、咨询、科技、金融等新兴产业为主，而我省第三产业主要以餐饮、住宿、批发零售业、交通运输业等传统服务业为主；物流、邮电通信、金融保险等基础性服务业以及信息咨询、科研开发、旅游、新闻出版、广播电视等新兴服务业虽然发展较快，但比重仍然不高，规模不大，发育仍然不足。此外，服务业产品创新不足，服务品质和技术水平不高，在组织规模、管理水平与营销技术上与国外服务业都存在相当大的差距，难以适应激烈的竞争需要。

4. 经济外向度不高

经济外向度也叫外贸依存度，是指一个国家或地区的对外贸易总额占国内（地区）生产总值）的比重，它反映一个国家或地区的经济与国际经济联系的紧密程度，是衡量一个国家或地区开放型经济发展规模和发展水平的宏观指标之一。一个国家或地区的经济外向度高，说明这个国家或地区的经济与国际经济联系紧密，开放程度高。

对外开放是我国也是我省长期保持经济高速发展、实现经济发展弯道超车的主要法宝。尽管我省采取一系列措施扩大对外开放，促进进出口贸易，但与发达省市相比较差距显著，进出口水平不高，经济外向度偏低（见表7）。

表7　2016 年安徽等七省市经济外向度统计表

序　号	省　市	GDP（亿元）	进出口额（亿元）	外向度（%）
1	上海	27466.2	28664.4	104.4
2	广东	79512.1	63029.5	79.3
3	浙江	46485.0	22202.0	47.8
4	北京	40160.0	18625.2	46.4
5	江苏	76086.2	33634.8	43.9
6	天津	17885.4	6785.2	37.9
7	安徽	24117.9	2933.8	12.2

（四）城镇化水平偏低

我省整体城镇化水平不高。2016 年全省平均城镇化率为 51.99%，在全国省区市中排第 22 位。我省城镇化率最高的合肥为 72.05%，最低的亳州市只有 38.28%。不仅与发达国家、发达地区相比明显偏低，而且低于全国平均城镇化率。如上海市 2016 年城镇化率达 86.50%，北京市达

86.30%，全国平均城镇化率为57.35%。国际上，英国的城镇化率高达90%，日本的城镇化率超过了90%（见表8）。

表8　2016年部分国家及安徽等省市城镇化率统计表

序　号	省市或国家	2016年末城镇化率（%）	全国排名
1	上海	86.50	1
2	北京	86.30	2
3	天津	82.93	3
4	广东	69.20	4
5	江苏	67.72	5
6	安徽	51.99	22
7	全国	57.35	—
8	英国	90.00	—
9	日本	90.00	—

（五）资源环境压力不断增大

目前，我省的经济发展面临着资源和环境的双重约束。一方面，我省人口众多，资源相对不足。随着经济规模越来越大，经济发展与资源不足之间的矛盾日益突出，继续采用高投入、高消耗来保持经济的快速发展显然是不现实的。另一方面，大气污染非常严重，汽车尾气排放、工业废气的排放等造成的雾霾现象严峻；工业废水和生活污水直接排放或不达标排放，导致水资源污染比较严重，省会合肥拥有全国五大淡水湖之一的巢湖，却成为生活饮用水缺水城市，非常令人深思。这要求我省加快经济增长方式的转型，改变过去粗放式经济增长模式，提高资源的利用率，加大对地区生态环境的保护力度，既要金山银山，又要绿水青山。但这样又会使落后地区在发展中面临更加严峻的考验，落后地区要想缩小与东部地区的差距将更为困难。

四、新时代安徽区域协调发展的路径

（一）打造重量级合肥都市圈，引领安徽区域经济发展

党的十九大报告指出，实施区域协调发展战略。以城市群为主体构建

大中小城市和小城镇协调发展的城镇格局。

未来区域之间的竞争已不再是单个城市的竞争，而是以城市群和都市圈为基础的区域间的整体竞争。大城市群的形成及其分工、合作与竞争，将形成多极化、辐射带动力强的区域增长极，主导区域甚至全国经济的发展格局。安徽区域经济的快速、协调、健康发展，必须有龙头带动和牵引。合肥都市圈作为安徽区域经济发展的新引擎，对全省经济的发展起着至关重要的辐射、带动和引领作用。

合肥都市圈包括合肥、芜湖、马鞍山、淮南、六安、滁州六个地级市和桐城一个县级市。在长江经济带建设中具有承东启西的区位优势和创新资源富集优势。合肥都市圈基础产业实力雄厚、金融体系完整、科教优势明显、文化底蕴深厚，是国家重要的基础产业、制造业、旅游业、金融业、科教和文化中心。

1. 合肥都市圈发展历程

（1）省会经济圈（第一阶段）

2006 年 10 月安徽省第八次党代会提出以合肥为中心，六安、巢湖为两翼的“省会经济圈”构想。郭金龙书记在安徽省第八次党代会报告中指出：合肥要加快现代化滨湖大城市建设，强化产业支撑，构建交通枢纽，提高经济首位度，形成具有较强辐射带动力的省会经济圈。

2008 年 5 月，《安徽省省会经济圈发展规划纲要》出台，正式启动“省会经济圈”建设。规划范围包括合肥、六安、巢湖市，面积为 3.44 万平方公里，占全省的 24.7%；2006 年户籍人口为 1603 万人，占全省的 24.3%；地区生产总值为 1775 亿元，约占全省的 28.9%。

（2）合肥经济圈（第二阶段）

2009 年 8 月，《关于加快合肥经济圈建设的若干意见》出台，“省会经济圈”正式更名为“合肥经济圈”，淮南和桐城小伙伴加入；

2011 年下半年，巢湖被拆分，无为县（芜湖）、和县、含山县（马鞍山）退出“合肥经济圈”；

2012 年 11 月 28 日，定远县加入“合肥经济圈”，在合肥经济圈建设领导小组办公室主任联席会议上敲定；

2013 年 12 月 25 日，滁州小伙伴加入“合肥经济圈”；

2015 年 5 月 10 日，合肥经济圈第六次会商会召开，合肥、六安、淮南、滁州、桐城齐聚滁州共话发展。

（3）合肥都市圈（第三阶段）

2016 年 2 月，安徽省十二届人大六次会议上提出了推动合肥都市圈一体化发展战略，加快合肥经济圈向合肥都市圈战略升级，努力成为全省核心增长极乃至全国有重要影响力的区域增长极。

2016 年 4 月 10 日举行的“合肥都市圈”城市党政领导第七次会商会，其主题为“创新转型共享——共同推进合肥都市圈战略升级”。这清晰地标示出“合肥经济圈”跨向“合肥都市圈”。

2016 年 5 月 11 日，国务院常务会议审议通过的《长江三角洲城市群发展规划》将合肥都市圈纳入，标志着合肥都市圈上升为国家发展战略。

2016 年 12 月 3 日，安徽省人民政府办公厅印发《长江三角洲城市群发展规划安徽实施方案》，提出扩容升级合肥都市圈，增加芜湖、马鞍山市，完善都市圈协调推进机制，建设合肥都市圈，形成区域增长新引擎。

2. 合肥都市圈发展的战略定位

（1）长三角城市群的新兴都市圈

合肥是长三角世界级城市群副中心，也是“一带一路”和长江经济带战略的交汇点。

以培育合肥市作为长三角城市群副中心的综合功能为重点，加快合肥都市圈建设进程。合肥都市圈城市党政领导第七次会商会议，制定了合肥都市圈“十三五”规划，规划中强调要全面推进都市圈一体化、同城化、国际化的战略升级，并将合肥都市圈定位为长三角城市群的新兴都市圈。

（2）长江经济带创新驱动重要集聚区

《国务院关于依托黄金水道推动长江经济带发展的指导意见》（国发〔2014〕39 号）提出长江三角洲城市群要建设以上海为中心，南京、杭州、合肥为副中心，“多三角、放射状”的城际交通网络。安徽正式划入长三角，提出要加快创新驱动，促进产业转型升级，构建长江经济带现代产业走廊。

合肥都市圈地处长江经济带的中心位置，当然要充分利用这一优势，主动参与长江经济带建设。面对全球新一轮科技革命和产业变革的新趋势，适应经济发展进入新常态下的新特点，抓住我省列入国家系统创新改革试验区和合肥综合型国家科学中心的新机遇，全面实施创新驱动战略，合作推进体制机制创新、产业技术自主创新，发展新经济，培育新动能，率先实现经济增长由要素驱动向创新驱动的转变，成为全省创新驱动的紧密型核心增长区，长江经济带创新驱动的重要集聚区。

（3）全国重要的现代产业基地

合肥都市圈强化创新驱动产业转型升级，优化成员城市间产业分工合作，深化“互联网+”在各产业领域的应用，重点发展战略性新兴产业，全面改造提升传统产业，合作开拓全产业链发展的新路径，推进各类开发区的集约发展、集群发展、绿色发展，在优势领域共同培育若干国家级、世界级的产业集群，成为全国重要的现代产业基地。

合肥都市圈成员城市多次召开重大合作项目谋划工作会，围绕基础设施、产业、旅游、环境治理等方面，开展重大合作项目谋划工作；支持各市加快电子信息、家用电器、汽车及零部件、装备制造、新能源、食品及农产品加工等领域重大项目和跨市产业链配套项目建设；支持智慧城市、动漫基地、物联网基地和电子商务基地建设。

（4）内陆地区对外开放新高地

首先，要进一步强化大开放意识，切实增强打造内陆开放新高地的紧迫感和责任感。要牢固树立开放理念，主动走向世界、拥抱世界，以更宽广的视野谋划开放发展新思路，以更务实的举措构筑开放发展新格局，奋力提升开放发展新水平。

其次，要进一步树牢大开放战略，聚焦把准打造内陆开放新高地的目标路径。加快建成内陆开放新高地，就是要基本形成高端化的外向型产业集群、高质量的双向开放格局、高水平的对外开放平台、高效率的开放体制机制。

再次，要进一步营造大开放环境，着力形成打造内陆开放新高地的强大合力。要强化开放思维，强化政策落实，尽快细化实化配套政策，提高政策知晓率和执行力，要营造良好环境，打造优质高效的政务环境、规范有序的投资环境、开放包容的人文环境，全方位展示安徽对外开放的新形象。

当前，抓住新形势下内陆地区全方位对外开放的新机遇，发挥合肥都市圈在“一带一路”、长江经济带、中部崛起等国家战略中的重要功能作用，合作构建多功能、高水平、国际化的对外开放平台，形成与国际投资、贸易及要素流动通行规则相衔接的制度体系，支持企业“走出去”，成为内陆地区对外开放新高地。

3. 五措并举提升合肥都市圈经济竞争力

党的十九大报告指出，坚持新发展理念。发展是解决我国一切问题的基础和关键，发展必须是科学发展，必须坚定不移地贯彻创新、协调、绿色、开放、共享的发展理念。

贯彻党的十九大精神，未来合肥都市圈必须按照五大发展理念的要求加快发展，提升经济竞争力，引领全省经济的协调发展。

（1）创新驱动加快合肥都市圈发展

创新驱动是国家和地区必经的发展阶段。资源驱动不可避免地面临生产要素递减、人口红利消失、资源承载力减弱等问题，投资驱动必然面临因缺乏自主性而导致资本收益率下降等问题，而创新驱动不仅可以解决资源驱动和投资驱动的问题，而且使发展更加普惠、健康、绿色、智能和可持续。

作为发展中国家的中国，作为中国中部地区的合肥都市圈必须进一步增强危机意识，坚定不移地实施创新驱动发展战略，才能在日趋激烈的国际国内竞争中抢占先机。

为此，要充分发挥合肥市的科教人才优势，探索建立都市圈一体化智库，推进创新驱动发展。积极争取国家重大项目、重大创新平台在圈内布局，大力实施“互联网+”行动计划，共建共享协同创新平台和众创空间，推动圈内产业转型升级。

（2）统筹协调促进合肥都市圈发展

合肥都市圈要保持长期可持续发展，必须实现地区之间、城乡之间协调发展，必须大力推进城乡一体化。发挥地域中心城市对周边城镇农村的辐射和带动作用，构建城乡一体的市域空间体系、综合交通体系、公共服务设施体系、社区服务体系、城乡管理体系等，促进城乡之间基本公共服务的均等化，为全省城乡统筹发展提供示范。

未来的合肥都市圈，不仅要加快合肥、芜湖的发展，提高合肥、芜湖的辐射能力，还要兼顾圈内其他各城市的发展。只有这样，才能壮大整个合肥都市圈的经济实力，增强合肥都市圈的竞争力。要实现这个目标，加强互联互通，实现都市圈内各城市人流、物流的快速流动，降低交易成本是基础。

（3）内外开放推动合肥都市圈发展

首先是对内开放。要不断地进行区域间的合作与交流，特别是与皖江城市群的跨江发展实现良性互动、无缝对接，坚持东向发展，积极融入长三角，并不断地提升自身的实力，成为长三角经济圈一个不可或缺的重要组成部分。推进招商引资引智升级，加快承接沪苏浙等非核心功能疏解转移，着力引进国内外大产业、大企业、大项目；实施“走出去”战略，拓展省内优势产业发展空间，提升骨干企业全球资源整合能力。其次是对外开放。吸引外商投资，加快产业和技术升级，与外商共建产业园区。同时要主动参与“一带一路”国家建设，扩大对外投资，转移过剩产能。

（4）绿色低碳保证合肥都市圈发展

只有大力发展绿色循环经济，才能有效突破资源环境瓶颈制约，在经济社会长远发展中占据主动和有利位置，保证合肥都市圈可持续、健康发展。为此，合肥都市圈要加大环境污染联防联治，进一步改善区域环境质量。一要加大对巢湖流域水环境综合治理，制定统一的行业排放标准，严格控制重污染行业发展，减少生活污染排放，加强巢湖治污和农业面源污染治理。加强六安五大水库水资源保护和综合利用。要探索生态补偿制度，对在水资源保护、生态环境保护等领域做出牺牲、付出代价的给予补偿。二要统筹区域大气污染防治。实行区域大气污染物排放许可证制度，逐步实现主要大气污染物排放总量控制。加强区域农作物秸秆综合利用和禁烧工作。严格执行环境准入与淘汰制度。严禁布局有污染隐患的工业企业，防止有重大环境风险的项目进入。加强环境执法合作。统一提高环境准入门槛，坚持环评和“三同时”制度。建立环境执法协商、通报机制和环保执法责任追究制度。

在加强环境治理力度的同时，要调整经济结构，促进技术创新，加大对传统产业的升级改造，大力发展节能产业、资源综合利用产业、新能源产业和环保产业，要大力倡导绿色消费，使得资源环境与合肥都市圈的发展保持相互适应的关系，这样才能保证合肥都市圈经济的持续、稳定、协调发展。

（5）联动共享推进合肥都市圈发展

合肥都市圈在利益分配上，要实现由合作互惠向联动共享的延伸。合作者得到互惠，这是正确的，但还是不够的。都市圈的发展要以人为核心，要让全体居民的福祉得到提高。因此，区域合作成果就不仅仅是合作者们分享，而必须是都市圈全体居民的共享。这也是贯彻党的十八届五中全会提出的共享发展理念的要求，体现中国特色社会主义的本质特征。合肥都市圈一体化战略升级，应该体现共享理念，在合作成果利益分配上推进由合作互惠向联动共享的延伸，使所有参与一体化发展的多元主体和全域居民都能共享区域合作和战略升级的成果。要落实区域合作成果的联动共享，需要建立合理公平的利益分配机制，在此方面都市圈七市党委、政府还有大量的工作要做。

（二）加大对欠发达地区的支持力度，缩小地区差距

十九大报告指出，加大力度支持革命老区、民族地区、边疆地区、贫困地区加快发展。习近平总书记指出，没有农村的全面小康和欠发达地区的全面小康，就没有全国的全面小康。要加大统筹城乡发展、统筹区域发展力度，加大对欠发达地区和农村的扶持力度，促进工业化、信息化、城镇化、农业现代化同步发展，推动城乡发展一体化，逐步缩小城乡区域发

展差距，促进城乡区域共同繁荣。

随着我国经济发展进入新常态，不同地区的发展出现了分化态势，尤其是皖西大别山区和皖北地区，与皖中地区、皖江经济带地区差距越来越大。这种现象难以避免，但如果长期持续下去，不仅会影响整体经济的稳定发展和长期向好，而且会使来之不易的区域协调发展局面发生逆转。所以，必须积极采取措施，有效缩小地区差距。

1. 加大对欠发达地区的财政转移支付

区域经济协调发展还有一个要求，就是要实现各地区生产总值比重基本均衡，但目前我省还不可能做到，因为我省各地区间的自然条件差异太大。不过我们可以追求各地人民有比较接近的生活水平和公共服务水平，这样也才有利于整个社会的稳定，而现行的财政体制尚不适应基本公共服务均等化的需要。转移支付往往采取专项转移支付的方式，即资金跟着项目走。首先，要一级一级向上申请，再一级一级向下拨付。各部门审批项目时，又往往要求地方提供配套资金。对于欠发达地区来说，资金本来就捉襟见肘，再为省级项目提供配套资金，资金就更为紧张。省级财政应该彻底改革财政体制，减少专项转移支付，增加规范性转移支付。要加大财政转移支付力度，提高省级财政的支付比例，减免欠发达地区的配套支付。要提高欠发达地区的社会福利，提升社会基本公共服务均等化水平，帮助欠发达地区改善基础设施，保障地区之间平等发展权利，重点是破除城乡二元结构，加大欠发达地区特别是贫困地区基本公共服务供给力度。要突出“绿色 GDP”对经济发展的贡献，进一步提高山区、贫困地区生态公益林的补贴幅度。

2. 加强对欠发达地区的政策倾斜

要充分发挥省级政策的宏观调控功能，建立支持和促进欠发达地区或困难地区加快发展的体制机制，发挥政策手段功能和制度优势，有效补齐短板，为欠发达地区的发展创造良好的政策环境。要采取有力措施，鼓励和支持发达地区与欠发达地区结对帮扶，提供资金和技术支持，共建产业园区，进行干部培训和交流锻炼，帮助欠发达地区尽快发展起来，缩小与发达地区的差距。

3. 建立地区利益平衡协调体制机制

任何一个区域的发展都与周边区域有着密切的联系。然而，由于受“行政区经济”等因素的影响，各个地区在与周边地区的协作和经济联系中，往往以实现自身利益最大化为目标，缺乏协同意识和整体观念，造成地区间的协调发展难以有效进行，导致地区发展质量和区域整体效益的降低。因此，必须建立和完善跨区域发展的利益协调机制，调和跨区域协同发展的利益关系，引导跨区域分工合作和协调发展。这既是区域经济发展规律使然，也是区域科学发展的含义所在。

跨区域协调发展，最重要的是正确处理地区间的利益关系，找到地区间的利益平衡点。当前，一方面要探索建立跨区域协调发展的利益分享机制，对于跨区域的项目建设、产业转移、投资活动等，通过采取联合共建、股份化运作等方式和途径，进行利益分成和利益共享；另一方面要探索建立跨区域协调发展的利益补偿机制，通过规范财政转移支付制度、建立地区间补偿制度和区域协调发展专项资金等方式，对周边地区在协调发展过程中的利益损失予以补偿。

需要强调的是，建立地区利益平衡协调体制机制，既要尊重区域经济发展规律，也要适当向欠发达地区倾斜，以更好地帮助欠发达地区发展。

（三）扩大对外开放战略，以对外开放带动全省各地发展

近年来，省委省政府进一步强化了扩大开放在全局工作中的重要战略地位，坚持以开放促发展，以开放促跨越，创造和充分利用各种机会扩大开放，开放的力度和效果实现了新的突破，经济整体水平和竞争力得到进一步提升，为推进全省经济跨越式发展奠定了坚实的基础。但与发达地区相比，我省仍然存在思想观念落后、开放力度不够大、开放程度不够深、发展速度不够快等问题，尤其是欠发达地区，不仅与发达省份相比相差很大，与省内发达地区相比，也存在很大差距，需要进一步采取有力措施，扩大对外开放，以开放促进地区经济发展（见表9）。

表9　2016年安徽省及其所辖市与上海、广东省经济外向度汇总表

序　号	省　市	利用外资（亿美元）	进出口额（亿美元）	外向度（%）
1	合肥	28.08	186.87	19.69
2	马鞍山	21.00	31.80	14.07
3	芜湖	25.11	57.09	13.98
4	安徽	147.70	443.84	12.20
5	黄山	1.61	6.53	7.48
6	池州	3.61	6.19	6.95
7	阜阳	2.03	11.20	5.28
8	亳州	7.20	5.20	3.29

（续表）

序　号	省　市	利用外资（亿美元）	进出口额（亿美元）	外向度（%）
9	六安	3.80	5.27	3.14
10	上海	185.14	4336.52	104.40
11	广东	233.49	9535.48	79.30

十九大报告指出，开放带来进步，封闭必然落后。要以“一带一路”建设为重点，坚持引进来和走出去并重，遵循共商共建共享原则，加强创新能力开放合作，形成陆海内外联动、东西双向互济的开放格局；优化区域开放布局，加大开放力度。

我省加快对外开放，要以习近平新时代中国特色社会主义思想为指导，认真贯彻落实十九大精神，进一步确立大开放促大发展的战略思想，坚持对内开放与对外开放相结合、“引进来”与“走出去”相结合、拓展规模与提高质量相结合、扩大开放与深化改革相结合，以推进资源型产业转型、特色城镇化和农业产业化为方向，以项目建设为中心，充分利用国际国内两个市场、两种资源，积极承接国内外产业转移，主动参与国内外合作与竞争，提高招商引资规模和质量，扩大对外贸易，不断提高经济开放度和国际竞争力，全面提高对外开放水平，带动全省各地发展。

1. 围绕主导产业，引进战略投资者

战略投资者就是具有资金、技术、管理、市场、人才优势，能够促进产业结构升级，增强企业核心竞争力和创新能力，拓展企业产品市场占有率，致力于长期投资合作，谋求获得长期利益回报和企业可持续发展的境内外大企业、大集团。当前，我省各地根据自身优势，确定了各地的特色主导产业和战略性新兴产业，扩大对外开放，吸引外资，这些主导产业是重点。引进战略投资者，要结合安徽各地区的实际情况，只要有资金、有技术、有市场，能够增强企业竞争力和创新能力、形成产业集群的，不论是否全球500强企业，都是战略投资者。要加强基础设施的建设，改善招商引资硬环境。同时要创造优良的政策法制环境，保证战略投资者引得进、留得住、做得强，真正使各地区能够兴起一大产业，聚集一群企业，引来更多的战略投资者。

2. 以产业集群、产业园区建设为重点，提高外贸依存度

产业园区是产业集群重要的平台，也是招商引资的重要载体。必须高度重视产业园区的规划与建设，更好地发挥产业园区在对外开放中的平台和载体作用。要按照产业相对集中的原则，对园区进行分区规划，鼓励工业项目

向开发区集中，促进优势产业集聚、土地集约使用、资源综合利用和环境保护，努力提高园区土地利用效率。充分发挥园区招商载体作用。根据不同园区的发展规划、特点和优势，确定主攻方向和重点对象，大力开展招商引资，尽快使园区成为名副其实的项目聚集区。要加快与高校、科研院所的联合，坚持招商引资与招才引智、孵化项目并举，不断提高引进项目的质量和效益，努力使每一块土地都能够产生最大的经济效益和社会效益。

3. 广泛动员，加大对外开放宣传力度

广泛动员社会力量加大对外开放宣传力度。通过多种渠道、运用多种方式、采取多种办法，大力宣传安徽各地的资源优势、区位优势和经济社会发展的成就，宣传安徽区域经济社会发展面临的历史性机遇，宣传安徽对外开放的政策措施，宣传安徽区域对外开放的先进典型。通过大力宣传，提高安徽的知名度和信誉度，营造对外开放和招商引资的良好社会氛围，吸引更多的国内外客商投资建设安徽。

在加大力度吸引外来投资的同时（请进来），我省也要紧紧抓住“一带一路”建设的契机，集中各行业的龙头企业，组建企业集团，走向国际市场，参与国际竞争，扩大对外投资，转移过剩产能（走出去）。

（四）加强生态环境保护，实现资源环境与经济社会协调发展

保护生态环境，保护自然生态体系，包括两大层面：一是保护以森林、湿地、草地为主体的生态资源，二是防治以空气、水域和土壤为主体的环境污染。森林生态体系是陆地生态体系的核心，具有涵养水源、保育土壤、释氧固碳、维护生物多样性、改善区域局部气候等重要的生态功能。生态资源和空气土壤组成人类生存与发展的基本环境。

习近平总书记在十九大报告中指出，人与自然是生命共同体，人类必须尊重自然、顺应自然、保护自然。人类只有遵循自然规律才能有效防止在开发利用自然上走弯路，人类对大自然的伤害最终会伤及人类自身，这是无法抗拒的规律。

我们要建设的现代化是人与自然和谐共生的现代化，既要创造更多物质财富和精神财富以满足人民日益增长的美好生活需要，也要提供更多优质生态产品以满足人民日益增长的优美生态环境需要。必须坚持节约优先、保护优先、自然恢复为主的方针，形成节约资源和保护环境的空间格局、产业结构、生产方式、生活方式，还自然以宁静、和谐、美丽。

1. 推进绿色发展

小康全面不全面，生态环境很关键。良好生态环境，是最公平的公共

产品，是最普惠的民生福祉。十八届五中全会把“绿色发展”作为五大发展理念之一，注重的是解决人与自然和谐问题。

推进绿色发展，必须坚持绿色富省、绿色惠民，推动形成绿色发展方式和生活方式，为人民提供更多优质生态产品。促进人与自然和谐共生，加快建设主体功能区，推动低碳循环发展，全面节约和高效利用资源，加大环境治理力度，筑牢生态安全屏障

推进绿色发展，必须改革发展评价指标体系。要进一步提高绿色指标在全部指标中的权重，把保障人民健康和改善环境质量作为更具约束性的硬指标，是推动绿色发展的政策制度保证。无论是实行最严格的环境保护制度和水资源管理制度，实行省以下环保机构监测监察执法垂直管理制度，还是深入实施大气、水、土壤污染防治行动计划，实施山水林田湖生态保护和修复工程，都是为了尽快遏止生态环境恶化的势头，筑牢绿色发展的底线。

2017 年 7 月 26 日，中共安徽省委、安徽省人民政府印发《关于扎实推进绿色发展着力打造生态文明建设安徽样板实施方案》。方案提出，把生态文明建设放在突出的战略位置，融入经济、政治、文化、社会建设各方面和全过程，协同推进新型工业化、信息化、城镇化、农业现代化和绿色化；以改革创新为动力，以绿色低碳循环发展为途径，以健全生态文明制度体系为重点，以培育生态文化为支撑，以绿色美好家园建设、绿色产业培育、绿色低碳循环发展、生态保护建设、污染综合治理、生态文明风尚塑造等六大工程建设和皖江、淮河、新安江、巢湖流域示范创建为抓手，优化国土空间开发格局，全面促进资源节约利用，加大自然生态系统和环境保护力度，实现绿水青山和金山银山的有机统一，着力打造生态文明建设的安徽样板，建设绿色江淮美好家园。

2. 着力解决突出的环境问题

对环境的更高要求事实上就是人民对美好生活的期待。近年来，随着我省经济社会的快速发展，大气、水、土壤污染日益突出，已经严重影响和制约了我省各方面协调发展，特别是对全面建成小康社会和构建和谐社会建设提出了严重挑战。发达国家上百年工业化过程中分阶段出现的环境问题，在我国、我省近 20 多年来集中出现。环境污染和生态破坏造成了巨大经济损失，危害群众健康，影响社会稳定和环境安全。

针对当前严峻的环境形势，十九大报告把环保工作重点指向“突出环境问题”，并将“建设生态文明”提到了“中华民族永续发展千年大计”的高度。因此，治理大气、水和土壤污染，是贯彻落实十九大精神的迫切需要，是补齐生态短板的重要途径，是实现我省绿色发展的有效手段。

为推动我省突出的环境问题整改，我省实行省级领导包保突出环境问题整改工作制度，省委常委、副省长分别包保到16个市，推动突出环境问题整改。省人大、省政协领导分别包保3到4个重点区域、重点企业，并确定牵头包保省直单位和参与包保省直单位，实行包保全覆盖，以此督促各级党委、政府以及各相关职能部门切实履行生态环境保护工作职责，解决一些长期存在的重点难点问题。

省长李国英强调，有效的工作机制是抓好问题整改的关键。要健全责任机制，层层分解任务、传导压力。要健全考核机制，重点考核整改完成率、整改问题有无反弹、有无追责机制等情况。要健全公开机制，及时准确发布整改信息，全方位、全过程接受社会监督。要健全常态机制，用制度管根本、管长远，持续巩固扩大整改成效，始终保持对环境违法行为的高压态势。

3. 加大生态系统保护力度

良好生态环境是人与社会持续发展的根本基础。要实施重要生态系统保护和重大生态修复工程，增强生态产品生产能力，优化生态安全屏障体系，构建生态廊道和生物多样性保护网络，提升生态系统质量和稳定性。

要制定自然资源资产产权制度和用途管制制度，明确各类国土空间开发、利用、保护边界，实现能源、水资源、矿产资源按质量分级、梯级利用。要完成生态保护红线、永久基本农田、城镇开发边界三条控制线划定工作；设定红线管控制度，设定并严守资源消耗上限、环境质量底线、生态保护红线，将大气、水、土壤等环境质量“只能更好，不能变坏”作为地方各级政府的环保责任红线；开展国土绿化行动，推进荒漠化、石漠化、水土流失综合治理，加强地质灾害防治；强化湿地保护和恢复，完善天然林保护制度，扩大退耕还林还草，扩大森林、湖泊、湿地面积，保护生物多样性；加快水利建设，增强城乡防洪抗旱排涝能力；加强防灾减灾体系建设，提高气象、地质、地震灾害防御能力；坚持预防为主、综合治理，以解决损害群众健康的突出环境问题为重点，强化水、大气、土壤等污染防治；严格保护耕地，扩大轮作休耕试点，健全耕地草原森林河流湖泊休养生息制度，建立市场化、多元化生态补偿机制。

要健全政绩考核制度，把资源消耗、环境损害、生态效益等指标纳入经济社会发展综合评价体系，大幅增加考核权重；完善责任追究制度，建立领导干部任期生态文明建设责任制。对造成资源环境生态严重破坏的要记录在案，实行终身追责，不得转任重要职务或提拔使用，已经调离的也要问责；倡导绿色消费模式，倡导勤俭节约的消费观。积极引导消费者购买节能与新能源汽车、高能效家电、节水型器具等产品；完善公众参与制度，扩大信息公开。建立环境公益诉讼制度，对污染环境、破坏生态的行为，有关组织可提起公益诉讼。

目前我省实行最严格的环境保护制度，形成政府、企业、公众共治的环境治理体系。实行联防联控和流域共治，深入实施大气、水、土壤污染防治行动计划，加强淮河、巢湖、长江等重点流域环境综合治理。坚持城乡环境治理并重，推进工业污染源全面达标排放，实现城镇生活污水垃圾处理设施全覆盖和稳定运行，加大农业面源污染防治力度，统筹农村饮水安全、改水改厕、垃圾处理，推进种养业废弃物资源化利用、无害化处置。建立覆盖所有固定污染源的企业排放许可制，实行省以下环保机构监测监察执法垂直管理制度，健全环境信息公布制度。建立全省统一的污染源实时在线监控系统。开展环保督查巡视，严格环保执法。确保生态环境逐步得到改善。

4. 改革生态环境监管体制

十九大报告提出，加强对生态文明建设的总体设计和组织领导，设立国有自然资源资产管理和自然生态监管机构，完善生态环境管理制度，统一行使全民所有自然资源资产所有者职责，统一行使所有国土空间用途管制和生态保护修复职责，统一行使监管城乡各类污染排放和行政执法职责。构建国土空间开发保护制度，完善主体功能区配套政策，建立以国家公园为主体的自然保护地体系。坚决制止和惩处破坏生态环境行为。

这一体制改革的部署契合了山水林田湖草“生命共同体”系统保护的需要，体现了生态系统的综合性和监管的综合性，可以克服以往多头监管和“碎片化”监管问题。

目前，我省生态文明体制改革已经取得了显著的成效，建立统一行使职责的生态环境监管体制将逐步推进。随着生态文明体制改革措施的稳步推进，将有助于自然资源产权统一管理、生态环境有效监管和国土空间有序管控的治理大格局初步形成。可以预见，不久的将来，安徽一定会变得天更蓝、山更绿、水更清、环境更优美，安徽正朝着资源节约型、环境友好型社会不断迈进，资源环境与经济社会协调发展的美好安徽将在不久的将来得到实现。

总之，党的十九大的召开，区域协调发展战略上升到党和国家发展全局高度，彰显了区域协调发展的重要作用，标志着安徽区域协调发展走入新时代。今后，应以习近平新时代中国特色社会主义思想为指引，以建设美好安徽为目标，按照安徽区域协调发展战略的总体部署，加强安徽区域发展制度建设，加大安徽区域发展资源投入，创新安徽完善区域发展理论，扎实推进安徽区域发展实践，努力开创新时代安徽区域协调发展的新局面。

新时代中国特色社会主义民主政治

欧世平

党的十八大以来，我国在政治、经济、社会、文化、生态等方面取得了历史性成就。就社会主义民主政治而言，以习近平同志为核心的党中央提出了一系列新的主张和要求，形成了习近平新时代中国特色社会主义民主政治思想，并成为习近平新时代中国特色社会主义思想的重要组成部分。这些理论成果在十九大报告中得到了集中体现，如确立了坚持人民当家作主的基本方略，明确了健全人民当家作主制度体系和发展社会主义民主政治的重要性。这意味着在新时代中国特色社会主义政治生态中，民主必将处于重要地位；同时也为新时代坚持和发展什么样的社会主义民主、怎样坚持和发展中国特色社会主义民主提供了思路。

一、背景介绍

党的十八大以来，习近平总书记面对新时期、新情况、新机遇、新挑战，大胆创新，在分析世情党情国情民情的基础上，将马克思主义基本原理同中国实际相结合，逐渐形成了新时代中国特色的社会主义民主思想。其产生和发展具有深厚的时代和实践背景。

（一）世情的新变化

时代是思想之母。和平发展、合作共赢是当前时代的主题，但就世界范围而言，局部冲突和动荡仍然频发，主要表现为恐怖主义、地区安全、难民、反全球化、经济衰退等危机。这已经充分暴露资本主义发展过程中必然出现的不可避免的内在矛盾。正如十九大报告指出的：面对世界经济复苏乏力、全球性问题加剧的外部环境，我国取得了改革开放和社会主义现代化建设的历史性成就。但一些西方发达国家却对中国取得的巨大成就抱有各种偏见：有的鼓吹“中国威胁论”，有的认为中国是在推行“新殖民主义”，有的认为中国早已不是发展中国家，应该承担发达国家应有的责任。对于这些偏见以及当下西方流行的民主社会主义、新自由主义等民主思潮，中国共产党需要及时进行批驳和澄清。

（二）国情的新特点

十八大以来，我国民主政治建设已经进入快速发展期。而中国特色社会主义进入新时代带来的国情变化则对发展社会主义民主有着更高的要求。一方面我国的基本国情没有变，仍然处于并长期处于社会主义初级阶段；另一方面则是我国进入了全面建成小康社会和实现中华民族伟大复兴的历史新时期，新时代我国社会主要矛盾已经转化为人民日益增长的美好生活需要和不平衡不充分发展之间的矛盾。在基本小康得到实现、社会生产力在许多方面进入世界前列后，人民群众对民主、法治、公平、正义、安全、环境等方面提出了更高要求。

（三）党情的新情况

自20世纪70年代以来，在国际政治舞台上执政多年的老党大党先后丧失执政资格的不在少数。特别是苏联解体东欧剧变前后，中国共产党经受住了严峻考验并不断发展壮大。究其原因，正如十九大报告指出的就是因为中国共产党人始终不忘初心，始终以人民为中心。中国共产党人的初心和使命，就是为中国人民谋幸福，为中华民族谋复兴，这个初心和使命也是激励中国共产党人不断前进的根本动力。中国共产党是中国第一大党，也是世界第一大党。中央组织部党内统计数据显示，截至2016年年底，中国共产党党员总数为8944.7万名，党的基层组织451.8万个。中国共产党执政已有六十多年，而中国共产党领导下的多党合作和政治协商制度也有六十余载。其间取得了许多举世瞩目的成就，尤其是党的十八大以来在全面从严治党思想的引领下，党的纯洁性和先进性得到进一步提升。但与此同时，也面临诸如形式主义、官僚主义、宗派主义、享乐主义、圈子风、码头风、奢靡之风等问题挑战。随着党的凝聚力在人民群众中持续上升，大批年轻同志纷纷要求加入党组织。在党员人数不断增加的同时，党组织管理也面临考验：存在对部分新党员理想信念教育不足问题；部分基层党组织建设出现了弱化的倾向，特别是一些民营组织和新型社会组织中党组织建设弱化；农民工的城市社区党建乏力问题；部分党员干部腐败现象尚未彻底根除；部分地区党群关系紧张等。新时代如何应对党的内部产生的新问题？坚持党的领导、全面推进从严治党成为我们党的必然选择。

（四）民情的新要求

中国特色社会主义进入新时代，我国社会主要矛盾已经转化为人民日益增长的美好生活需要和不平衡不充分的发展之间的矛盾。十九大报告也着重对“人民美好需要”进行了相应解释，是“日益广泛，不仅对物质文化生活提出了更高要求，而且在民主、法治、公平、正义、安全、环境等方面的要求日益增长”。从这个解释中可以看出，在人民日益增长的需要内容排序中，民主已经成为仅次于物质文化生活之后排在第三位的需要。因此，在新时代，人民群众对中国特色社会主义民主政治提出了新的要求。民主也要与时俱进，一成不变的民主不是真正的民主。必须深刻认识到，我国社会主要矛盾的变化是关系全局的历史性变化，对党和国家工作提出了许多新要求。对于民主，我们要在继承的基础上发展，在发展的过程中创新，以更好推动人的全面发展、社会全面进步。

总之，习近平总书记针对新时期国内外的新情况，先后提出了“中国梦”“两个一百年”以及“五位一体”总体布局、“四个全面”的战略布局、五大发展理念等一系列治国理政重要思想。习近平中国特色社会主义民主政治思想就是其中重要的理论成果之一。习近平总书记在十九大报告中指出，中国特色社会主义进入新时代，在中华人民共和国发展史上、中华民族发展史上具有重大意义，在世界社会主义发展史上、人类社会发展史上也具有重大意义。全党要坚定信心、奋发有为，让中国特色社会主义展现出更加强大的生命力！

二、目的与意义

党的十八大以来，以习近平同志为核心的新一届党中央深刻认识到当前我国经济、政治、文化、社会和生态文明建设当中存在的矛盾和问题，充分凝聚人民的智慧和力量，以前所未有的决心和勇气，推进全面建成小康社会和实现中华民族伟大复兴中国梦的历史伟业。习近平同志坚持和发展中国特色社会主义民主政治的民主观，建立在中国共产党人对西方世界、对中国、对党自身更加清醒的认识之上，反映出中国共产党人高度的政治自觉和政治自信，代表着中国共产党和中国人民高度的政治自强和政治勇气，必将对中国特色社会主义现代化建设事业产生深远影响，使中国特色社会主义民主政治不断完善，成为不同于且更优越于西方民主的政治文明形态。学习习近平新时代中国特色社会主义民主政治思想是一项重大的政治任务，对于深化拓展马克思主义中国化的研究视野和研究内容，推进马克思主义中国化、时代化与大众化具有重要的理论意义。这是回应时代需求，也是应对当前西方各种民主思潮负面影响的需要。习近平中国特色社会主义民主政治思想回答了新时期中国坚持和发展什么样的民主，走什么样的民主道路的重大问题，对于建设中国特色社会主义的政治体制具有重要价值。具体来说，习近平民主政治思想的重要意义主要表现为以下几个方面：

（一）对马克思主义民主观的继承与发展

民主观影响着政党制度的建设以及政治发展道路的选择。马克思指出：民主是一种国家制度，而“国家制度本身就是一个规定，即人民的自我规定”。习近平同志的民主政治思想继承了马克思主义民主观的主要内容，即以最广大人民群众的根本利益为一切工作的出发点和落脚点，并将人民当家作主作为一种制度体系加以升华，使得党的领导、人民当家作主和依法治国这三者形成辩证统一。

（二）对毛泽东思想及中国特色社会主义理论体系民主观的进一步深化

习近平民主政治思想还借鉴学习了毛泽东思想活的灵魂（群众路线、独立自主和实事求是）。习近平新时代民主政治思想继承和发展了中国特色社会主义民主政治理论，强调走中国特色社会主义政治发展道路，渐进地推进政治体制改革，将党的建设和中国特色社会主义事业统一起来；强调人民民主是社会主义的生命；强调民主和法治的辩证统一；强调对权力的监督和制约，把权力关进制度的笼子里，加强权力监督的机制建设。

（三）中国特色社会主义政治发展道路的新指针

习近平民主政治思想是坚持走中国特色社会主义政治发展道路，坚定中国特色社会主义四个自信的理论指南，是推进四个全面战略布局、深化政治体制改革的新指针。回顾中国改革的历程，我们不难发现，经济体制改革与政治体制改革是相辅相成的关系：一方面，经济体制改革是先导，必须重视并正确处理好政府与市场之间的关系；另一方面，跟进政治体制改革又是十分重要的，只有正确处理好政府、市场和社会之间的关系，才可以更好地巩固经济体制改革的成果，扫除改革的障碍。因此，习近平民主政治思想为新时代政治体制改革指明了方向。

（四）坚持以人民为中心和人民当家作主的内在要求

健全人民当家作主制度体系，发展社会主义民主政治，是坚持以人民为中心，保障人民当家作主的内在要求。人民是历史的创造者，是决定党和国家前途命运的根本力量。只有始终坚持人民主体地位，健全人民当家作主制度体系，才能有效地巩固党的执政地位，保证把党的群众路线贯彻到治国理政过程之中，把人民对美好生活的向往作为奋斗目标。

（五）是实现中华民族伟大复兴中国梦的题中应有之义

健全人民当家作主制度体系，发展社会主义民主政治，是实现中华民族伟大复兴的中国梦的实然性内容之一。习近平指出，没有民主就没有社会主义，就没有社会主义的现代化，就没有中华民族的伟大复兴。党的十九大报告通过“新两步走”战略对第二个百年目标进行了具体部署，其中，到2035年基本实现社会主义现代化的一个重要标志，就是“人民平等参与、平等发展权利得到充分保障”。要实现“人民平等参与”就必须充分发扬民主。到2050年，我国将建成富强民主文明和谐美丽的社会主义现代化强国，实现中华民族的伟大复兴。从国家现代化的要素标准来看，民主成为社会主义现代化强国建设不可或缺的重要构件。

（六）适应我国社会主义新矛盾的必然要求

健全人民当家作主制度体系，发展社会主义民主政治，是适应我国社会主要矛盾已经转化为人民日益增长的美好生活需要和不平衡不充分的发展之间的矛盾的必然要求。随着人民生活水平的日渐提高，人们对民主、法治、公平、正义等方面有了新的需求。为了适应这一新情况，满足社会全面进步和人的全面发展的内在要求，就必须进一步发展社会主义民主，以保障人民群众的平等参与权利。

三、新时代习近平中国特色社会主义民主政治思想的主要内容及基本特征

（一）习近平民主政治思想的主要内容

1. 坚持走中国特色社会主义民主政治发展道路

新时期举什么旗帜、走什么道路是执政党面临国际国内形势首先需要

回答的问题。面对风云变幻的国际形势特别是多元的社会思潮和风潮迭起的政治思想，习近平指出："一个国家实行什么样的政治制度，走什么样的政治发展道路，必须与这个国家的国情和性质相适应。"对于中国这样特殊的国家而言，必须坚持走中国特色的社会主义政治发展道路。习近平同志的论述，揭示了中国特色社会主义政治发展道路的根本。

第一，"走中国特色社会主义政治发展道路，关键是要坚持党的领导、人民当家作主、依法治国有机统一。"习近平同志强调了三者的有机统一是中国特色社会主义政治发展道路的根本特征。也是新时代中国特色社会主义民主与西方民主的本质区别。在"三统一"中，党的领导是根本前提，人民当家作主是社会主义民主的本质，依法治国是根本保障，三者缺一不可，共同形成了中国特色社会主义政治发展道路的三个支撑。

第二，"走中国特色社会主义政治发展道路，必须继续积极稳妥推进政治体制改革。"习近平同志在十八届三中全会上提出了全面深化改革的重要论断。改革主要包括经济和政治体制改革。中国的政治体制改革必须坚持党的领导，处理好改革、发展和稳定的关系，坚持"三个有利于"这一根本的评价标准。习近平指出："评价一个国家政治制度是不是民主的、有效的，主要看国家领导层能否依法有序更替，全体人民能否依法管理国家事务和社会事务、管理经济和文化事业，人民群众能否畅通表达利益要求，社会各方面能否有效参与国家政治生活，国家决策能否实现科学化、民主化，各方面人才能否通过公平竞争进入国家领导和管理体系，执政党能否依照宪法法律规定实现对国家事务的领导，权力运用能否得到有效制约和监督。"这"八个能否"实质上是习近平同志对于邓小平"三个有利于"标准在新时期的新发展，是判断新时期政治体制改革和民主政治制度建设的最根本标准，必须毫不动摇，加以坚持。

第三，走中国特色社会主义的政治发展道路，必须坚持正确的政治方向。"我们要充分发挥我国社会主义政治制度优越性，积极借鉴人类政治文明有益成果，但绝不照搬西方政治制度模式，不搞多党轮流执政，不搞'三权鼎立'和两院制。"这是习近平同志对于流行的西方民主思潮的有力回应。国情的不同，使得任何国家的民主政治制度都不可以照搬照套其他国家现成的，而应该结合自身实际，结合实践经验，发挥自身的优势和特征，不能盲目跟风，更不能受西方发达国家的影响，放弃自身的独特性。这也是习近平同志一直所强调的要坚持中国特色的社会主义民主政治制度。十八届三中全会强调："发展社会主义民主政治，必须以保证人民当家作主为根本，坚持和完善人民代表大会制度、中国共产党领导的多党合作和政治协商制度、民族区域自治制度以及基层群众自制度。”

2. 强调协商民主，保障人民的民主权利

从十八大报告强调要健全社会主义协商民主制度，到十八届三中全会关于协商民主的新论述，再到习总书记在庆祝中国人民政治协商会议成立65周年大会上发表讲话和十九大报告。这一系列重要讲话表明，“协商民主”成为习近平民主思想的重要组成部分。在党的十八届三中全会上，习近平说：“推进协商民主，有利于完善人民有序政治参与、密切党同人民群众的血肉联系、促进决策科学化民主化。”从而深刻揭示了社会主义协商民主的重要价值。2014年9月21日，习近平在庆祝中国人民政治协商会议成立65周年大会上发表重要讲话。全文9100余字，其中近一半的篇幅在阐述“协商民主”，讲话中直接提到“协商民主”就有25次。这表明习近平同志高度重视协商民主。习近平强调，“协商民主是中国社会主义民主政治中独特的、独有的、独到的民主形式”。关于怎样开展协商民主，习近平同志强调了四个“广泛商量”：涉及全国各族人民利益的事情，要在全体人民和全社会中广泛商量；涉及一个地方人民群众利益的事情，要在这个地方的人民群众中广泛商量；涉及一部分群众利益、特定群众利益的事情，要在这部分群众中广泛商量；涉及基层群众的事情，要在基层群众中广泛商量。这四个“广泛商量”表明了习近平同志高度重视协商民主，强调协商民主的范围、内容和主体，是新时期推进协商民主的指针。

十九大报告将“有事好商量，众人的事情由众人商量”作为人民民主的真谛，并指出，协商民主是实现党的领导的重要方式，是我国社会主义民主政治的特有形式和独特优势。要推动协商民主广泛、多层、制度化发展，统筹推进政党协商、人大协商、政府协商、政协协商、人民团体协商、基层协商以及社会组织协商。加强协商民主制度建设，形成完整的制度程序和参与实践，保证人民在日常政治生活中有广泛持续深入参与的权利。人民政协是具有中国特色的制度安排，是社会主义协商民主的重要渠道和专门协商机构。人民政协工作要聚焦党和国家的中心任务，围绕团结和民主两大主题，把协商民主贯穿政治协商、民主监督、参政议政的全过程，完善协商议政内容和形式，着力增进共识、促进团结；加强人民政协民主监督，重点监督党和国家重大方针政策和重要决策部署的贯彻落实；增强人民政协界别的代表性，加强委员队伍建设。

3. 坚持群众路线教育活动，将反腐工作坚持到底

习近平强调：“民主不是装饰品，不是用来做摆设的，而是要用来解决人民要解决的问题的。”尊重人民的主体地位，就需要坚持党的群众路

线，密切党和人民群众的联系，加强和改进党的作风。习近平同志在2013年6月18日关于党的群众路线教育实践活动工作会议上的讲话中指出："群众路线是我们党的生命线和根本工作路线。"习近平同志强调，"历史和现实都告诉我们，能否保持党和人民群众的血肉联系，决定着党的事业的成败"。他指出了群众路线教育实践活动要解决存在的四种危险和"四风"问题。"精神懈怠危险、能力不足危险、脱离群众危险、消极腐败危险更加尖锐地摆在全党面前，党内脱离群众的现象大量存在，一些问题还相当严重，集中表现在形式主义、官僚主义、享乐主义和奢靡之风这'四风'上。"习近平指出了群众路线教育实践活动的目标要求：第一，集中解决形式主义、官僚主义、享乐主义和奢靡之风这"四风"问题；第二，借鉴延安整风经验，明确提出"照镜子、正衣冠、洗洗澡、治治病"的总要求；第三，以整风精神开展批评和自我批评；第四，坚持领导带头；第五，注重建立长效机制。

针对新时期的党群关系紧张、反腐败形势严峻的情况，习近平同志铁腕反腐，实施群众路线教育实践活动，在全面从严治党的总要求下，开展"三严三实"专题教育，以八项规定严格要求共产党人，强调服务型、学习型和创新型政党建设。坚持反腐不留死角，"苍蝇""老虎"一起打，查处了周永康、薄熙来、郭伯雄、徐才厚、令计划等一大批大案要案。与此同时，中国共产党不断加强党内法规制度建设，十八大以来，制定修订中央党内法规90部。党中央把巡视作为党内监督战略性制度安排，共开展12轮巡视，巡视277个党组织，首次实现一届任期中央巡视全覆盖。这一系列举措在得到了人民群众充分肯定的同时，也使党的纯洁性得以继续保持。

4. 全力推进法治中国建设，强调民主和法治的统一

习近平同志高度重视法治建设，强调民主和法治的辩证统一关系。在党的十五大提出依法治国的基础上，习近平多次强调，要努力建设法治中国，更好发挥法治在国家治理和社会管理中的作用。2013年2月，习近平总书记在中央政治局第四次集体学习时强调，"坚持法治国家、法治政府、法治社会一体建设，不断开创依法治国新局面"。具体要求是："一是坚持科学立法。二是坚持严格执法。三是坚持公正司法。四是坚持全面守法。"习近平同志最后还强调，我们党是执政党，能否坚持做到依法执政，具有带头和示范作用。党的十八届四中全会提出了法治中国建设的总目标："全面推进依法治国，总目标是建设中国特色社会主义法治体系，建设社会主义法治国家。实现这个总目标，必须坚持中国共产党的领导，坚持人

民主体地位，坚持法律面前人人平等，坚持依法治国和以德治国相结合，坚持从中国实际出发。”党的十九大进一步明确全面推进依法治国总目标是建设中国特色社会主义法治体系，建设社会主义法治国家；并指出，全面依法治国是中国特色社会主义的本质要求和重要保障。必须把党的领导贯彻落实到依法治国的全过程和各方面，坚定不移走中国特色社会主义法治道路，完善以宪法为核心的中国特色社会主义法律体系，建设中国特色社会主义法治体系，建设社会主义法治国家，发展中国特色社会主义法治理论，坚持依法治国、依法执政、依法行政共同推进，坚持法治国家、法治政府、法治社会一体建设，坚持依法治国和以德治国相结合，依法治国和依规治党有机统一，深化司法体制改革，提高全民族法治素养和道德素质。

5. 加强权力的监督和制约，把权力关进制度的笼子里

强调权力的监督和制约是马克思主义民主观的一贯思想。习近平指出：“国家的一切权力属于人民。领导干部手中的权力是人民赋予的，只能用来为人民谋利益。”对于权力的制约，他强调，“必须把权力关进制度的笼子里，坚持用制度管权管事管人”；“要加强对权力运行的制约和监督，形成不敢腐的惩戒机制、不能腐的防范机制、不易腐的保障机制”。他强调各级领导干部都要牢记，“任何人都没有法律之外的绝对权力”。习近平同志高度重视对权力的监督和制约，要求领导干部树立正确的权力观，并提出了四项要求：第一，要形成科学有效的权力制约和协调机制；第二，要强化权力运行公开；第三，要加强对权力运行的监督；第四，要反对特权思想、特权现象。

（二）习近平民主政治思想的理论特征

人民主体性、实践路径性、历史继承性和深化创新性是习近平民主政治思想的四个主要特征。

1. 人民主体性

人民性是一直是习近平中国特色社会主义民主政治思想的最重要特征，习近平十分强调历史是人民群众创造的，认为社会主义民主的本质就是人民当家作主。社会主义的生命即为人民民主。民主的缺失会使社会主义黯然失色，社会主义的现代化也就无从谈起，中华民族伟大复兴更是成为一纸空谈。在十九大报告中，“人民”一词共出现203次，位列第二，仅次于“发展”（共出现232次）。而在有关“人民”的句子中，位列第一的关键词就是民主，共出现61次。在中国，坚持党的领导和人民当家作

主是一致的。中国特色社会主义的事业需要坚持党的领导、人民当家作主和依法治国的三者统一。

2. 实践路径性

民主并不是束之高阁的口号，更不是空洞的词语。民主是理论与实践的统一，既是目的，也是手段。列宁指出，民主是一种国家制度。习近平指出，社会主义民主需要健全一系列的社会主义民主制度。民主需要实践，需要相应的民主政治制度保障。习近平对民主的认识再次说明了民主不单具有理论性，同时也具有很强的实践性，只有通过不断的实践，将马克思主义基本原理、中国特色社会主义理论与实际相结合，才能够摸索出适合当前阶段的民主制度，使得社会主义民主制度在不断的发展改进中趋于完善。

3. 历史继承性

习近平同志的民主政治思想是对各历史阶段民主政治思想的继承与发展。这种历史继承性表现在：一是始终强调站在最广大人民群众的立场上，并且坚持无产阶级的立场、马克思主义政党领导；二是始终坚持全心全意为人民服务的宗旨，做到立党为公和执政为民；三是发展并完善中国共产党历代领导集体坚持的中国特色社会主义民主政治制度，吸取前人的经验教训，结合当今世情、国情和党情，不断创新中国特色社会主义民主政治制度；四是坚持走中国特色的政治发展道路，坚持党的建设和中国特色社会主义事业的辩证统一；五是坚持党的领导、人民当家作主和依法治国的三者有机统一；六是继承并发扬群众路线教育活动的优良传统，坚持从严治党，加强全党在思想上的建设。

4. 深化创新性

习近平新时代社会主义民主政治思想是在继承了马列主义民主政治观、毛泽东民主政治观和中国特色社会主义民主政治思想的基础上，结合国情新变化以及公民对民主发展的新需求，并以此为基础进行理论创新，逐渐形成并得到完善。

（1）民主标准方面的创新

关于民主标准，中国领导人结合我国国情，提出了科学的标准，形成自己的民主话语体系。邓小平认为，能否促进政局稳定、能否增进人民的团结并改善人民的生活、能否促进生产力持续发展这三个标准是评价政治制度的标准。在此基础上，习近平用“八个能否”“四个看”创造性地回答了一国政治制度是否民主、有效的标准。“八个能否”标准是习近平在庆祝全国人大成立60周年大会上提出的，主要内容是：国家领导层能否依法有序更替，全体人民能否依法管理国家事务和社会事务、管理经济和文化事业，人民群众能否畅通表达利益要求，社会各方面能否有效参与国家政治生活，国家决策能否实现科学化、民主化，各方面人才能否通过公平竞争进入国家领导和管理体系，执政党能否依照宪法法律规定实现对国家事务的领导，权力运用能否得到有效制约和监督。“八个能否”是民主标准的制度化成果，为人类社会民主政治的发展，提出崭新的中国方案，做出自己的独特贡献。

“八个能否”标准是就国家、政党、社会等宏观层面提出的，而“四个看”标准直接具体到公民这一微观层面。习近平指出：“人民是否享有民主权利，要看人民是否在选举时有投票的权利，也要看人民在日常政治生活中是否有持续参与的权利；要看人民有没有进行民主选举的权利，也要看人民有没有进行民主决策、民主管理、民主监督的权利。”这是习近平对马克思主义民主思想的一个巨大创新，他从国家制度和公民两个层面，都明确给出了评价社会主义民主的标准。

“八个能否”和“四个看”标准，既是新时代中国特色社会主义民主发展程度的衡量标准，又是中国特色社会主义建设的引领方向。

（2）社会主义民主政治本质的新认识

习近平在继承马克思民主观基础上，坚持和发展了毛泽东、邓小平、江泽民、胡锦涛等人关于社会主义民主政治本质思想。

马克思指出：民主是一种国家制度，而“国家制度本身就是一个规定，即人民的自我规定”。毛泽东继承了马克思关于民主政治本质的思想，并将其中国化。毛泽东认为：“我们的民主不是资产阶级的民主，而是人民民主，这就是无产阶级领导的、以工农联盟为基础的人民民主专政。”在这里，毛泽东既指出了民主具有鲜明的阶级性，又指出了在我国民主的本质是绝大多数人的民主（工农联盟为基础的人民民主），同时强调必须坚持无产阶级的领导。毛泽东对民主本质的认识，为中国特色社会主义民主理论奠定了坚实基础。

邓小平坚持解放思想、实事求是的思想路线，认为民主就是“由民做主”，现阶段切实保障人民的权利才能真正体现社会主义民主政治本质。江泽民在邓小平的民主就是“由民做主”观点基础上做了进一步发展，他在十五大报告中强调：“社会主义民主的本质是人民当家作主”。社会主义民主的本质是人民当家作主，这是对马克思主义民主本质认识论的继承与发展，是马克思主义中国化的重要成果。胡锦涛将人民当家作主在社会主义民主政治中的地位又做了进一步提升，他在十七大报告中指出：“人民当家作主是社会主义民主政治的本质和核心”。至此，已基本回答了“什么是社会主义民主”的问题。

习近平总书记继承并发展中国特色社会主义民主本质理论，他在庆祝全国人民代表大会成立 60 周年的讲话中进一步强调了“人民当家作主是社会主义民主政治的本质和核心”。占人口绝大多数的人民成为国家主人，是马克思主义的内在要求。这是习近平对中国特色社会主义民主政治本质的继承。习近平始终坚持以人民为中心，多次强调一切权力属于人民，只有人民才是国家和社会的主人。在庆祝多党合作与政治协商制度成立 65 周年的讲话中，习近平创新性地指出了社会主义民主的真谛。“在中国社会主义制度下，有事好商量，众人的事情由众人商量，找到全社会意愿和要求的最大公约数，是人民民主的真谛”。这是马克思主义民主发展的新成果，是习近平对社会主义民主政治的创新发展。

（3）社会主义民主政治重要性的新论断

马克思、恩格斯早在《共产党宣言》中就将争得民主作为无产阶级革命的第一任务。列宁也指出：“不实现民主，社会主义就不能实现”。足以说明民主对社会主义的重要性。在我国革命战争年代，毛泽东看到“中国的缺点就是缺乏民主”，并认为“中国人民非常想要民主，只有加上民主，中国才能前进一步”；同时，他还主张“民主是各方面的，是政治上的，军事上的，经济上的，文化上的，党务上的，以及国际关系上的，一切这些，都需要民主”。1945 年，毛泽东在回答黄炎培提出的历史周期律时说：“我们已经找到了新路，我们能跳出这周期率。这条新路，就是民主。只有让人民来监督政府，政府才不敢松懈；只有人人起来负责，才不会人亡政息。”

改革开放伊始，邓小平提出了“没有民主就没有社会主义，就没有社会主义的现代化”论断。邓小平在列宁“没有民主就没有社会主义”论断基础上，指出了民主和现代化的紧密关系，突出了在社会主义建设时期民主的重要性。胡锦涛在党的十七大报告中又将人民民主上升到“是社会主义的生命”高度。

党的十八大以来，随着中国梦的提出和推进国家治理体系和治理能力现代化实践的深入，习近平将中国特色社会主义民主的重要性上升到直接关系中华民族未来命运的高度，他指出：“人民民主是社会主义的生命。没有民主就没有社会主义，就没有社会主义现代化，就没有中华民族的伟大复兴。”实现中华民族的伟大复兴的中国梦必须坚持人民主体地位，把党的群众路线贯彻到治国理政的全部活动之中，保证人民当家作主落实到国家政治生活和社会生活之中。

（4）社会主义民主保障方面的创新

马克思、恩格斯指出，无产阶级只有夺取政权才能保障人民民主，但是民主在无产阶级夺取政权后还需要进一步发展。邓小平发展了马克思主义民主思想，认为发展社会主义民主“重要的是使民主程序化，程序制度化”，提出用法制来保障社会主义民主的观点，他明确指出：“为了保障人民民主，必须加强法制。必须使民主制度化、法律化，使这种制度和法律不因领导人的改变而改变，不因领导人的看法和注意力的改变而改变。”江泽民在党的十五大报告中首次将“依法治国”上升到党领导国家治国理政基本方略的高度，这是中国特色社会主义民主法治建设的重大突破，这是马克思主义民主政治思想的创新发展。

习近平更是注重民主发展的法治建设，指出，“法规制度带有根本性、全局性、稳定性和长期性”。习近平明确指出：“发展人民民主必须坚持依法治国、维护宪法法律权威，使民主制度化、法律化。”习近平特别注意运用法治思维和法治方式来建设社会主义民主政治，非常强调法律制度的落实，指出“法规制度的生命力在于执行”。习近平强调要推进制度现代化建设，科学立法并严格执法，在党的十八届四中全会中提出全面推进依法治国。这是继邓小平、江泽民民主法制化思想后的新发展，是马克思主义民主政治思想的进一步创新发展。习近平在十九大报告中进一步强调，要长期坚持、不断发展我国社会主义民主政治，推进社会主义民主政治制度化、规范化、程序化，保证人民依法通过各种途径和形式管理国家事务，管理经济文化事业，管理社会事务，巩固和发展生动活泼、安定团结的政治局面。

（三）习近平民主政治思想的先进性

习近平指出：“人民通过选举、投票行使权利和人民内部各方面在重大决策之前进行充分协商，尽可能就共同性问题取得一致意见，是中国社会主义民主的两种重要形式。在中国，这两种民主形式不是相互替代、相互否定的，而是相互补充、相得益彰的，共同构成了中国社会主义民主政治的制度特点和优势。”习近平还指出：“人民只有投票的权利而没有广泛参与的权利，人民权利意识只有在投票时被唤醒、投票后就进入休眠期，这样的民主是形式主义的，民主不是装饰品，不是用来做摆设的，而是要用来解决人民要解决的问题的。”这就告诉我们，中国的民主不只是选举一种形式，还包括协商民主的形式，两者互补，就优于一种形式；中国的民主不仅是形式的民主，如选举，更是实质的民主，如代表民意、参与决策。这就超越了西方的形式民主、选举民主。

如果认真地考察一下的话，西方民主常常有“南辕北辙”的结果，形式民主而实质不民主，民主的目的与民主的结果大为不同。这是因为西方民主建立在资本主义生产资料私有制基础之上，它的逻辑本质上就是资本的逻辑，“一人一票”或许更接近于“一美元一票”，“两党竞争”或“多党竞争”就会变成两大利益集团争斗或几大利益集团争斗，多数民众在政治运作过程中被边缘化，而政治资源集中在少数人手中，背离了民主要义，加剧了贫富分化和社会群体分化。近年来，美国多次组织全国或地方选举，结果反而加剧了美国社会贫富两极分化。实践不仅是检验真理的标准，还是检验政治民主优劣的标准。美国的民主实践本身就打破了美国民主的神话。

正确理解民主的内涵，前提是充分认识民主模式的多样性，打破对西方的制度迷信。中国作为一个社会主义国家，社会主义的根本制度决定了中国的民主与西方民主有着本质区别。政治学者罗伯特·达尔指出，民主的一个关键特征是政府持续回应其公民的偏好，而中国共产党和政府对民众的诉求的确具有较强的回应性。因此，中国特色社会主义民主所信奉的“人民主权”不仅仅是一个形式，更是在实质上使人民真正成为主权者，因而真正具有广泛性和人民性，是一种实质性的民主。更为重要的是，在这种民主模式下，中国共产党人实现了倾听民声、广集民智，做到了政治稳定、决策有效，确保了经济繁荣、社会发展，在全球240多个国家和地区激烈的公开竞争中，展现出了中国民主的强大生命力。

四、中国特色社会主义民主存在的问题

中国的社会主义民主政治符合中国国情，人民群众作为国家和社会的主人，能够充分发挥其建设国家和管理国家的积极性、主动性和创造性，使中国的经济发展和社会全面进步。同时，中国共产党和中国人民也必须清醒地看到，目前中国社会主义民主政治建设虽然取得了巨大成就，但也存在许多亟待解决的问题。正如习近平总书记指出的：“中国特色社会主义民主是个新事物，也是个好事物。当然，这并不是说，中国政治制度就完美无缺了，就不需要完善和发展了。”

（一）民主制度还不够健全

随着我国市场经济的不断发展，人民群众表达各种利益诉求和政治愿

景，对不断扩大政治参与和行使人民民主的权利提出要求，然而我国社会主义民主法制建设相对不够健全（如在参与路径、有效参与等方面有待进一步改善），很难完全适应和满足人民群众的要求，进而很难保障人民群众各种利益诉求的实现。民主政治还未完全形成制度化、法律化，导致民主政治还存在一定程度的非规范性。具体表现为：第一，公民政治参与的渠道和机制尚不健全。存在群体性事件和弱势群体政治参与困难。第二，还存在一些部门和领导的观念差异，特别是官本位思想仍然存在。第三，依法治国方略需要进一步强化，在立法、执法、司法、守法方面执行情况还没有完全达到现代化国家的标准。

（二）对权力运行进行制约和监督的有效机制有待进一步完善

受历史因素影响，封建传统文化中唯上、唯书、中庸、守旧的心理意识在人民心中根深蒂固，权利、民主和公平的法治意识相对薄弱。一些公共管理机构只注重对政府人员的素质培养，而对政府人员监控机制建设重视不够。监控机制不完善主要表现在三个方面：一是政府和党内部的同体监督不及时，一些单位存在一把手监督缺位现象；二是问责机制需要进一步强化；三是公民和社会舆论监督的约束力不强。

（三）科学教育和文化发展的不平衡性

科学文化发展的不平衡性，导致社会主义民主政治建设也呈现出不平衡性。目前来说，我国国民的科学教育文化水平整体还不够高，教育资源出现配置不均衡现象，导致很多地方的文化教育发展呈现出不平衡的态势。从这里也可以看出，宪法和法律所赋予公民的民主权利并没有完全很好地落实。正如马克思所指出的那样，权利永远不能超越出社会的经济结构以及由经济结构所制约的社会文化发展。我们应该深刻认识到，在社会主义初级阶段，科学教育文化发展的不平衡性，会成为民主政治发展的障碍，也导致一些民主政治措施不能很好地实施。

（四）民主政治相对滞后于经济社会发展

经济社会的发展需要民主法制的健全体系来保障，而在我国市场经济快速发展时期，大量的经济社会问题不断涌现，例如劳资纠纷、征地补偿、劳动就业、拆迁安置、群体冲突、司法不公等问题的出现，都与我国民主法制建设和经济社会发展不协调有关，民主法制建设呈现出不健全和不适应的现象。

（五）对权力制约和监督的有效机制有待完善

少数官员只为自己或特殊群体的利益服务，官僚主义、腐败现象在一定范围内仍然存在，缺乏民主意识、平等意识，不具备也无意愿培养发扬民主所应具备的现代治理能力。这些都阻碍了中国特色社会主义民主政治的发展。我国政治体制改革的近期目标，是建立有利于提高效率、增强活力和调动各方面积极性的领导体制。长远目标是建立高度民主、法制完备、富有效率、充满活力的社会主义政治体制。中国的民主政治建设道路还很长远，这是一个不断发展完善的过程。

五、发展中国特色社会主义民主的途径

发展中国特色社会主义民主，是中国共产党始终不渝的奋斗目标。因此，必须坚持党的领导、人民当家作主和依法治国三者的有机统一。必须推进民主渐进式发展，扩大公民政治参与，使中国特色社会主义民主更加系统完备；必须推动社会主义民主政治建设的制度化与法律化；必须重视中国特色社会主义民主道路建设，使中国特色社会主义民主具有更强大的活力。

（一）必须坚持党的领导、人民当家作主和依法治国三者的有机统一

习近平指出：在中国，发展社会主义民主政治，保证人民当家作主、保证国家政治生活既充满活力又安定有序，关键是要坚持党的领导、人民当家作主、依法治国的有机统一。建设社会主义民主，其根本原则就是这三者的统一。党的领导是人民当家作主和依法治国的根本保证，人民当家作主是社会主义民主政治的本质特征，依法治国是党领导人民治理国家的根本方式。党的领导、人民当家作主和依法治国的有机统一，是在中国共产党领导下社会主义民主政治的科学实践及宝贵经验。只有坚持了这三者的统一，国家才能保持稳定发展，社会各方面才能得以安定团结。在满足三者统一的基础上建设社会主义民主，才能使中国的民主建设步入正轨。

1. 党的领导是发展中国特色社会主义民主的根本保证

历史证明，中国共产党一直是建设中国特色社会主义的领导核心，党领导人民取得的丰硕成果向我们证明了历史的选择与人民的选择是正确的。中国共产党作为中国工人阶级、中国人民、中华民族的先锋队，一直

将全面建成小康社会和实现中华民族的伟大复兴作为自己的奋斗目标。要完成这两个目标，就必须实现人民当家作主的政治身份定位以及满足人民群众对于经济、政治、文化的物质、精神需求。也正是在党的领导下，我国的人民民主始终走在社会主义的道路之上。如果中国共产党没有处于领导核心的地位，人民民主就无法得到发展，社会主义现代化也将不复存在。社会主义法治国家的建成更是无从谈起。

2. 人民当家作主是中国特色社会主义民主政治的本质和核心

历史证明，中国革命道路如果无法实现人民当家作主、满足人民需求就难以取得成功。自从有了中国共产党，保证了人民当家作主，才能使革命胜利成为可能。所以，中国共产党始终将保证人民当家作主作为全心全意为人民服务这一根本宗旨的重要内容。人民当家作主，是社会主义政治文明形态发展到社会主义阶段的根本标志，它体现着社会主义国家的性质和方向。回顾历史，我们不难发现，在以往的剥削社会中，特别是在资本主义社会里，主权在民只是一纸空谈，并没有得到真正意义上的贯彻实行，国家权力只是掌握在资产阶级这一占人口总数少数的阶级手中，而人民一直是剥削压迫的对象，没有成为国家和社会的主人。相反，在社会主义制度之下，人民成为生产资料的主人，成了国家和社会的管理者和参与者。人民可以通过人民代表大会、共产党领导的多党合作和政治协商、民族区域自治以及基层群众自治等制度形式，将国家政权牢牢握在手中，在制度的保障下行使着民主的权利。社会主义民主发展的最终目的就是实现好、维护好和发展好最广大人民群众的根本利益与民主权利。放弃了人民当家作主，党的领导就会失去人民群众的支持与拥护，成为无源之水无本之木。

3. 依法治国是发展中国特色社会主义民主政治的根本途径和重要手段

依法治国是中国共产党领导的重要手段，是实现人民当家作主的重要方式，是发展社会主义民主政治的重要内容和基本要求。依法治国从体制内容上为人民当家作主提供了保障，确保了人民当家作主的正当性。依法治国本质上就是通过宪法和法律的规定实现人民群众对管理国家事务、管理经济和文化事业、管理社会事务的现实需求，有利于在党的领导下人民实现当家作主。同时，依法治国将坚持党的领导与实现人民当家作主有机结合起来，确保国家各项制度在遵循法律的前提下得以不断改进、不断发展，而不会因为受到个人主观意识的影响导致其发生不正常的改变，致使中国特色社会主义民主政治的发展遭受破坏。

综上所述，党的领导、人民当家作主、依法治国三者在本质上是一致的，统一于建设中国特色社会主义民主政治的伟大实践之中。这是中国特色社会主义民主政治的本质内涵所在、根本特色所在、巨大优势所在。“三统一”也是中国特色社会主义民主区别于西方民主的本质特征。坚持把三者统一于社会主义民主政治建设实践，是坚持中国特色社会主义政治发展道路的根本要求，是发展中国特色社会主义民主政治的根本前提，是深入推进中国特色社会主义政治建设的必由之路。

（二）必须推进民主渐进式发展，扩大公民有序政治参与，使中国特色社会主义民主更加广泛

习近平指出：“民主的要求是有阶段性的，不能超前化。”经济基础决定上层建筑，在一定条件下上层建筑对经济基础能够起到反作用。尽管当今我国经济发展迅速，社会主要矛盾也发生了重大变化，但是十九大再次强调我国仍然处于社会主义初级阶段。因此，渐进式发展的社会主义民主是合乎当前社会发展规律的。民主的发展要与生产力的提高和国民整体素质的提高协调发展，不能滞后或超前。渐进式的民主发展方式可以先发展基层民主，促进协商民主、选举民主协同发展，保证公民政治参与的有序性，使得中国特色社会主义民主更为广泛。政治参与是衡量国家政治民主化的重要标准之一。扩大公民有序的政治参与有益于国民增强民主意识和参政意识，为政治权利的监督提供了良好的群众基础。扩大公民的政治参与必须注重有序性，所谓政治参与有序性是指公民在认可现有政治制度前提下为促进国家与社会关系良性互动，为提高政治治理公共事务的能力与绩效而进行的各种有秩序的活动。党的十八大已经指出：“要健全基层党组织领导的充满活力的基层群众自治机制，以扩大有序参与、推进信息公开、加强议事协商、强化权力监督为重点，拓宽范围和途径，丰富内容和形式，保障人民享有更多更切实的民主权利。”这也表明，扩大公民有序的政治参与范围，需要通过长期实践。积极探索才能获得更为有效的经验。

第一，全面加强国民政治素质与文化素养的培养，推动公民主体意识的觉醒。政治参与的主体是公民，加强政治素质与文化素养的培养以及推进主体意识的觉醒是形成民主政治社会的根基。一方面，缺乏一定政治素质的公民不具备积极主动的民主意识，对政治参与的兴趣度较低；另一方面，缺乏一定文化素养的公民很难理解社会主义民主的真谛。因此，文化素质较低的公民有序政治参与的比例也相对较小。正因如此，发展我国的基础文化教育，培养公民政治参与意识和参与技能，加大民主政治生活的宣传力度，推进公民政治意识的觉醒，点燃公民对政治生活参与的热情，成为当前发展民主政治的重中之重。

第二，坚持依法治国，尊重法律赋予公民的政治权利，完善公民政治参与的制度建设。一是健全和完善选举制度。选举权是公民有序政治参与的最重要、最直接、最广泛的政治权利。就目前我国现状而言，我国公民已经直接行使选举权的包括县及县以下的民主代表的选举、城市居民委员会选举、农村村民委员会选举。但在实践过程中，直接选举的活动仍存在诸多需要改进的地方。例如，作为选举人，一些地方选民对欲投票选举的参选人员信息了解不够，选民消极选举或是盲目选举，造成选举应然效果与实然效果差距甚大。因此，我们更应该慎重对待基层民主选举，完善基层民主选举制度，推动选举的透明化，使得选举结果成为公民意志的正确体现。二是要完善公民对立法的参与制度。近年来，我国就此作出许多尝试，获得很多积极经验。我们要将这一实践制度化，以法律的形式确定下来，推进公民对立法的参与制度早日确立。三是要健全和完善听证制度。政府通过听证制度，可以更好地将公民的声音传递给政府相关部门，这种直接的民主制度方式使得政府与公民之间形成良性互动，增强公民政治参与的有序性。目前，听证在价格决策、地方立法、行政处罚、国家赔偿等诸多领域被广泛采用，接下来，我们应该把法律监督以及重大事项决定等纳入听证的内容，不断总结经验，在法律上确立听证逐渐走向制度化和法律化。

第三，重视基层民主建设，拓展公民有序政治参与的途径。一是加强基层群众自治制度的建设，以基层群众自治组织为媒介，让政府与基层群众的交流减少阻碍，政府能有效地接受和听取基层群众的意见与建议，使公民有序参与政治的渠道得以拓展。为使基层民主制度更为完善，就必须理清基层政权组织与群众自治组织之间的关系，使两者权责明确，基层群众自治组织能在适当的范围内为公民的自我教育、自我管理、自我服务做出更为有效的贡献。二是要逐渐发展政治参与形式的多样性，只有不断对政治参与制度的完善才能够促进公民参与政治的规范化和制度化，同时在有效地了解公民的所想所需后，有针对性地改善管理与决策水平。三是增强传统新闻媒体政治参与的能力，传统新闻媒体仍然是公民参与政治的重要“发声筒”，一方面使得公民能够更为有效及时地了解最新信息，另一方面公民的政治诉求也能通过传统新闻媒介及时传达。四是善于利用新媒体在当今民主生活中的作用。网络的普及使得公民政治参与的途径获得极大的拓展，政府可以通过网络更为及时地了解民情和民声，而公民则可利用网络作为媒介，及时了解政府的决策、信息公开，有利于公民知情权、参与权和监督权的行使，增强公民政治认同和政治生活体验。

（三）必须推动社会主义民主建设的制度化与法律化

习近平指出：“发展人民民主必须坚持依法治国，维护宪法法律权威，使民主制度化、法律化。”纵观各国政治发展史，人治对民主发展造成的负面影响不言而喻，法治逐渐成为民主政治发展的主流思想。人作为主观个体，拥有主观意识，因此，无法保证民主建设中的个体能时刻保持理智和公平，而不受情感和利益的影响，而法治则能弥补人治中可能存在的风险。只有坚持法治，民主才可能得以持续发展；没有了法律的保障，民主建设就会出现问题。因此，推动民主建设的法律化势在必行。加强制度建设同样有利于社会主义民主的建设，“制度建设更带有根本性、稳定性和长期性”，只有将社会主义民主建设放置于制度之下，有了制度的保证，社会主义民主政治建设才能获得更好的发展。在坚持现有的人民代表大会制度、协商民主制度和基层民主自治制度的前提下，继续完善民主制度，根据社会主义民主政治的发展阶段建立新的制度也是极为必要的。

（四）必须重视中国特色社会主义民主政治道路建设

不同国家的历史与国情不同，而以此建立的政治制度也存在差异，因此世界上不存在两种一模一样的政治制度模式，民主建设也不会存在两种一模一样的发展道路。中国特色的民主政治道路建设必须结合本国实际情况，不能照搬照套其他国家的政治制度。习近平指出：“中国特色社会主义政治制度之所以行得通、有生命力、有效率，就是因为他是从中国的社会土壤中生长起来的。中国特色社会主义政治制度过去现在一直生活在中国的社会土壤之中，未来要继续茁壮成长，也必须深深扎根于中国的土壤。”紧密结合中国国情形成的人民代表大会制度、协商民主制度和基层民主制度因而极具中国特色。这些制度正是在借鉴其他国家经验、结合中国国情的基础上通过实践逐渐发展并完善起来的，是社会主义民主建设重视中国特色的成果所得。

（五）正确处理好四种关系

1. 正确处理好民主与集中的关系

在国家的政治生活中，民主和集中作为政治制度的外在表现，显示出对立与统一的关系。民主是集中的前提和基础，建立在最广泛民主基础上的集中，才能够最大限度地促进政治发展。抛弃民主的集中即专制。

集中是民主的保障和归宿。在任何一个国家里，民主政治生活所必需的物质条件都是在国家统一管理下实现的，包括国民个人素质的提高。充分发挥最广泛的民意，将其集中起来上升为国家意志的行为，是体现了集中也是民主的归宿。

2. 正确处理好民主与法治的关系

民主是法治的前提和基础。法律是国家意志的表现，依法治国是现代国家政治文明的重要内容。制定法律需要广泛地收集民意，把民意上升为国家意志，就会使法律能够真正代表人民群众的根本利益，也体现民主是法治的前提和基础。这一理想状态的前提条件是制定法律的人必须来自人民，具有广泛的群众基础，并且真正做到。

法治是民主的保障。一方面，民主政治生活一定要有法可依、有法必依。民意的体现若是突破了法律的界限，也未必是正确的民主行为。必须约束一切以民主的名义轻视法律、践踏法律的行为。另一方面，法治是民主行为有序进行的保障，是政治生活的合法活动场所。

3. 正确处理好民主与民意之间的关系

民主作为民意的表达途径，也是一种政治制度。但民意是否正确不能完全通过民主加以断定。在古希腊的雅典，民主法庭是一项重要的民主内容，但是在这个法庭上却处死了人类历史上最伟大的哲学家之一苏格拉底。因此，民意是广泛诉求的体现，但不一定是正义与科学。特别强调的是，只有在一个文明程度高和国民个人文化素质高的民族中，它的民主政治生活才会有更多积极的作用。这就是所谓真理有时只掌握在少数人手里。所以说，中国的民主政治建设要加大对教育行业的投入，切实提升公民的个人素质。

总之，中国特色社会主义政治制度是中国共产党和中国人民最伟大的创造。我们完全有信心、有能力把我国社会主义民主政治的优势发挥出来，为人类政治文明进步贡献中国智慧！

新时代法治政府建设

丁丹丹

1990年，《中华人民共和国行政诉讼法》（以下简称《行政诉讼法》）出台之后，法治政府建设的序幕缓缓拉开，党的十五大、十六大、十七大都对建设法治政府提出了要求。随着党的十八大提出到2020年依法治国方略全面落实、法治政府基本建成的奋斗目标，我国法治政府的建设开始进入快速发展的轨道。在党的十九大上，习近平总书记作出“中国特色社会主义进入新时代”的重大历史判断并且提出2035年法治国家、法治政府、法治社会基本建成的新目标，我国法治政府建设也迎来了新的历史机遇，迈入新的时代。因此，面临新形势、立足新起点，加快建设法治政府的任务艰巨。

一、新时代法治政府建设的意义

（一）新时代法治政府建设是全面建成小康社会的坚实基础

在党的十九大报告中，习近平总书记指出我国社会主要矛盾已经转化为人民日益增长的美好生活需要和不平衡不充分的发展之间的矛盾。所以，全面建成小康社会不仅仅是老百姓生活的富足，更是对民主、法治、公平、正义、安全、环境等方面的要求的满足。进入新时代，老百姓更加渴望公平正义，同时民主意识、维权意识、法治意识日益增长，因此，只有法治建设协同跟进，依法治国的目标才得以实现，而要想保障社会公平正义，促进社会和谐稳定，使人民群众生活得更加幸福、更有尊严，必须尽快促成法治政府的基本建成。这是建设社会主义法治国家中示范性和带动性的关键环节，应当率先予以重点突破。通过建设法治政府，推动政府全面履行职能，健全依法决策机制，深化政府体制改革，实现严格规范、公正文明执法，强化对行政权力的制约和监督，保证全面推进政务公开，促进各种利益、矛盾、纠纷依法解决，从而使社会成员依法享有权利、行使权利、维护权利、履行义务、承担责任，人民依法享有广泛的权利和自由、承担应尽的义务，实现全社会公平正义，促进共同富裕，全面建成小康社会。

（二）新时代法治政府建设是全面深化改革的迫切需要

当前，改革进入攻坚期和深水区，矛盾愈发复杂，挑战愈发严峻，利益关系盘根错节，改革任务之重前所未有，因此，必须努力应对各种矛盾挑战，妥善解决改革发展稳定面临的种种问题。习近平总书记强调指出，凡属重大改革都要于法有据，在整个改革过程中，都要高度重视运用法治思维和法治方式，发挥法治的引领和推动作用，加强对立法工作的协调，确保在法治轨道上推进改革。政府不仅是改革布局的规划师，更是改革的具体推动者。法治政府建设必将促进更好的改革路线设计，法治政府建设必将推动全面深化改革的进程，所以它的质量关乎改革的质量，它的进步关乎全面深化改革的进程。法治政府建设的成效与改革的成败紧密地关联在一起。在这个意义上，法治政府建设肩负了前所未有的使命。因此，迈入新时代，各级政府要更加自觉地用法治的眼光观察改革发展问题，用法治精神凝聚改革发展的共识，用法治方式营造改革发展的环境，用法治办法破解改革发展中的难题，用法治规范保障改革发展的成果。法治政府建设，为全面深化改革提供了坚实的制度支撑和有力的法治保障。

（三）新时代法治政府建设是全面从严治党的题中应有之义

党的十八大以来，以习近平同志为核心的党中央，把全面从严治党纳入“四个全面”战略布局。习近平总书记在十九大报告中强调，“坚定不移全面从严治党，不断提高党的执政能力和领导水平”，并且重申“党领导人民制定宪法和法律，党自身必须在宪法和法律的范围里活动”，依法执政被视为对党的最重要的要求，是全面从严治党的根本遵循。这既要求党根据宪法法律治国理政，也要求党根据党内法规管党治党。中国政府是中国共产党领导和组织的政府，政府的主要负责人都是由中共党员担任，每一级国家政权都有相应的党委，国家机关内部还设立党组，党的执政主要体现为党委、党组对政权机关的领导，具体到行政管理这个领域就是“党委领导、政府负责”。十九大报告中提出党不但要领导、还要负责，不再因循“党委领导、政府负责”的逻辑，而是“党政同责”，将党政“一把手”并列为第一责任人的领域和事项增加，由“党领导政府管理”向

“党和政府一起管理”转变。党作为行政决策者的角色日渐明确，党对政府的领导方式主要具体化为作出重大决策，也就是说，在行政机关和被授权组织之外，党的机构掌握着最重要的行政权——行政决策权。我们通常所讲的行政主体依法行政，其实还在依党的政策行政。所以，加强法治政府建设，也对党委的领导提出了要求，即必须在法治范围内活动，政府能够依宪执政、依法行政，事关执政党的兴衰，依法行政与依法执政就是硬币的两面。依法行政，基本建成法治政府也就是全面从严治党的题中应有之义。

（四）新时代法治政府建设是全面依法治国的重要抓手

党的十八届四中全会决定明确提出：“全面推进依法治国，总目标是建设中国特色社会主义法治体系，建设社会主义法治国家。”中国特色社会主义法治体系的内涵就是在党的领导下，形成完备的法律规范体系、高效的法治实施体系、严密的法治监督体系、有力的法治保障体系和完善的党内法规体系。所以形成高效的法律实施体系是建设中国特色社会主义法治体系的重要任务，形成高效的法律实施体系就是保证宪法法律的实施，那么谁来保证宪法法律的实施？最主要的机关就是政府，政府是国家权力机关的执行机关，严格贯彻宪法法律是其重要职责。在多大程度上影响宪法法律的实施、影响党和政府公信力的树立、影响依法治国目标的实现，关键就在于政府法治程度的高低。在某种程度上来说，全面推进依法治国必须抓住法治政府的建设这个核心问题。各级政府必须按照深入推进依法行政，切实做到严格执法和带头守法，全面提升政府工作的法治化水平，依法管理经济社会事务，保证宪法法律在政府工作领域全面正确实施，确保全面依法治国方略的全面落实；把党中央、国务院关于法治政府建设的目标具体化、措施系统化，加快建设职能科学、权责法定、执法严明、公开公正、廉洁高效、守法诚信的法治政府。从“科学立法、严格执法、公正司法、全民守法”的法治工作新16字方针，到“坚持依法治国、依法执政、依法行政共同推进，坚持法治国家、法治政府、法治社会一体建设”，都突出了深入推进依法行政，加快建设法治政府的意义，彰显了其在全面推进依法治国中的重要分量。

二、新时代法治政府建设新成就

党的十八大报告提出，到2020年依法治国基本方略全面落实的时候，法治政府要基本建成。习总书记在首都各界纪念现行宪法颁布实施30周年大会上的讲话指出，国务院和地方各级政府作为国家权力机关的执行机关，作为国家行政机关，负有严格贯彻实施宪法和法律的重要职责，要规范政府行为，切实做到严格规范公正文明执法。党的十八届三中全会提出，切实转变政府职能，深化行政体制改革，创新行政管理方式，增强政府公信力和执行力，建设法治政府和服务型政府。党的十八届四中全会提出要深入推进依法行政，加快建设法治政府。深入推进依法行政、加快建设法治政府的部署明确要求各级政府必须坚持在党的领导下、在法治轨道上开展工作，创新执法体制，完善执法程序，推进综合执法，严格执法责任，建立权责统一、权威高效的依法行政体制，加快建设职能科学、权责法定、执法严明、公开公正、廉洁高效、守法诚信的法治政府。由中共中央、国务院共同颁布《法治政府建设实施纲要（2015—2020年）》确立了到2020年基本建成法治政府的奋斗目标和行动纲领。十八届五中全会再次强调，加强法治政府建设，依法设定权力、行使权力、监督权力、制约权力，依法调控和治理经济，推行综合执法，实现政府活动全面纳入法制轨道。党的十九大报告继续重申要建设法治政府，推进依法行政，严格规范公正文明执法。

党的十八大以来的五年，是中国特色社会主义事业砥砺奋进、取得重大成就的五年，是全面依法治国、建设法治中国取得重大进展的五年，也是深入推进依法行政、加快建设法治政府取得重要进展的五年。当前，法治政府建设正展现出前所未有的“加速度”，法治政府建设迈入新的时代。

（一）法治政府的制度体系基本形成

古希腊哲学家亚里士多德有一句经典名言：“已成立的法律获得普遍的服从，而大家所服从的法律本身是制定得良好的法律。”保证法律实施体系的形成，必须完善行政管理法律法规、提高政府立法质量。政府承担着国家立法工作的很大一部分，政府可以制定行政法规、部门规章，同时还是很多法律、地方性法规的起草者。十八大以来，行政法体系初步形成，基本实现了政府有法可依，各级机关更加重视提高立法质量，科学立法、民主立法扎实推进，各级政府部门开门立法取得重大发展，重点领域立法得到进一步加强，就民生、国家安全、社会治理、经济发展等重点领域出台了一系列的法律法规。法规规章备案审查制度进一步完善，进一步维护了国家法制统一。2012年11月8日以来，国务院共提请全国人大常委会审议法律议案45件，制定修改行政法规48部。15个省（区、市）和

22 个地级市政府出台了规范。党的十九大报告还提出要继续完善国家机构组织法。

（二）行政体制改革不断深化

1. 行政审批制度改革取得重大突破

党的十八大以来，以习近平同志为核心的党中央从全局出发，把转变政府职能作为深化体制改革的关键，把职能科学作为法治政府建设的首要目标，大力推进行政审批制度改革。本届政府以简政放权为开头炮，全力推进法治政府建设，至 2016 年，共取消和下放国务院各部门行政审批事项 618 项，激发了市场和社会活力，也提前完成了本届政府成立之初的目标。取消和下放审批权的难度可想而知，这么大的难点被突破是非常值得肯定的巨大进步，我们的企业和老百姓同时也有了更高的期待。因此，今后还必须继续严控行政审批，继续推进简政放权，进一步规范审批行为，保证落实不反弹。

2. 清单制度管理全面实行

李克强总理出席 2014 年夏季达沃斯论坛提出三个清单，即权力清单、负面清单、责任清单。十八届四中全会通过的《中共中央关于全面深化改革若干重大问题的决定》（以下简称《决定》）明确规定推行政府清单制度，2015 年 10 月，国务院发布《关于实行市场准入负面清单制度的意见》，实施负面清单制度是让市场主体知道自己能做什么不能做什么，负面清单制度的实施大大提高了市场的透明度、开放度和自由度，释放了市场活力，为发挥市场在资源配置中的决定性作用提供了更大舞台。截至 2017 年 9 月，31 个省区市均已公布其省市县三级政府部门权力清单和责任清单，46 个国务院部门公开保留的中央指定地方实施的行政许可事项清单。

3. 政府职能转变和管理方式创新

在释放市场活力的同时，政府也要履行其监管的职责，所以解决了放的问题，剩下的就是政府管的问题，也就是如何解决民生问题，如何把环保问题、医疗问题、食品和药品安全问题解决好，这就要转变政府职能和管理方式，提供公共服务，建立服务型政府。所以，党的十八大以来，本届政府通过“先照后证”“多证合一”等工商登记制度改革，“双随机、一公开”的监管模式，提高了监管效能，降低了企业准入成本，优化了市场竞争环境。“互联网+政务服务”、简化办事手续进一步提高了政府的办事效率，方便群众办事，再一次激发了市场活力。

（三）行政执法和决策体制改革不断深入

执法的好坏关系到法治政府建设的好坏，老百姓与执法打交道最多，也最能直观地感受政府的法治水平。十八大以来，综合执法改革稳步推进。相对集中行政处罚和强制权以及综合执法工作不断推进，重点领域执法力量不断增强，基层执法力度逐渐加大，城市管理执法体制日益顺畅，执法人员工作日益规范。在推进行政执法规范化建设方面，各级政府积极探索，通过推行行政执法公示、行政执法全过程记录、重大执法决定法制审核制度，行政执法规范化建设取得重大成效。2017 年，国务院办公厅印发《推行行政执法公示制度执法全过程记录制度重大执法决定法制审核制度试点工作方案》，确定在天津市、河北省、国土资源部以及呼和浩特市等 32 个地方和部门开展试点。各地区各部门逐步完善行政执法程序，规范执法裁量权，提升执法透明度。十八届四中全会的《决定》提出重大行政决策程序包括公众参与、专家论证、风险评估、合法性审查、集体讨论决定等程序，实践中决策程序不断完善，质量也逐渐提高。

（四）政务公开稳步推进

法治政府必然是公开透明的政府。公开应该是法治政府建设中最重要的制度。政府权力只有在公民看得见的状态下，才有可能致力于保障公民权利和公共利益。从党的十五大明确提出实行政务和财务公开，到 2008 年《中华人民共和国政府信息公开条例》实施，各地区各部门积极探索创新政务公开途径，在行政决策公开、行政权力公开透明运行、政府信息公开、电子政务应用等方面积累了经验。当前，政府各部门已经处于一种相对透明环境下履职，公众获取政府信息的渠道更加畅通，信息的传播更加便捷，覆盖面更加广泛，对政府及其行政机关工作人员的监督更加有力。十八届四中全会的《决定》提出“全面推进政务公开。坚持以公开为常态，不公开为例外的原则，推进决策公开、执行公开、管理公开、服务公开、结果公开”以后，中央对行政公开的要求也越来越明确、全面和彻底。2016 年，中央办公厅、国务院办公厅印发《关于全面推进政务公开工作的意见》，各地区各部门以互联网政务信息数据服务平台和便民服务平台为依托，推进政务公开的标准化、规范化，提高时效性和便民度。总之，经过二十多年的发展，信息公开的数量大幅增加，政府也感到前所未有的压力，这对于法治政府的建成、整个民主法治的进步影响很大，有力促进了政府职能转变和经济社会发展。

（五）公务人员法治意识明显提升

党的十八大以来，党和国家采取了一系列举措，促使行政机关公务人员特别是各级领导干部提升依法行政的意识和能力，在管理国家和社会事务等方面开始思考如何运用法治的方式解决问题。例如，2016 年，中央办公厅、国务院办公厅印发了《党政主要负责人履行推进法治建设第一责任人职责规定》，明确了党政主要负责人推进法治建设的主要职责，展现了党中央推进法治政府建设的决心，领导干部逐渐重视行政决策的法律程序，按照法律程序办事。再比如，各地区各部门开始重视法治素养的培养，以法治政府建设考核评价指标体系为标准，并将考核结果作为考核干部晋升的重要依据；同时注重各种依法行政的培训、测试，注重考试录用中对法律知识的考查，注重违法违纪的问责。党和国家还施行了宪法宣誓制度、宪法日活动，健全了谁执法谁普法的责任制，落实了行政机关负责人出庭应诉的制度。在各级政府及其工作人员特别是领导干部中间逐渐形成了学法、守法、用法、尊法的氛围。广大公务员特别是各级领导干部越来越重视运用法治思维和法治方式深化改革、推动发展。

三、新时代法治政府建设的突出问题

在看到新成就的同时，应该清醒地认识到我国在建设法治政府的进程中诸多现实困境。当前，必须解决新时代法治政府建设过程中所面临的突出问题，使我国在全面推进法治政府建设的轨道上顺利前行。

（一）法治意识与人治观念同时存在

目前，我国各级政府与政府工作人员依法行政的法治意识已经普遍提高，但是人治观念依然存在，造成这种局面的原因是封建社会的“权力至上”“集权专制”对我国国家治理层面的影响根深蒂固。研究人员曾经在公务人员中间做过问卷调查，其中有一个问题是：“您认为依法治国的首要任务是什么?”绝大多数公务人员选择的是依法治理社会事务，还有一小部分选择是依法治民。上述问题说明，一些公务人员包括领导干部追求的是形式意义的法治，没有形成真正的法治观念。宪法的基本价值就是限制政府权力，保障公民权利，宪法是最主要的治官之法，依法治国重在治官、治权，而一些人则认为法治就是管理老百姓，甚至约束老百姓，其根本原因是没有从宪法法治的高度认识法治治理的内涵和重要性。所以当前必须承认，领导的批示、指示、会议纪要仍然发挥着比法律还重要的作用，办公会、协调会等依然是行使权力的主要形式，个别公务员对法律不敬畏，不按法律办事，而是按经验办事、按领导意见办事；还有的只按照文件办事，不习惯按法律办事，把法律看作工作障碍，这都会使人民群众丧失对法律的信任。“政府是一个感染力极强的以身示范的教师，不论教好教坏，它总在以自己的楷模行为教育整个民族”；“如果政府本身触犯法律，就会使人蔑视法律，从而孕育无政府状态”。所以，政府公务人员藐视法律，以人治的观念指导工作，必将削弱法治政府建设的基础，这与全面推进依法治国、建设法治政府显然是格格不入的。

（二）政府法治建设发展不平衡

客观地讲，政府法治还存在着部门之间、地方之间的不平衡，依法行政工作的不平衡更突出表现在中央与地方的对比上。例如，当前法治政府建设要求转变政府职能，创新执法方式，探索柔性行政方式，但对于乡镇政府来说，由于长期形成的刚性压制、刚性强制手段，公务人员很难接受这种新型的执法方式，管理还是以压制、强制为主要方式。所以相对于中央政府“高铁”速度的列车来说，地方政府依法行政工作尚处在“动车”水准上，而不少市县政府、乡镇政府的依法行政工作甚至还处于早期的“普通列车”状态。2012 年，党的十八大明确提出法治政府建设的时间表，十八届三中、四中全会及其决定进一步明确了推进依法行政、建设法治政府的路线图。所以当前，“深入推进依法行政，加快建设法治政府”的重点是实现地方尤其是基层依法行政工作的转型、提速和升级，地方尤其是政府及其部门应当在更宽的视野和更高的境界中，加深行政与法律的关系，跟上深入依法行政的整体步伐，向 2020 年基本建成法治政府的既定目标迈进。

（三）政府行政组织法体系不够健全

法治政府的建设目标之一是职权法定，也就是政府必须按照法定权限行使权力，但是政府职能在许多方面依然缺少明晰而刚性的法律约束、党政关系梳理不清、行政机构改革反反复复，行政机构设置和编制管理混乱以及行政职能法定化、规范化程度差等情况还严重存在。从行政机构设置的法定角度看，由于我国行政组织法尚不完善，行政机构的设置还没有清晰的规则，中央和地方层面的行政机构与事业单位、社会团体的关系并没有完全理顺；行政机构与事业单位、社会团体鱼龙混杂，甚至真假难辨。

哪些公共职能应当由行政机关行使、哪些可以由事业单位或者行业协会行使，甚至哪些组织属于行政机关、哪些属于事业单位或者行业协会，还相当不明确；行政机构的人员编制无定数，虽然出台了有关机构编制的行政法规，中央到地方也有专门机构职掌编制管理，但实际职数仍被一再突破。行政机构改革问题长期以来反反复复，成效并不明显，行政效率达不到人民的期望值。随着国家各项改革的进一步开展，积极稳妥地推进综合性整体改革的条件已基本具备。从行政机关行为方式上来看，首先，不少种类的行政行为仍然缺乏实际的刚性的法律约束，《行政许可法》的实施遇到阻力重重，但正如李克强总理所讲的那样，有些部门仍在暗中踩刹车，阻挡这项改革。再如，关于许多经济领域调控的法律缺乏具体规定。党的十八届四中全会提出了政府权力清单的崭新课题，但究竟什么是权力清单、权力清单的法律地位如何、谁有权出台权力清单、谁审查权力清单、谁监督权力清单等问题还有待解决。这都涉及职权法定这个重要问题，如果不从根本上得到全面解决，行政权实际上依然得不到有效的法律控制，法治政府建设就难以达到预期目标。

（四）在依法执法方面问题依然突出

政府近年来强烈主张依法行政，但许多法律实施状况之差已成为社会共识，这就是党的十八届四中全会强调必须形成高效的法治实施体系的原因。目前许多政府部分行政执法领域还存在严重违法。例如，在农村土地征用、城市房屋拆迁、城市管理综合执法等领域，虽然不是完全没有法律，但那些法律往往没有得到遵守；而“专项整治”等运动式执法习惯依然在某些执法领域盛行。依法执法方面最后一个问题表现在行政系统缺乏严格、科学的行政违法责任追究机制。在理论上，我们有党内监督、人大监督、司法监督、审计监督、社会监督、舆论监督等制度设计，但是实际上并没有形成科学有效的权力运行制约和监督机制，没有形成合力和实效，纠错问责机制大多仍流于形式。

（五）在权利救济方面仍存在薄弱环节

权利救济是中国传统行政制度最大的软肋，也是改革开放以来中国行政法制度进步呈现的最大亮点，目前，法律固定解决纠纷的渠道很多，有人民调解、行政调解、行政裁决、民间仲裁、诉讼、复议、信访等途径，但是从纠纷解决的实际选择来看，法定的救济渠道并不通畅，我国权利救济制度的实效还不尽如人意，行政复议、行政诉讼、信访等权利救济制度并没有真正发挥出定纷止争的全部作用。行政复议具有简易灵活的特点，被寄予厚望，中央所期望的使行政复议成为解决行政纠纷主渠道问题还没有真正解决，行政诉讼制度的独特优势尚未充分发挥出来。《行政诉讼法》的重大修改显然力图在这些方面有所突破，但目前来看实际效果还很难充分显现出来。“立案登记制”初露锋芒，但有些地方法院明改暗不改，并不想真心坐实。新《行政诉讼法》用“行政行为”概念替代了“具体行政行为”概念是一个进步，但是新法并没有对“行政行为”的内涵作出界定，准确把握和运用这一核心概念将成为该法实施是否顺利达到预想效果的瓶颈问题。信访制度碎片化还很严重，促使其法治化还刚刚处于起步阶段，老百姓不信法，通过信访要求党委政府解决纠纷。例如前不久冯小刚导演的一部电影《我不是潘金莲》就暗示了现实存在的问题，电影中范冰冰饰演的李雪莲与自己的丈夫为了规避法律，选择了假离婚，谁知真的被丈夫抛弃弄成了真离婚。于是她请求法院认定他们离婚是无效的，让她的丈夫和她复婚。我们知道，法官不可能对夫妻感情的实质来进行审查，法律中没有“假离婚”的条款，一旦办理离婚登记，在法律上就认定是离婚。但是她认为是法官在枉法裁判，于是从县里到市里，再到省里，最后直到北京，走上了二十年持续不断的赴京上访之路。我国法律已经明文规定，不服一审判决你可以选择上诉，如果认为法官枉法裁判还可以去检察院或者纪委检举、举报，但她没有，这就是我们常说的“信访而不信法”。还有，法院的判决已经生效，但当事人不服，到政法委、国务院甚至中央上访，希望得到领导的批示。上访者知道政府重在维稳，所以通过闹访、缠访的方式来达到自己的目的，使得本来已经解决了的法律纠纷和矛盾，陷入了新一轮纠纷的循环之中。于是很多纠纷问题并没有走法律渠道，没有通过申诉或者上诉解决，而是通过非法定的渠道得以解决，这就造成了“信访而不信法”的现象。凡此种种，都说明我国公民权利救济制度的完善还有很长的路要走，通过加强权利救济制度建设、推进法治政府的任务还很重。正如有的学者所说的：“法治作为一种社会理想在中国已经逐渐扎根人心，但法治作为一种社会现实仍然只见于远处的地平线。”这可以说是对当今中国依法行政状况比较客观的描述，也是人们强烈希望建设法治政府动力之所在。

三、新时代法治政府建设的新契机

（一）习近平新时代中国特色社会主义思想引领法治政府建设

党的第十九次全国代表大会明确提出了“习近平新时代中国特色社会

主义思想”的科学概念，确立了习近平新时代中国特色社会主义思想的基本内涵和历史地位，习近平新时代中国特色社会主义思想阐释了中国特色社会主义进入新时代的一系列具有全局性、战略性、前瞻性的行动纲领，标注了我国发展新的历史方位，对共产党执政规律、社会主义建设规律、人类社会发展规律的认识予以了全新的视野，是我们党新的行动指南，具有划时代的意义。十八大以来，习近平总书记发表了一系列有关法治或以法治为主要内容的专题讲话，凝聚为习近平全面依法治国思想，这是习近平新时代中国特色社会主义思想的重要组成部分，它极大地丰富和发展了中国特色社会主义法治理论。习近平总书记关于全面依法治国思想，要求坚定不移地走中国特色社会主义法治道路。十九大报告中明确全面推进依法治国总目标是建设中国特色社会主义法治体系、建设社会主义法治国家，表明全面依法治国是走中国特色社会主义法治道路，中国特色社会主义法治道路必须坚持中国共产党的领导，坚持中国特色社会主义制度，贯彻中国特色社会主义法治理论。这体现了中国特色社会主义道路自信、理论自信、制度自信和文化自信。

习总书记全面依法治国新思想阐述了依宪治国依宪执政的思想。习总书记非常重视宪法的实施，强调通过推进合宪性审查加强宪法实施。宪法的有效实施就是保证法律能够准确运行，从而执法能够有法可依良法善行。

习总书记全面依法治国新思想，要求确立依法治国、依法执政、依法行政共同推进，法治国家、法治政府、法治社会一体建设，统筹推进科学立法、严格执法、公正司法、全民守法。

习总书记全面依法治国新思想要求规范和约束公权力。“把权力关进制度的笼子里”，即依法设定权力、规范权力、制约权力、监督权力。让权力在阳光下运行，确保国家机关按照法定权限和程序行使权力。习近平总书记强调，行政机关是实施法律法规的重要主体，要带头严格执法。法治政府的建设必须强化对行政权力的制约和监督。

习近平总书记全面依法治国新思想，表明党大还是法大是个伪命题，党的领导是中国特色社会主义的最本质特征，是中国特色社会主义法治的最根本保证。社会主义法治必须坚持党的领导，党的领导必须依靠社会主义法治，法治政府的建设必须坚持党的领导，领导立法、保证执法、支持司法、带头守法。

习近平总书记全面依法治国新思想，阐述了依法治国和以德治国，在发挥依法治国的规范作用的同时要抓道德建设，从而让法治和德治相得益彰，这是法治政府建设中执法方式转变的理论依据。

习近平总书记全面依法治国思想，是关于中国特色社会主义法治的重大理论创新和发展，是新时代法治中国建设的思想指针和行动指南。在习近平总书记全面依法治国思想的科学指引下，党的十八大以来，中国特色社会主义法治政府建设取得了历史性成就，迈入法治政府建设新时代，行政机关应当深入学习贯彻落实十九大精神，以习近平新时代中国特色社会主义思想为指导，全面把握、深刻领会习近平总书记全面依法治国思想的精髓并用以指导实践，推动新时代法治政府建设走向新高度，进入新时代。

（二）执政党统一领导法治政府建设

党的十九大报告指出，党政军民学，东西南北中，党是领导一切的。这一要求被写入《中国共产党章程》，成为全党的行动指南。党的领导是中国特色社会主义最本质的特征，是社会主义法治最根本的保证。党的十八大以来，从十八届三中全会作出“推进法治中国建设”的重大战略决策，到十八届四中全会提出全面依法治国的总蓝图、路线图和施工图，再到十八届五中全会描绘全面建成小康社会的法治蓝图，十八届六中全会对党内法规制度建设作出重大部署，全面依法治国、建设法治中国所取得的每一个重大进展，都是在以习近平同志为核心的党中央的坚强领导下取得的，凝结着中国共产党领导人民治国理政的重大法治化成果。党的十八大及十八届三中、四中全会均提出“把党的领导贯彻到依法治国全过程和各方面”的要求，十八届四中全会《决定》明确提出：“党的领导是全面推进依法治国、加快建设社会主义法治国家最根本的保证。必须加强和改进党对法治工作的领导，把党的领导贯彻到全面推进依法治国全过程。”这些论断就是党主抓法治政府建设的理论依据和思想保障，也是法治政府建设上升为党和国家中心工作的标志。在党的领导、人民当家作主、依法治国有机统一的基本原则下，法治政府建设依照宪法法律和党章的规定有序推进。形成统一领导、权威高效的权力运行和监督体系，将法治政府建设与党内法规体系建设有机融合，实现全面从严治党与依法治国的有机融合。中国共产党对全面依法治国进程的坚强有力的领导，确乎是当代中国法治建设与发展的一条基本经验，是当代中国法治现代化宏伟大业不可动摇的根本政治保障。面对中国共产党执政兴国的重大时代使命以及中国特色社会主义事业更加广阔的发展前景，党的十九大对全面推进社会主义法治国家建设作出新的总体部署和战略安排，这必将更加有力地推动当代中国法治现代化进程。习近平总书记在党的十九大报告中指出，要成立中央全面依法治国领导小组，加强对法治中国建设的统一领导。在中国目前依法治国的大背景下这是一个重大变化。随着中央全面依法治国领导小组的成立，可以预见的是，党中央的集中领导，必将调动全党、全国、全军、全社会的力量推动法治建设，更好地协调立法、执法、司法、普法全环节工作，不仅为全面依法治国提供组织保证，也为党领导法治政府建设提供顶层设计思路。中央全面依法治国领导小组将有助于形成全面依法治国的强大领导机制和组织保障，有利于增强各级党政部门依法执政的本领与能力，从而统一全党和全国人民依法治国的认识，形成全面推进依法治国的强大合力，推动依法治国的各项举措落到实处。可以预见，十九大之后，党的领导、人民当家做主和依法治国三者将更加紧密地结合在一起，党在全面推进依法治国过程中的领导力量与组织能力将更加充分彰显。2015 年 12 月，《法治政府建设实施纲要（2015—2020 年）》（以下简称《纲要》）由中共中央、国务院联合印发。《纲要》将法治政府建设纳入执政党治国安邦的视野，不仅体现出法治政府建设本身的系统性和复杂性，也彰显出执政党对人民的庄重承诺。可以说，只有法治政府真正建成了，法治国家建设的目标才得以实现，法治社会步伐、取得崭新业绩。基本建成法治政府目标的实现，恰逢全面建成小康社会的决胜时期，今后无疑应当从全党、全国、全社会的高度来看待法治政府建设事业。

（三）宪法实施助推法治政府建设

“宪法是国家的根本法，是治国安邦的总章程，具有最高法律地位、法律权威、法律效力，具有根本性、全面性、稳定性、长期性”。宪法是国家长治久安的根本法治保证。习近平高度重视宪法在全面依法治国进程中的重要地位和作用，上任不到一个月就在纪念现行宪法颁布 30 周年大会上发表重要讲话，指出“宪法的生命在于实施，宪法的权威也在于实施”，强调宪法与国家前途、人民命运息息相关。维护宪法权威，就是维护党和人民共同意志的权威；捍卫宪法尊严，就是捍卫党和人民共同意志的尊严；保证宪法实施，就是保证人民根本利益的实现。可以看出党和国家把宪法实施提高到关系宪法生死存亡的高度。由此，习近平精辟阐述了中国共产党人在新的时代条件下的崭新的治国理念，指出：“依法治国，首先是依宪治国；依法执政，关键是依宪执政。”所以，要把全面贯彻实施宪法作为全面推进依法治国的首要任务和基础性工作。习近平总书记在党的十八届三中全会上提出，保证宪法实施的监督机制和具体制度还不健全，未来如何建立具体的保障宪法实施的机制应当是一个紧要的现实问题。党的十八届四中全会《决定》提出要进一步健全宪法实施监督机制和程序，把全面贯彻实施宪法提高到一个新水平。在关于十八届四中全会《决定》的说明中，习近平总书记强调，必须把宣传和树立宪法权威作为全面推进依法治国的重大事项抓紧抓好，切实在宪法实施和宪法监督上下功夫。党的十九大报告强调，要加强宪法实施和监督，推进合宪性审查工作，维护宪法权威。所以党的十八大以后关于加强宪法实施做了一系列重要部署。习近平总书记这些论述是一脉相承、逐步推进的，说明党中央对完善宪法监督的重视程度在提高。值得一提的是，十九大报告要求“推进合宪性审查工作”，这是第一次在党中央文件中把合宪性提出来，这是一个巨大的进步。这是在依法治国方面取得的重大进步和重大突破。十八届四中全会《决定》强调健全宪法实施和监督制度，做了非常具体的部署，要求“加强备案审查制度和能力建设，把所有规范性文件纳入备案审查范围，依法撤销和纠正违宪违法的规范性文件”。在当下中国，规范性文件备案审查制度，可以说填补了我国宪法监督制度的空白，备案审查制度将是监督宪法实施的工作重心。全国范围内的规范性文件浩如烟海，应确保各规范性文件不违背上位法的精神与规定、不肆意侵犯《宪法》所保护的公民基本权利，因此应对其进行必要的管理与监督，这对维护我国法制的统一、保证宪法的有效实施也是有重要意义。近两年来，备案审查工作逐渐从“幕后”走向“台前”，“一辆电动自行车引发的合法性审查”“最高检争议11年的‘附条件逮捕’制度经备案审查被叫停”等案例先后见诸报端。所以备案审查工作的力度在不断加大，取得了新的进展。宪法权威的树立意味着政府的行为必将置于宪法的视野之下，依照宪法设定、运行和保障，依照宪法规范、控制和监督，否则就会引起合宪性审查，一切违反宪法和法律的行为都会受到追究。所以加强宪法的实施将有力地助推法治政府建设。

四、新时代法治政府建设的新作为

（一）重视行政组织法治的改善

在社会主义市场条件下，加快转变政府职能必须优化政府组织结构，党的十八届三中、四中全会对优化政府组织结构做了部署，党的十八届三中全会提出“优化政府组织机构，优化政府机构设置、职能配置、工作流程；推进机构编制管理科学化、规范化、法定化”；十八届四中全会《决定》要求“完善行政组织和行政程序法律制度，推进机构、职能、权限、程序、责任法定化”；党的十九大报告提出要继续完善国家机构组织法。由此可见，完善行政组织法体系的时机已经成熟。科学、完整的行政组织法体系至少应当由行政组织基本法、行政机关编制法、行政改革法三大部分的法律规范构成。这些较为完善的法律法规以及规章和规范性文件共同构建起一整套较为完善的行政组织法律体系。在这套法律体系中，不仅规定了组织立法的基本原则和立法体例，对行政改革进行依法授权、监督和评估等宏观性规范，还详细规定了关于中央或地方各级政府组织的组织构成与数量、职权配置与责任、机构设置、领导职数和领导体制、工作的程序、标准与流程等。另外，还有单独处理涉及中央与地方不同层级组织机构之间或中央与地方的同级不同组织机构之间相互分工与相互协作关系的法律规范、协调制度和协助制度；以及处理关于职能、机构或者人员方面争议的法律规范与惩罚纠错机制。从而促使组织管理工作全面法定化，保证组织管理工作既有法可依，又能得到必要的法律保障。当前国务院还在进一步集中精力研究建立国务院部门权力清单和责任清单制度，开展编制权力清单和责任清单的试点工作，权力清单和责任清单制度的实质就是给行政权力打造一个透明的制度笼子，通过梳理混乱不清的行政权力，解决政府能做什么，不能做什么，做错了要负什么责任，不作为要负什么责任，促使行政机关依法履职，做到有所为有所不为，积极履职、全面履职、履职到位，为市场发育、社会发展、人民利益保障服务。

（二）提高立法质量

依法行政的制度体系已经比较完备，但是法治政府的建设，有法可依还不足够，必须科学立法，而科学立法的要义就是立法质量要进一步提高，提高针对性和可操作性。要想发挥立法的引领和推动作用，必须抓住提高立法质量这个关键，从而保证改革始终运行在法治化的正确轨道中，各项改革得以合法、有序进行，让改革成果受到法律制度的保障和保护。提高立法质量就是要科学立法、民主立法。科学立法就是要体现和尊重客观规律，不断完善依法行政的制度体系。民主立法表现在为了人民、依靠人民，这既是推进社会公平正义的必然要求，也是破除部门、行业等局部利益对立法工作干扰的迫切需要。为此，完善政府立法体制机制，亟须加强重点领域立法，抓紧制定和修改同全面深化改革相关的法律，确保重大改革于法有据。同时，依法保障公民权利，加快完善体现权利公平、机会公平、规则公平的法律制度，保障公民人身权、财产权、基本政治权利等各项权利不受侵犯，保障公民经济、文化、社会等各方面权利得到落实，实现公民权利保障法治化。另外，面对我国广袤的领土、复杂的人群结构、迥异的生活习俗习惯等现实条件，确保立法的灵活性和适度弹性具有其必要性和合理性。因此，要提高政府立法的公众参与度，充分发挥人大代表、政协委员、民主党派、工商联、无党派人士、人民团体、社会组织等在政府立法中的作用，建立专家学者对政府立法中涉及的重大利益调整论证咨询机制，加强与社会公众的沟通，健全公众意见采纳情况反馈机制，从而保证立法合法合理、公开透明、获得公众的理解和认可，进一步提高政府的立法质量。

（三）建立科学的行政执法体制

习近平总书记在十八届中央政治局第四次集体学习时强调："全面推进依法治国，必须坚持严格执法"，"如果有了法律而不实施，或者实施不力，搞得有法不依、执法不严、违法不纠，那制定再多的法律也无济于事。"这段话表明了行政执法的科学公正的重要性。十八届四中全会《决定》中强调行政执法体制的重要性，其最主要原因在于科学的行政执法体制是法治政府蓝图得以实现的必备桥梁。行政执法是行政机关的基本职能，我国绝大多数法律、地方性法规和几乎所有的行政法规都是由行政机关执行的。深化行政执法体制改革，建立科学的行政执法体制，直接关系到政府能否依法全面履行职能，关系到国家治理体系和治理能力的现代化，关系到法治政府建设的功效。建立科学的行政执法体制，要从规范执法职能、创新执法方式、完善执法程序、落实执法责任方面着手。当前行政审批制度改革取得了比较好的效果，但是行政执法体制上还存在多头执法、重复执法、乱执法、不执法，权责不一、争权推诿的现象，因此必须深化行政执法体制改革，进一步转变执法方式，合理配置执法力量，深入推进综合执法体制改革，进一步推进综合执法，减少执法层级，减少市县两级政府执法队伍种类，增强基层执法能力，切实解决多头执法、多层执法和不执法、乱执法问题；建立健全部门间执法协调配合机制，形成工作合力；理顺城管执法体制，理顺强制执行体制，健全行政执法和刑事司法衔接机制。《纲要》还就落实执法责任、加强执法协调健全行政执法人员管理制度等事关行政执法体制的重大问题指明了方向。行政执法体制的改革，是一个比较复杂的问题，随着行政民主化和电子信息技术的发展，在行政机关执法时，应当改变过去呆板的执法方式，融合社会发展的新要素，创新执法方式并将其规范化，更重要的是，其方式要彰显“人性化”的特色，“人性化”就是要尊重人权。因为现代法治国家中，无论在何地，无论如何争论，人权应是一切制度与规则的出发点和归宿。法治的真谛是人权，法治的出发点和终极目标是实现人权保护。人权包括非常丰富的内容，不是像我们有些干部理解的，没有动用社会资源限制自由就是保护人权，随意罚款同样是侵犯人权。2004 年 3 月，我国现行宪法进行第四次修改，将国家尊重和保障人权载入宪法，更突出强调了保障公民权利、规范国家权力这一现代宪法的核心价值，突出显示了我国宪法的人权关怀。这就要求各级各类公务人员增强人权观念，慎用手中权力，在行政过程中自觉尊重和依法保护公民的基本权利。执法者如果死板地依照法律条款的字面规定办事，只能形式主义地、低层次地执法，因此，只有知晓法律文件确立的、蕴含在法条中的立法精神和法律价值，秉承以人为本的行政法治观念，才能实现更高层次、更好效果的执法。执法人员不能再片面地追求执法结果，还要关注执法过程，给予相对的人文关怀，最大限度地与相对人进行沟通交流，调动他们的积极性，以协助实现执法目标。可以说执法的本质就是以人为本。需要注意的是，其“以人为本”不是纵容不法的涌现，不是人情执法，而是要将“公平公正”的理念嵌入执法的每一个举措的细节中，并对其执法过程进行详尽细致精细化的记录。

（四）完善化解纠纷的解决机制

建设法治政府，必须建立健全依法有效化解纠纷的各项体制机制制度。如何有效解决矛盾纠纷以及与之相关的社会问题，《纲要》提出公民、法人和其他组织的合法权益得到切实维护，公正、高效、便捷、成本低廉的多元化矛盾纠纷解决机制全面形成，行政机关在预防、解决行政争议和民事纠纷中的作用充分发挥，通过法定渠道解决矛盾纠纷的比率大幅提升。《纲要》第一点要求健全依法化解纠纷机制。《纲要》第二点要求，加强行政复议工作。具体要求完善行政复议制度，改革行政复议体制，加强行政复议机构，规范复议程序。《纲要》第三点要求完善行政调解、行政裁决、仲裁制度；第四点要求加强人民调解工作，主要完善几个方面，扩大人民调解组织覆盖范围，加大重点领域的调解力度，完善“三调联动”工作机制；第五点要求改革信访工作制度。《纲要》对信访工作制度做了明确规定：一是把信访纳入法治化轨道，保障合理合法诉求，依照法律规定和程序就能得到合理合法的结果；二是规范信访工作程序，畅通群众诉求表达、利益协调和权益保障渠道，维护信访秩序；三是优化传统信访途径，实行网上受理信访制度，健全及时就地解决群众合理诉求机制；四是严格实行诉访分离，推进通过法定途径分类处理信访投诉请求，引导群众在法治框架内解决矛盾纠纷，完善涉法涉诉信访依法终结制度。

（五）提升公务人员的法治思维和依法行政能力

提升公务人员的法治思维，《纲要》提出四点：第一，树立重视法治素养和法治能力的用人导向。把法治素养和法治能力作为考察干部的重要标准，坚持奖惩并举。《纲要》规定，把法治观念强不强、法治素养好不好作为衡量干部德才的重要标准，把能不能遵守法律、依法办事作为考察干部的重要内容，把严守党纪、恪守国法的干部用起来。在相同条件下，优先提拔使用法治素养好、依法办事能力强的干部。对特权思想严重、法治观念淡薄的干部要批评教育、督促整改，问题严重或违法违纪的，依法依纪严肃处理。这是对干部考核机制做出的调整和完善。第二，今后要加强对政府工作人员的法治教育培训。国务院各部门、地方各级政府要完善学法制度；党校、行政学院、干部学院要加强对干部的宪法法律教育；健全行政执法人员岗位培训制度；在公务员初任、任职培训中加大法律知识的培训力度。第三，要完善政府工作人员法治能力考查测试制度，规定领导干部任职前法律知识考查和依法行政能力与干部任职挂钩。第四，注重通过法治实践提高政府工作人员法治思维和依法行政能力。

（六）强化政府权力的制约和监督

行政权力是宪法法律赋予行政机关管理经济、文化、社会事务的权力，是国家权力的重要组成部分，《纲要》明确了强化行政权力制约和监督的目标，要求："科学有效的行政权力运行制约和监督体系基本形成，惩治和预防腐败体系进一步健全，各方面监督形成合力，人民群众的知情权、参与权、表达权、监督权得到切实保障，损害公民、法人和其他组织合法权益的违法行政行为得到及时纠正，违法行政责任人依法依纪受到严肃追究。"十九大报告对于加强权力制约的问题作出了以下规定："深化国家监察体制改革，将试点工作在全国推开，组建国家、省、市、县监察委员会，同党的纪律检查机关合署办公，实现对所有行使公权力的公职人员监察全覆盖。制定国家监察法，依法赋予监察委员会职责权限和调查手段，用留置取代'两规'措施。改革审计管理体制，完善统计体制。"党中央和国务院通过将反腐败资源力量的整合，建立党统一领导下的国家反腐败工作机构，构建集中统一、权威高效的监察体系。这是国家监察制度的顶层设计，是事关全局的重大政治改革，对推进全面深化改革、全面依法治国、全面从严治党，具有重大的现实意义和深远的历史意义；同时，通过国家监察体制改革，设立各级监察委员会，将政府权力纳入严密的监控体系可以防止行政权力的滥用。

五、结　语

截至2017年，英国的法治从1215年的《自由大宪章》算起，已有802年；美国的法治从1787年的《联邦宪法》算起，已有230年；日本的法治从1860年的明治维新算起，亦有157年……相比之下，中国法治建设在短短的几十年时间内走过了世界上某些国家几百年走过的路程，这不能不说是个奇迹。但是，我们也要清醒地认识到，中国的法治政府的建设任重而道远，必须稳步推进。我们只有树立信心，在学会横向对比的同时也学会纵向对比，才能更全面、更清楚地看到事物发展的完整进程，保持乐观进取的精神。如果我们不能深刻认知一种事物发展的起点、经历、现状，就难以把握它的未来，这对建设法治政府肯定是不利的。法治建设不是一帆风顺的，但我们应当有坚定的信心，经过不懈的努力，中国一定能建成法治社会、法治政府、法治国家。

新时代全面从严治党

刘 军

全面从严治党，是党的十八大以来以习近平同志为核心的党中央在党的建设方面提出的总体思路和战略布局，是习近平建党思想的主题和主线。“办好中国的事情，关键在党，关键在党要管党、从严治党”这一论断已经深入党心民心，十八大以来，以习近平同志为核心的党中央管党治党、治国理政的一个鲜明的特色就是全面从严治党，党的十九大的召开标志着全面从严治党进入了向纵深发展的新起点，全面从严治党思想，体现了我们党对历史经验的深刻总结，对面临的风险和考验的深刻认识，对党的执政规律的深刻把握，为推进党的建设新的伟大工程指明了方向，对于永葆党的先进性和纯洁性，确保我们党始终成为中国特色社会主义事业的坚强领导核心，带领全国各族人民实现中华民族伟大复兴的历史使命，具有重大而深远的意义。

一、全面从严治党提出的背景和重大意义

（一）全面从严治党提出的背景

1. 党的优良传统和一以贯之的方针

《中国共产党章程》总纲明确指出，“坚持党要管党、全面从严治党”，这是党的建设的根本方针。我们党从诞生的第一天开始，血液中就流淌着从严治党的基因。在新民主主义革命时期，毛泽东就把党的建设称为中国革命的三大法宝之一，他还开创性地把党的建设叫作“伟大工程”，1939年10月，他在《共产党人》发刊词一文中，指出要为“建设一个全国范围的、广大群众性的、思想上政治上组织上完全巩固的布尔什维克化的中国共产党”而努力奋斗。1927年秋收起义后，毛泽东领导“三湾改编”，

创造性地"把支部建在连上"，并提出了"三大纪律、六项注意"，以后又发展成为"三大纪律、八项注意"。1928 年 9 月，为解决井冈山会师后党员发展过快、入党标准偏低、入党人员思想觉悟不高等问题，毛泽东主持了井冈山根据地的"洗党"工作，开创了整党的先河，纯洁了党员队伍。1929 年，古田会议确立了思想建党、政治建军的原则，纠正了极端民主化、小团体主义、个人主义、享乐主义等倾向，发展了党的建设思想、铸造了新型人民军队的根基。1941 年至 1945 年，针对党内严重的主观主义、宗派主义、党八股等问题，党中央开展了意义重大、影响深远的延安整风运动，实现了党的空前的团结统一。1949 年 3 月召开的党的七届二中全会，为了加强党的思想建设，防止资产阶级思想侵蚀党的队伍，毛泽东有预见性地提出了防止"糖衣炮弹"的进攻等重大问题，并进一步提出了"两个务必"的重要思想。新中国成立后，我党及时开展整党建党工作，有效遏制了种种不良风气对党的损害，为巩固新生的人民政权，建立社会主义基本制度，迅速恢复和发展国民经济提供了坚强保证。刘少奇说："党要管党，党没有人管，将来要吃大亏"；邓小平说："党要管党，一管党员，二管干部，关键是管干部"。党的八大从加强思想教育、健全制度、加强监督等方面，提出了党要管党、从严治党的要求，为加强执政党的建设指明了方向。进入改革开放和社会主义现代化建设的新时期，面对日趋复杂的国际环境和不断变化的国内环境，党的建设出现了许多新情况和新问题，邓小平、江泽民、胡锦涛同志都高度重视党的建设问题，对从严管党治党提出了很多新思想、新观点、新举措。党的十三大明确提出"从严治党"，十四大把从严治党写进了《中国共产党章程》，十四届四中全会提出了党的建设"新的伟大工程"，制定党内生活若干准则，开展整党工作，先后开展"三讲"教育、保持共产党员先进性教育、深入学习实践科学发展观等集中教育活动，保持了党的先进性、纯洁性，增强了党的创造力、凝聚力和战斗力。2014 年 10 月，习近平总书记在党的群众路线教育实践活动总结大会上提出了"全面从严治党"的重大战略；2014 年 12 月习近平总书记在江苏考察时，首次将"全面从严治党"与全面建成小康社会、全面深化改革和全面依法治国并列；2015 年 2 月，习近平总书记在中央党校"省部级主要领导干部学习贯彻十八届四中全会精神全面推进依法治国专题研讨班"上明确提出"四个全面"的战略布局；2016 年 10 月，中共十八届六中全会专门研究全面从严治党重大问题。

回顾近百年的光辉历程，我们党之所以能从小到大、由弱变强，成功领导中国人民在革命、建设和改革的道路上取得一个又一个伟大胜利，历经磨难而巍然屹立，千锤百炼而更加坚强，根本原因就在于我们党始终重视加强自身建设，始终坚持党要管党、从严治党。

2. 党对肩负的历史使命的清醒认识

习近平总书记提出全面从严治党，最根本的原因是对党所肩负的历史使命的清醒认识。党的十九大指出："一九二一年中国共产党应运而生。从此，中国人民谋求民族独立、人民解放和国家富强、人民幸福的斗争就有了主心骨，中国人民就从精神上由被动转为主动。""实现中华民族伟大复兴是近代以来中华民族最伟大的梦想。中国共产党一经成立，就把实现共产主义作为党的最高理想和最终目标，义无反顾肩负起实现中华民族伟大复兴的历史使命，团结带领人民进行了艰苦卓绝的斗争，谱写了气吞山河的壮丽史诗。""九十六年来，为了实现中华民族伟大复兴的历史使命，无论是弱小还是强大，无论是顺境还是逆境，我们党都初心不改、矢志不渝，团结带领人民历经千难万险，付出巨大牺牲，敢于面对曲折，勇于修正错误，攻克了一个又一个看似不可攻克的难关，创造了一个又一个彪炳史册的人间奇迹。"

现在，我们正处在一个发展的关键时期，中国特色社会主义进入了新时代，站在了一个历史发展的新的起点上。党的十九大告诫我们："行百里者半九十。中华民族伟大复兴，绝不是轻轻松松、敲锣打鼓就能实现的。全党必须准备付出更为艰巨、更为艰苦的努力。"十九大号召我们："使命呼唤担当，使命引领未来。我们要不负人民重托、无愧历史选择，在新时代中国特色社会主义的伟大实践中，以党的坚强领导和顽强奋斗，激励全体中华儿女不断奋进，凝聚起同心共筑中国梦的磅礴力量！"

3. 党对世情国情的科学判断

党的十九大指出，实现伟大梦想，必须进行伟大斗争。我们党要团结带领人民有效应对重大挑战、抵御重大风险、克服重大阻力、解决重大矛盾，必须进行具有许多新的历史特点的伟大斗争。这是基于对我们党在新时代面临的一系列的挑战、考验和危险的科学判断。

从国际上看，习近平总书记在 2017 年 9 月 3 日金砖国家工商论坛开幕式上对国际形势做了概括和判断：和平与发展的时代潮流愈发强劲。世界多极化、经济全球化、文化多样化、社会信息化深入发展，弱肉强食的丛林法则、你输我赢的零和游戏不再符合时代逻辑，和平、发展、合作、共赢成为各国人民共同呼声。机遇与挑战并存，现阶段我们党面临的挑战：一是金融危机引发的全球经济政治动荡持续挑战着世界各国执政当局的能力、智慧与勇气。二是全球化加大了一些政党内部管理的难度，信息化及价值多元的影响冲击了传统政治参与方式，导致一些政党的向心力下降。三是所谓的“国际民主化”对一些国家政党的思想理念和大局意识造成冲击，导致一些政党及党员凝聚力的弱化。

从国内来看，中国特色社会主义进入新时代，我国社会主要矛盾已经转化为人民日益增长的美好生活需要和不平衡不充分的发展之间的矛盾。我国社会主要矛盾的变化是关系全局的历史性变化，对党和国家工作提出了许多新要求。我国社会主要矛盾的变化，没有改变我们对我国社会主义所处历史阶段的判断，我国仍处于并将长期处于社会主义初级阶段的基本国情没有变，我国是世界最大发展中国家的国际地位没有变。所带来的挑战是：发展不平衡不充分的一些突出问题尚未解决，发展质量和效益还不高，创新能力不够强，实体经济水平有待提高，生态环境保护任重道远；民生领域还有不少短板，脱贫攻坚任务艰巨，城乡区域发展和收入分配差距依然较大，群众在就业、教育、医疗、居住、养老等方面面临不少难题；社会文明水平尚须提高；社会矛盾和问题交织叠加，全面依法治国任务依然繁重，国家治理体系和治理能力有待增强；意识形态领域斗争依然复杂，国家安全面临新情况；一些改革部署和重大政策措施需要进一步落实。

4. 对党情的深刻把握

中国特色社会主义事业进入了新时代，我们党的历史方位也发生了重大的转变，已经或者正在实现两个根本性转变：从领导人民为夺取全国政权而奋斗的党，成为领导人民掌握全国政权并长期执政的党；从受到外部封锁和实行计划经济条件下领导国家建设的党，成为对外开放和发展社会主义市场经济条件下领导国家建设的党。这两个根本性转变，既集中反映了我们党取得的巨大成就，也对党的建设提出了许多崭新课题。在新时代的历史方位中，党的领导水平和执政水平、党的建设状况和党员干部素质、能力、作风总体上同党肩负的历史使命是相适应的。但是，党面临的执政考验、改革开放考验、市场经济考验、外部环境考验是长期的、复杂的、严峻的，精神懈怠的危险、能力不足的危险、脱离群众的危险、消极腐败的危险也更加尖锐。特别是改革开放后入党的党员，不少缺乏严格的党内政治生活锻炼和重大政治风险考验，部分中青年领导干部缺乏复杂环境、长期艰苦实践的磨炼，再加上一些部门一些领域管党治党的松懈，党内存在的问题十分突出。国外的一些社会思潮也对我国的意识形态产生了冲击和挑战，西方的“宪政民主”“新自由主义”“普世价值”“历史虚无主义”等思潮，通过不同途径向国内渗透。近些年来，一些国家因为长期积累的矛盾导致社会动荡、政权垮台，其中贪污腐败是一个重要的原因。大量事实告诉我们，腐败问题不解决，任其愈演愈烈，最终必然要亡党亡国。因此，习近平总书记强调："如果管党不力、治党不严，人民群众反映强烈的党内突出问题得不到解决，那我们党迟早会失去执政资格，不可避免被历史淘汰。这绝不是危言耸听。"

（二）全面从严治党的重大意义

1. 解决我们党面临的"四大考验""四大危险"和消极腐败问题的现实选择

党的十九大报告提出："要深刻认识党面临的执政考验、改革开放考验、市场经济考验、外部环境考验的长期性和复杂性，深刻认识党面临的精神懈怠危险、能力不足危险、脱离群众危险、消极腐败危险的尖锐性和严峻性"。我们要经受住"四大考验"、防止"四大危险"，全面把握发展机遇，沉着应对各种挑战，取得这场伟大斗争的胜利，关键在于坚持全面从严治党。

目前，党的建设形势总体是好的，党员干部队伍的主流始终是好的。但必须清醒地看到，一些党员干部理想信念动摇、信仰迷失、精神迷失，有的对共产主义心存怀疑，不信马列信鬼神，甚至向往西方社会制度和价值观念，对社会主义前途丧失信心；有的是非观念淡薄，原则性和政治敏锐性不强。一些领导干部领导科学发展能力不足，推进改革发展的专业能力水平亟待提高；有的法治观念淡薄，依法办事能力不强。一些基层党组织软弱涣散，政治功能弱化，不能发挥战斗堡垒作用，有的党员先锋模范作用发挥不明显。一些党员干部作风问题比较突出，一些地方和单位形式主义、官僚主义、享乐主义、奢靡之风"四风"问题还没有得到根本解决，政治生态受到污染。一些领域消极腐败现象易发多发，大案要案时有发生，党风廉政建设和反腐败斗争形势依然严峻复杂。这些问题，充分说明了"四大考验"的长期性、严峻性、复杂性，"四大危险"的现实性、紧迫性、尖锐性。解决这些问题，必须真正落实全面从严治党。习近平总书记反复强调要有忧患意识，坚持底线思维，做到居安思危，管党治党须臾不可懈怠；不管党、不抓党就有可能出问题甚至出大问题，结果不只是党的事业不能成功，还有亡党亡国的危险。各级党的组织、每名党员干部，都要在党言党、在党忧党、在党为党、在党护党，切实增强"从严"的紧迫性和责任感。

2. 协调推进"四个全面"战略布局的根本保证

全面从严治党，既是"四个全面"的重要内容，又是"四个全面"的根本保证。全面建成小康社会，就要深入贯彻落实新发展理念，以新理念引领经济发展新常态，全面提高发展质量和水平；统筹推进经济、政治、文化、社会、生态文明建设，使各方面事业发展都能上一个新台阶；打赢脱贫攻坚战，扎实完成精准扶贫、精准脱贫任务，确保“一个都不能少”。全面深化改革，就要牢牢把握改革的正确方向，既充分吸收人类文明的发展成果，又绝不照搬西方的制度、模式，坚持走我们自己的道路；敢于啃硬骨头、涉险滩，勇于打破利益固化的藩篱，推进各项改革举措全面落实到位；坚持以促进社会公平正义和增进人民福祉为出发点和落脚点，真正使广大人民群众在改革中有更多的“获得感”。全面依法治国，就要坚持法治国家、法治政府、法治社会一体建设，全面提升法治化水平；有力纠正以言代法、以权压法、执法不严、司法不公等问题，确保人民群众的利益得到法治的保障和维护；促使国家工作人员带头尊法学法守法用法，营造良好的法治氛围和环境。驾驭全面深化改革和全面依法治国“车之双轮”，使改革有据可依、有序推进，使依法更多良法、更增善治，不断推进国家治理体系和治理能力现代化。所有这些，都必须坚持党的领导，加强和改善党的领导，把党建设得更加坚强有力。

3. 不断增强“四自”能力的必然要求

党的十九大报告指出，不断增强党“自我净化、自我完善、自我革新、自我提高”能力。习近平总书记多次深刻指出，党要应对考验和危险，关键看能不能增强“四自”能力，要使从严治党的一切努力都集中到增强“四自”能力上来，集中到增强党的领导能力和执政能力、保持和发展党的先进性和纯洁性上来。全面从严治党，是我们增强“四自”能力的必然要求。

我们党是一个勇于正视问题、不断解决问题、善于继承创新、自我完善提高的马克思主义执政党。依靠党自身的力量、依靠党和人民结合的力量解决党自身的问题，是党的建设的一条重要经验。贯穿其中的一个重要思想，就是从严管党治党，净化自身，去腐生肌，完善自身，革故鼎新。不断增强“四自”能力，是新时代保持党的思想纯洁、组织纯洁、作风纯洁的根本途径，是提高党的领导水平和执政水平、提高拒腐防变和抵御风险能力的关键所在，也是提高党的建设科学化水平的内在动因。不断增强“四自”能力，必须有严的标准、严的要求、严的措施、严的纪律。增强“四自”能力是全党的共同任务，也是每个党员干部的终身课题。党员干部特别是领导干部，要真正把自己摆进去，贯彻从严要求，坚持问题导向，从自己严起，从自己实起，把“三严三实”作为最基本的政治品格和做人准则，始终做到心中有党、心中有民、心中有责、心中有戒，永葆共产党人的政治本色，永葆党的先进性和纯洁性。

4. “四个伟大”中起决定性作用的关键所在

党的十九大报告指出，中国特色社会主义进入新时代，党要团结带领人民进行伟大斗争、建设伟大工程、推进伟大事业、实现伟大梦想，必须毫不动摇地坚持和完善党的领导，毫不动摇把党建设得更加坚强有力。实现伟大梦想，必须建设伟大工程。这个伟大工程就是我们党正在深入推进的党的建设新的伟大工程。历史已经并将继续证明，没有中国共产党的领导，民族复兴必然是空想。我们党要始终成为时代先锋、民族脊梁，始终成为马克思主义执政党，自身必须始终过硬。全党要更加自觉地坚定党性原则，勇于直面问题，敢于刮骨疗毒，消除一切损害党的先进性和纯洁性的因素，清除一切侵蚀党的健康肌体的病毒，不断增强党的政治领导力、思想引领力、群众组织力、社会号召力，确保我们党永葆旺盛生命力和强大战斗力。

伟大斗争、伟大工程、伟大事业、伟大梦想，四个方面紧密联系、相互贯通、相互作用，其中起决定性作用的是党的建设新的伟大工程。推进伟大工程，要结合伟大斗争、伟大事业、伟大梦想的实践来进行，确保党在世界形势深刻变化的历史进程中始终走在时代前列，在应对国内外各种风险和考验的历史进程中始终成为全国人民的主心骨，在坚持和发展中国特色社会主义的历史进程中始终成为坚强领导核心。

二、深刻领会和把握全面从严治党的内涵

（一）全面从严治党的内涵

1. “全面”是基础

“全面”覆盖党的建设的各个领域。我们之所以强调“全面”推进党建领域的各项建设，直接原因在于党的各项建设中都存在着不可忽视的问题。“全面”不仅体现在党建的各项工作上，而且体现在破解党建各个领域存在的具体问题上。这是因为，党的建设是一项系统工程，各项建设是相互联系、相互制约和相互促进的。并且，“全面”统筹兼顾、标本兼治。强调整体推进党的各项建设，并不是说没有重点、平均用力，不分先后轻重，而是统筹兼顾，处理好主与次、重点突破与整体推进、治标与治本等

关系。党的十八大以来，全面从严治党就是首先从出台并实施中央八项规定开始的，以纠正“四风”作为切入点和突破口，由此延伸开去，进而带动其他问题的解决。在治党的客体上，强调覆盖全体党员，包括离退休党员和流动党员，要使每个党员，特别是党员领导干部都纳入组织管理。在惩治腐败上，坚持无禁区、全覆盖、零容忍。

2. “严”是关键

全面从严治党，关键在严。进入新时代，“从严”的深度和力度前所未有，要求的标准更高、内容更实、力度更大。全面从严治党的高标准不是一句空话，不能停留在一些原则性的大体规定上。标准既然是用来衡量的，就要“一把尺子量到底”，把它具体化、条理化、标准化，具有可操作性。有了高标准之后，还需要有严要求，这是达到高标准的重要途径。

第一，坚持真管真严。真管真严，就是要坚持全方位的严，把严的要求贯彻到管党治党的全过程。真管真严，就是要做到思想、组织、作风、纪律、制度执行等方方面面都严，各级党组织、领导干部和全体党员上上下下都严，八小时内外、工作学习生活时处处都严。

第二，坚持敢管敢严。一是要直面问题，我们党从不回避问题，而是直面并解决工作中遇到的各种问题。对待自身的问题，是一种无畏无惧的态度，而不是一种回避的态度。二是要敢于亮剑，面对矛盾问题敢于迎难而上，面对困难危机敢于挺身而出，面对失误、错误敢于承担责任，面对歪风邪气敢于坚决斗争。三是有腐必反，坚持“老虎”“苍蝇”一起打。

第三，坚持长管长严。就是要持久地、经常地管和严，而不是管一阵放一阵，严一阵松一阵，要把全面从严治党始终抓在手上，放在心上，盯住不放，丝毫不懈怠，一刻不放松。全面从严治党既是一场输不起的攻坚战，也是一场永远在路上的持久战，在持之以恒中见常态，在制度建设中见长效，使管党治党实现规范化、常态化、长效化。

3. “治”是要害

习近平总书记指出，“治”就是从党中央到省市县委，从中央部委、国家机关部门党组（党委）到基层党支部，都要肩负其主体责任；党委书记要把抓好党建当作分内之事、必须担当的责任；各级纪委要肩负起监督责任，敢于瞪眼黑脸，敢于执纪问责。坚持标本兼治，以猛药去疴、重典治乱的决心，以刮骨疗毒、壮士断腕的勇气，拔“烂树”、治“病树”、正“歪树”。拔“烂树”，就是对烂掉的腐败分子一抓到底，坚决清除害群之马；治“病树”，就是对犯了小错的干部，要对症下药，抓小抓早，惩前毖后，治病救人；正“歪树”，就是对处于“亚健康”状态的干部，要及时提醒，拉回正轨，使其远离违反纪律和规矩的红线。

（二）准确把握全面从严治党的内涵

1. 全面从严治党是新时代执政党建设的总体战略部署

全面从严治党并不仅仅是反腐败和作风建设，而是新时代执政党建设的总体战略部署。说到全面从严治党，人们自然就与十八大以来“打虎、拍蝇、猎狐”的雷霆反腐和八项规定、反对“四风”的强力净化党风行动联系起来，认为全面从严治党就是反腐败和作风建设，这显然是不全面的。还有人想当然地把全面从严治党和过去的整党运动和整人联系在一起，认为十八大以来的强势反腐又回到了改革开放前整党治党的老路上去，这就更加偏离了全面从严治党的本意。反腐败斗争和作风建设的确是十八大以来大家感受最强烈、效果最明显、最得党心民心的重大举措，也是党的建设的重要内容，但无论反腐败斗争和作风建设再重要，它们也不是执政党建设的全部。全面从严治党作为执政党建设的战略布局，着力回答和解决的是，新时代下我们党应该是一个什么样的党、怎样建设好这样一个党的重大战略课题。应该说，十八大以来的强力反腐是对多年以来党内积弊沉疴日久的积极应对，如果再不下大决心动大功夫反腐肃风，人民群众就有可能失去对党的信任，而一旦腐败使党陷入了公信力的陷阱，党领导中国特色社会主义伟大事业失去了人民群众的认同和支持，党自身也将走向执政正当性的危机，所以，不强力反腐不行，但全面从严治党不仅仅是强力反腐，更是因应实现中华民族伟大复兴中国梦的长远布局。

2. 全面从严治党是适应“五位一体”总体布局的党建战略布局

党的自身建设与其所领导的事业之间的良性互动，是党的宝贵历史经验，从来党的建设都不能自说自话，都与我们党领导人民群众所做的事业紧密联系在一起。具体到党的十八大以来，离开全面建成小康社会的奋斗目标，离开十八届三中全会全面深化改革的总目标、离开十八届四中全会全面推进依法治国的重大决策，离开十八届五中全会制定的“十三五”规划，尤其是五中全会提出的五大发展理念，就无法准确把握和理解全面从严治党。全面建成小康社会、全面深化改革、全面依法治国、全面从严治党，就构成了新时代发展条件下实现党的发展目标的重要战略布局，这是适应经济建设、政治建设、文化建设、社会建设、生态文明建设“五位一体”总体布局的重要战略布局，同时，也是完善中国特色社会主义制度体系的宏大设计，更是开辟中国特色社会主义制度文明新时代的历史坐标。

3. 全面从严治党是“永远在路上”的动态过程

事物永远处在发展变化当中，我们党所面临的环境和党的队伍也处在变化之中，旧的问题解决了，新的问题还会不断出现。面向未来，要巩固党的执政地位、夯实党的执政基础，使我们党始终成为中国特色社会主义事业的领导核心，全面从严治党的任务还很重。逆水行舟，不进则退。管党治党必须抓常、抓细、抓长，持续努力，久久为功，在巩固中坚持，在坚持中巩固，推动全面从严治党不断走向深入。

党的十八大以来，我们党着眼进行具有许多新的历史特点的伟大斗争，把全面从严治党纳入“四个全面”战略布局，在管党治党上拿出了一系列实实在在的举措。党风政风发生了可喜变化，党内民心进一步凝聚振奋。同时，我们要清醒地看到，全面从严治党取得的成效只是初步的、阶段性的，很多问题还停留在“不敢”上，没有形成真正的自觉，一些老问题仍在变换花样、“穿着马甲”行走于市。在全面从严治党上必须保持战略定力，毫不松劲抓，锲而不舍抓，使管党治党真正从宽、松、软走向严、紧、硬。

全面从严治党永远在路上，坚持全面从严治党，必须不断增强政治意识、大局意识、核心意识、看齐意识，自觉在思想上政治上同以习近平同志为核心的党中央保持高度一致，使我们党更加团结统一、坚强有力。要始终尊崇党章，严格遵守党规党纪，把党的纪律和规矩挺在前面；要加强理论学习和党性教育，使党员干部始终坚定对党和人民的忠诚；要持续改进作风，使党的作风全面纯洁起来；要从严管理监督干部，促使各级干部做到严以修身、严以用权、严以律己、谋事要实、创业要实、做人要实；要坚决遏制腐败现象，推动全面从严治党向基层延伸，不断净化政治生态，营造政治上的绿水青山。

（三）全面从严治党的基本要求

1. 把党的政治建设摆在首位

保证全党服从中央，坚持党中央权威和集中统一领导，是党的政治建设的首要任务。牢固树立政治意识、大局意识、核心意识、看齐意识，严守党的政治纪律和政治规矩，坚决防止和纠正自行其是、各自为政，有令不行、有禁不止，上有政策、下有对策等行为。要严肃党内政治生活，严格执行《关于新形势下党内政治生活的若干准则》，坚持和完善民主集中制，坚持不懈地开展批评和自我批评。发展积极健康的党内政治文化，弘扬共产党人价值观，坚决抵制和反对各种腐朽、庸俗文化的侵蚀。自觉加强党性锻炼，永葆对党忠诚的政治品格，坚守个人干净的为官底线，强化敢于负责的担当精神，不断提高政治能力。

2. 加强党的领导，全面落实从严治党责任

全面从严治党首先要落实从严治党责任。习近平总书记从四个方面对落实从严治党责任提出要求：一是突出强调从严治党是全党的政治责任，首先是中央政治局的政治责任。各级党委是从严治党的责任主体，党委书记是党的建设第一责任人。二是强调各级各部门党委（党组）必须树立正确的政绩观，坚持从巩固党的执政地位大局看问题，把抓好党建作为最大的政绩。对各级各部门党组织负责人特别是党委（党组）书记的考核，首先要看抓党建的实效，考核其他党员领导干部工作也要加大这方面的权重。三是抓党建不是虚的，坚持党建工作和中心工作一起谋划、一起部署、一起考核，"把每条战线、每个领域、每个环节的党建工作抓具体、抓深入"，坚决防止"一手硬、一手软"。四是领导带头，领导机关和领导干部做出样子，下面就会跟着来、照着做。尤其是中央机关和中央国家机关、高级领导干部要强化带头意识，时时处处严要求、做表率。

3. 坚持思想建党和制度建党相结合

理想信念是"总开关"，要补足共产党人精神之"钙"，思想教育要突出重点，加强党性和道德教育，一是要抓好思想理论建设，教育引导广大党员、干部认真学习马克思列宁主义、毛泽东思想、中国特色社会主义理论体系，尤其是学习习近平新时代中国特色社会主义思想，做共产主义远大理想和中国特色社会主义共同理想的坚定信仰者和忠实实践者，以理论上的坚定保证行动上的坚定，以思想上的清醒保证用权上的清醒。二是要抓好党性教育和党性修养，教育引导广大党员干部牢固树立正确的世界观、权力观、事业观，始终站稳政治立场，不断增强宗旨意识，弘扬党的优良传统和优良作风，真正经受住权力、金钱、美色的考验。三是要抓好道德建设，教育引导广大党员、干部模范践行社会主义荣辱观，树立良好的道德风尚，争做社会主义道德的示范者，诚信风尚的引领者，公平正义的维护者，始终保持共产党人的高尚品格和廉洁操守。

制度治党的意义在于以制度化、程序化、具体化方式治理党内政治生活，保证党的先进性与纯洁性。习近平总书记指出："党内法规既是管党治党的重要依据，也是建设社会主义法治国家的有力保障"，"党的纪律是党内规矩。党规党纪严于国家法律"。一是要把党内法规制度体系与中国特色社会主义法治体系紧密结合。二是要把党内惯例作为党内制度、纪律的组成部分。党章是全党必须遵循的总章程，也是总规矩，党的纪律是刚性约束。三是要强调党内制度不在于多，而在于精，在于务实管用，突出针对性和指导性。四是要重视制度的配套衔接，完善党内法规制定机制体

制，形成配套完备的党内法规制度体系，运用党内法规把党要管党、从严治党落到实处。五是制定制度要广泛听取党员、干部的意见，从而增强对制度的认同。六是要突出强调增强制度执行力，制度执行到人和事，坚持制度面前人人平等、执行制度没有例外，不留“暗门”、不开“天窗”，坚决维护制度的严肃性和权威性，坚决纠正有令不行、有禁不止的行为，使制度成为硬约束而不是“橡皮筋”。

4. 严肃党内政治生活

党内政治生活是党组织教育管理党员和党员进行党性锻炼的主要平台，从严治党必须从党内政治生活严起。要提高党内政治生活的政治性、原则性、战斗性，使党内政治生活真正起到教育改造提高党员、干部的作用。

严肃党内政治生活，最根本的是认真执行党的民主集中制，着力解决发扬民主不够、正确集中不够、开展批评不够、严肃纪律不够等问题。要健全和认真落实民主集中制的各项具体制度，促使全党同志按照民主集中制办事，促使各级领导干部特别是主要领导干部带头执行民主集中制。要发扬党内民主，营造民主讨论的良好氛围，鼓励讲真话、讲实话、讲心里话，允许不同意见碰撞和争论，同时善于进行集中，防止议而不决、决而不行。要使全党各级组织和全体党员、干部都按照党内政治生活准则和党的各项规则办事。严肃党内政治生活贵在经常、重在认真、要在细节，全党都必须自觉维护党中央权威，并具体体现到自己的全部工作中去。党内组织和组织、组织和个人、同志和同志、集体领导和个人分工负责等重要关系都要按照民主集中制原则来设定和处理，不能缺位错位、本末倒置。党内政治生活和组织生活都要讲政治、讲原则、讲规矩，不能搞假大空，不能随意化、平淡化，更不能娱乐化、庸俗化。党内上下关系、人际关系、工作氛围都要突出团结和谐、纯洁健康、弘扬正气，不允许搞团团伙伙、帮帮派派，不允许搞利益集团、进行利益交换。

5. 从严治党重在从严管理监督干部

党要管党，首先是管好干部；从严治党，关键是从严治吏。从严管理干部，总的是要坚定理想信念，加强道德养成，规范权力行使，培育优良作风，使各级干部自觉履行党章赋予的各项职责，严格按照党的原则和规矩办事。

从严管理干部首先要选贤任能，“始终把选人用人作为关系党和人民事业的关键性、根本性问题来抓”。选人用人的标准，即好干部的标准，是信念坚定、为民服务、勤政务实、敢于担当、清正廉洁。好干部的成长，一靠自身的努力，二靠组织培养。培养干部，要抓住党性教育这个核心，抓好道德建设这个基础，加强宗旨意识、公仆意识教育。要强化干部实践锻炼，积极为干部锻炼成长搭建平台。同时，还要科学合理使用干部。要坚持党管干部原则，坚持正确的用人导向，坚持德才兼备、以德为先，努力做到选贤任能、用当其时、知人善任、人尽其才，把好干部及时发现出来、合理使用起来。用人得当，必须健全考核机制和办法，多渠道、多层次、多侧面深入了解干部，近距离接触干部，坚持全面、历史、辩证地看干部，注重一贯表现和全部工作。从严管理干部的原则要贯彻落实到干部队伍建设全过程。要坚持从严教育、从严管理、从严监督，做到以下五点：一是强调认真，要把"认真"作为干部管理工作的一条重要原则，强化干部讲规矩意识；二是以严的措施管理干部、以严的纪律约束干部，使干部心有敬畏、言有所戒、行有所止；三是要加强对干部的经常性管理监督，对干部经常开展同志式的谈心谈话，既指出缺点不足，又给予鞭策鼓励；四是严格执行干部管理的各项规定，讲原则不讲关系。五是要把对一把手的监督、管理作为重中之重。

6. 扎实做好抓基层工作

贯彻党要管党、从严治党的方针，必须做好基层工作。加强基层服务型党组织建设来指导基层党建。针对在市场经济体制下的新情况，强调在非公经济组织、社会领域、城乡接合部、流动人口聚集地加强党的工作，"越是情况复杂、基础薄弱的地方，越要健全党的组织、做好党的工作，确保全覆盖，固本强基，防止'木桶效应'"。重视基层党组织的功能与领导方式工作方式的转变，建立严密的基层党组织工作制度，推动服务群众、做群众工作制度化、常态化、长效化，把基层党组织的工作重心转到服务发展、服务民生、服务群众、服务党员上来，使基层党组织的领导方式、活动方式更加符合服务群众的需要。

7. 坚持群众路线，党的作风建设常态化制度化

群众观点是马克思主义政党的根本观点，把坚持党的群众路线与作风建设紧密联系起来，落实和践行中央八项规定，以为民务实清廉、反对"四风"为主要内容的群众路线教育实践活动，充实了群众路线的内涵。作风建设必须坚持马克思主义群众观点，以知促行、以行促知。作风问题具有顽固性、反复性，作风建设永远在路上，永远没有休止符，必须常抓、抓细、抓长，持续努力、久久为功。注重向制度要长效，体现改革精神和法治思维，把中央要求、群众期盼、实际需要、新鲜经验结合起来，努力形成系统完善的制度体系，以刚性的制度规定和严格的制度执行，确

保改进作风规范化、常态化、长效化。

8. 全面推进惩治和预防腐败体系建设，把权力关进制度的笼子

反腐败无禁区、全覆盖、零容忍，严肃查处腐败分子，着力营造不敢腐、不能腐、不想腐的政治氛围。严惩大案要案，遏制腐败高发频发的势头，对腐败行为采取“零容忍”态度，保持高压态势，“从严治党，惩治这一手决不能放松。要坚持‘老虎’‘苍蝇’一起打，既坚决查处领导干部违法违纪案件，又切实解决发生在群众身边的不正之风和腐败问题。要坚持党纪国法面前没有例外，不论涉及到谁，都要一查到底，绝不姑息。”筑牢拒腐防变的思想道德防线。一是强调树立正确的理想信念、道德观。二是强调思想建设的长期性。三是要加强反腐倡廉教育和廉政文化建设，保持共产党人的高尚品格和廉洁操守，提高拒腐防变能力，在全社会培育清正廉洁的价值理念。四是反对特权思想、特权现象。要加强警示教育，让广大党员、干部受警醒、明底线、知敬畏，主动在思想上画出红线、在行为上明确界限，真正敬法畏纪、遵规守矩。

把权力关进制度的笼子里。一是确立权力制约体系的目标：“构建决策科学、执行坚决、监督有力的权力运行体系，健全惩治和预防腐败体系，建设廉洁政治。”二是把反腐败、权力制约与党和国家权力运行体系联系在一起整体设计，提出完善党和国家领导体制，坚持民主集中制，充分发挥党的领导核心作用，规范党政主要领导干部职责权限，科学配置党政部门及内设机构权力和职能，明确职责定位和工作任务。加强和改进对主要领导干部行使权力的制约和监督。三是对政府内部的权力制约监督，主要是减少行政审批，转变政府职能。四是让人民监督权力，完善党务、政务和各领域办事公开制度，推进决策公开、管理公开、服务公开、结果公开。五是“善于运用法治思维和法治方式反对腐败”，加快反腐败国家立法，健全反腐倡法规制度体系。

9. 严明党的政治纪律和组织纪律

严明党的纪律，首要的是严明政治纪律。党的纪律是多方面的，但政治纪律是最重要、最根本、最关键的纪律，是遵守党的全部纪律的重要基础。遵守党的政治纪律和政治规矩，必须维护党中央权威，在思想上、政治上、行动上同党中央保持高度一致，维护党的团结。

加强组织纪律性，遵守组织制度，组织观念、组织程序、组织纪律都要严起来。有纪可依是严明纪律的前提，党章是全党必须遵守的总章程，也是总规矩。严明纪律从维护党章入手。执行党的纪律，一是坚持纪律面前一律平等，党内不允许有不受纪律约束的党员。二是增强党性。组织纪

律性是党性修养的重要内容。加强组织纪律必须增强党性，想问题、搞研究、做决策、干事情，都必须站在党和人民的立场。三是遵守组织制度。严格执行民主集中制、党内组织生活制度等。坚持党章规定的“四个服从”，坚持重大问题重要事项的请示报告制度，决不允许搞非组织活动。

10. 发挥人民群众的监督作用

人民群众是中国特色社会主义伟大事业的主体，也是全面从严治党的监督者和评判者。习近平总书记指出，让人民支持和帮助我们从严治党，要注意两个渠道，一个是建言献策渠道，一个是批评渠道。“各级党组织和党员、干部的表现都要交给群众评判。群众对党组织和党员、干部有意见，应该欢迎他们批评指出。群众发现党员、干部有违纪违法问题，要让他们有安全畅通的举报渠道，群众提出的意见只要对从严治党有好处，我们就要认真听取、积极采纳。”

11. 科学把握从严治党规律

把握从严治党规律是习近平总书记提出的重大课题。他指出：从严治党有其自身规律，对我们这样一个老党大党来说，从严治党更有其自身规律。我们党在长期实践中，不断总结自己正反两方面经验教训，深刻认识到了一些从严治党规律。“随着世情、国情、党情的不断变化，影响从严治党的因素更加复杂，提出了很多新课题。我们要深入基层、深入实际，深入研究管党治党实践，通过纵向和横向的比较，进行去伪存真、由表及里的分析，正确把握掩盖在纷繁表面现象后面的事物本质，深化对从严治党规律的认识。要注重把继承传统和改革创新结合起来，把总结自身经验和借鉴世界其他政党经验结合起来，增强从严治党的系统性、预见性、创造性、时效性，使从严治党的一切努力集中到增强党自我净化、自我完善、自我革新、自我提高上来，集中到提高党的领导能力上来，集中到提高党的领导能力和执政能力、保持和发展党的先进性和纯洁性上来。”

三、新时代全面从严治党的路径选择

（一）全面从严治党的特点与成效

1. 全面从严治党进入新时代

党的十九大报告指出：“经过长期努力，中国特色社会主义进入新时代，这是我国发展新的历史方位。”这个重大政治论断，表明党和国家事业站在新的历史起点上，也意味着全面从严治党站在新的历史起点上。“中国特色社会主义进入新时代，我们党一定要有新气象新作为。打铁必须自身硬。党要团结带领人民进行伟大斗争、推进伟大事业、实现伟大梦想，必须毫不动摇坚持和完善党的领导，毫不动摇把党建设得更加坚强有力。”人民群众对党的十八大以来全面从严治党取得的成果，给予了很高评价。但是，在全面从严治党这个问题上，我们不能有差不多了，该松口气、歇歇脚的想法，不能有打好一仗就一劳永逸的想法，不能有初见成效就见好就收的想法。

因此，习近平总书记告诫全党：“管党治党不仅关系党的前途命运，而且关系国家和民族的前途命运。”“必须以更大的决心、更大的勇气、更大的气力抓紧抓好”。这既表明了中国共产党对全面从严治党的清醒与自觉，也宣示了中国共产党全面从严治党的决心与意志。

2. 全面从严治党成效卓著

党的十九大报告中对十八大以来全面从严治党作出了“成效卓著”的评价，指出：“全面加强党的领导和党的建设，坚决改变管党治党宽松软状况。推动全党尊崇党章，增强政治意识、大局意识、核心意识、看齐意识，坚决维护党中央权威和集中统一领导，严明党的政治纪律和政治规矩，层层落实管党治党政治责任。坚持照镜子、正衣冠、洗洗澡、治治病的要求，开展党的群众路线教育实践活动和‘三严三实’专题教育，推进‘两学一做’学习教育常态化制度化，全党理想信念更加坚定、党性更加坚强。贯彻新时期好干部标准，选人用人状况和风气明显好转。党的建设制度改革深入推进，党内法规制度体系不断完善。把纪律挺在前面，着力解决人民群众反映最强烈、对党的执政基础威胁最大的突出问题。出台中央八项规定，严厉整治形式主义、官僚主义、享乐主义和奢靡之风，坚决反对特权。巡视利剑作用彰显，实现中央和省级党委巡视全覆盖。坚持反腐败无禁区、全覆盖、零容忍，坚定不移‘打虎’‘拍蝇’‘猎狐’，不敢腐的目标初步实现，不能腐的笼子越扎越牢，不想腐的堤坝正在构筑，反腐败斗争压倒性态势已经形成并巩固发展。”报告进一步指出：“五年来，我们勇于面对党面临的重大风险考验和党内存在的突出问题，以顽强意志品质正风肃纪、反腐惩恶，消除了党和国家内部存在的严重隐患，党内政治生活气象更新，党内政治生态明显好转，党的创造力、凝聚力、战斗力显著增强，党的团结统一更加巩固，党群关系明显改善，党在革命性锻造中更加坚强，焕发出新的强大生机活力，为党和国家事业发展提供了坚强政治保证。”

五年来卓有成效的成绩，涵盖了党的政治建设、思想建设、组织建设、作风建设、纪律建设、制度建设等方方面面，为新时代全面从严治党打下了坚实的思想基础、理论基础、制度基础和实践基础。

3. 全面从严治党站在新的历史起点

成绩是暂时的，崇高的历史使命、宏伟的战略目标对中国共产党提出了更高的要求，全面从严治党站在新的历史起点。已经从“打铁还需自身硬”的严格要求上升到“打铁必须自身硬”的自律自觉，党的十九大深刻地指出：“全面从严治党永远在路上。一个政党，一个政权，其前途命运取决于人心向背。人民群众反对什么、痛恨什么，我们就要坚决防范和纠正什么。全党要清醒认识到，我们党面临的执政环境是复杂的，影响党的先进性、弱化党的纯洁性的因素也是复杂的，党内存在的思想不纯、组织不纯、作风不纯等突出问题尚未得到根本解决。要深刻认识党面临的执政考验、改革开放考验、市场经济考验、外部环境考验的长期性和复杂性，深刻认识党面临的精神懈怠危险、能力不足危险、脱离群众危险、消极腐败危险的尖锐性和严峻性，坚持问题导向，保持战略定力，推动全面从严治党向纵深发展。”

在中国特色社会主义进入新时代，在中华民族伟大复兴进入关键时期，中国共产党要团结带领人民进行伟大斗争、推进伟大事业、实现伟大梦想，要成功应对重大挑战、抵御重大风险、克服重大阻力、解决重大矛盾，要在巩固“压倒性态势”的基础上夺取“压倒性胜利”，必须持之以恒、善作善成，把管党治党的螺丝拧得更紧，把全面从严治党的思路举措搞得更加科学、更加严密、更加有效，推动全面从严治党向纵深发展。

（二）新时代全面从严治党的总要求

1. 新时代党的建设的指导思想

党的十九大进一步回答了新时代坚持和发展什么样的中国特色社会主义、怎样坚持和发展中国特色社会主义，回答了在新时代要建设一个什么样的马克思主义执政党、应该怎样建设马克思主义执政党等一系列重大时代课题，形成了习近平新时代中国特色社会主义思想，“新时代中国特色社会主义思想，是对马克思列宁主义、毛泽东思想、邓小平理论、‘三个代表’重要思想、科学发展观的继承和发展，是马克思主义中国化最新成果，是党和人民实践经验和集体智慧的结晶，是中国特色社会主义理论体系的重要组成部分，是全党全国人民为实现中华民族伟大复兴而奋斗的行动指南，必须长期坚持并不断发展。”

党的十九大强调：全党要深刻领会新时代中国特色社会主义思想的精神实质和丰富内涵，在各项工作中全面准确贯彻落实。

2. 新时代党的建设的基本方略

党的十九大报告指出："勇于自我革命，从严管党治党，是我们党最鲜明的品格。必须以党章为根本遵循，把党的政治建设摆在首位，思想建党和制度治党同向发力，统筹推进党的各项建设，抓住'关键少数'，坚持'三严三实'，坚持民主集中制，严肃党内政治生活，严明党的纪律，强化党内监督，发展积极健康的党内政治文化，全面净化党内政治生态，坚决纠正各种不正之风，以零容忍态度惩治腐败，不断增强党自我净化、自我完善、自我革新、自我提高的能力，始终保持党同人民群众的血肉联系。"这是全面从严治党的基本方略，也是对全面从严治党深刻内涵的新概括。

3. 新时代党的建设总要求

新时代党的建设总要求是：坚持和加强党的全面领导，坚持党要管党、全面从严治党，以加强党的长期执政能力建设、先进性和纯洁性建设为主线，以党的政治建设为统领，以坚定理想信念宗旨为根基，以调动全党积极性、主动性、创造性为着力点，全面推进党的政治建设、思想建设、组织建设、作风建设、纪律建设，把制度建设贯穿其中，深入推进反腐败斗争，不断提高党的建设质量，把党建设成为始终走在时代前列、人民衷心拥护、勇于自我革命、经得起各种风浪考验、朝气蓬勃的马克思主义执政党。

这个总要求，是由新时代党的建设的原则、方针、主线、统领、根基、着力点、总体布局、基本要求和基本目标等构成的统一体。

新时代党的建设原则：坚持和加强党的全面领导。中国特色社会主义最本质的特征是中国共产党领导，中国特色社会主义制度的最大优势是中国共产党领导，党是最高政治领导力量；党政军民学，东西南北中，党是领导一切的。也就是说，党的领导是最高的，也是全面的。加强新时代党的建设，必须有利于坚持和加强党的全面领导，这是一个重大政治原则，任何时候任何情况下都不能动摇。

新时代党的建设方针：坚持党要管党、全面从严治党。党要坚持全面从严的方针，管党治党。"全面"，就是要全要素、全过程、全覆盖；"从严"，就是要真管真严、敢管敢严、长管长严。

新时代党的建设主线：加强党的长期执政能力建设、先进性和纯洁性建设。先进性和纯洁性是马克思主义政党的本质属性，执政能力建设是党执政后的一项根本建设。党的先进性、纯洁性和执政地位都不是一劳永逸的，新时代加强党的建设，就是要同一切弱化先进性、损害纯洁性的问题作斗争，突出强调“长期”执政能力，凸显了“全面从严治党永远在路上”的思想内涵和实践导向。

新时代党的建设统领：党的政治建设。将政治建设纳入党的建设总体布局之中，突出政治建设在党的建设中的重要地位，明确提出要把党的政治建设摆在首位，并以党的政治建设为统领，这是对马克思主义党建理论的重大发展。抓住了马克思主义执政党建设的根本点、关键点，对党的各方面建设起到纲举目张的作用。

新时代党的建设根基：坚定理想信念宗旨。对马克思主义的信仰，对社会主义和共产主义的信念，是共产党人的初心和政治灵魂，是共产党人经受住任何考验的精神支柱。广大党员干部要始终牢记全心全意为人民服务的根本宗旨，自觉成为共产主义远大理想和中国特色社会主义共同理想的坚定信仰者和实践者。

新时代党的建设着力点：调动全党积极性、主动性、创造性。推进新时代中国特色社会主义伟大事业必须尊重党员的主体地位和首创精神，要把新时代党的建设的着力点放在调动全党积极性、主动性、创造性上来，把全党的智慧和力量凝聚到决胜全面建成小康社会、夺取新时代中国特色社会主义伟大胜利上来。

新时代党的建设总体布局：全面推进党的政治建设、思想建设、组织建设、作风建设、纪律建设，把制度建设贯穿其中，深入推进反腐败斗争。除了突出政治建设在党的建设中的重要地位之外，党的十九大把纪律建设纳入党的建设总体布局，是一个重要的理论和实践创新，加强纪律建设是全面从严治党的治本之策，要把纪律建设摆在更加突出的位置；要坚持纪严于法、纪在法前，用纪律管住全体党员；要强化监督执纪问责，使纪律真正成为带电高压线。

新时代党的建设基本要求：不断提高党的建设质量。要求党的各方面建设必须强化质量意识，落脚到实际成效上来，做到党的建设工作必须紧紧围绕新时代党和国家各项工作的布局来展开，坚持和加强党的全面领导，不断提高党的建设科学化水平。

新时代党的建设基本目标：把党建设成为始终走在时代前列、人民衷心拥护、勇于自我革命、经得起各种风浪考验、朝气蓬勃的马克思主义执政党。走在时代前列，表明我们党的先进性；人民衷心拥护，表明我们党的群众基础和执政根基坚如磐石；勇于自我革命，表明我们党最鲜明的品格；经得起各种风浪考验，表明我们党的执政能力和领导水平，特别是拒腐防变和抵御风险能力；朝气蓬勃，表明我们党的生机活力。

（三）推动全面从严治党向纵深发展

党的十九大从新时代党的建设指导思想、基本方略和总要求出发，对坚定不移地向纵深推进全面从严治党，从八个方面作出了新的部署，涵盖党的建设各个方面，贯穿党的组织各个层级。

1. 把党的政治建设摆在首位

党的十九大首次提出把政治建设摆在首位，凸显了政治建设作为根本性建设的极端重要性。同时，明确了政治建设的首要任务和基本要求。首要任务是，保证全党服从中央，坚持党中央权威和集中统一领导。基本要求是：一要增强政治意识，坚定执行党的政治路线，严格遵守政治纪律和政治规矩，在政治立场、政治方向、政治原则、政治道路上同党中央保持高度一致。二要严肃政治生活，尊崇党章，严格执行新形势下党内政治生活若干准则，增强党内政治生活的政治性、时代性、原则性、战斗性，营造风清气正的良好政治生态。完善和落实民主集中制的各项制度，既充分发扬民主，又善于集中统一。三要建设政治文化，弘扬忠诚老实、公道正派、实事求是、清正廉洁等价值观。四要保持政治本色，加强党性锻炼，不断提高政治觉悟和政治能力，把对党忠诚、为党分忧、为党尽职、为民造福作为根本政治担当，永葆共产党人政治本色。

2. 用新时代中国特色社会主义思想武装全党

强调用党的创新理论武装头脑的同时，又赋予了它全新的时代内涵，党的十九大把习近平新时代中国特色社会主义思想确立为党必须长期坚持的指导思想，实现了党的指导思想又一次与时俱进，这就要求我们深入领会这一思想的历史地位、科学体系、精神实质、实践要求，更好地用党的创新理论武装头脑、指导实践、推动工作。要求全党通过这一思想的学习宣传、教育培训，进一步坚定理想信念，落实党的思想建设的首要任务；同时要突出重点、抓常抓长，推进“两学一做”学习教育常态化制度化，以县处级以上领导干部为重点，在全党开展“不忘初心、牢记使命”主题教育，用党的创新理论武装头脑，推动全党更加自觉地为实现新时代党的历史使命不懈奋斗。

3. 建设高素质专业化干部队伍

党的干部是党和国家事业的中坚力量。治党治国之要，首在选人用人。强调要坚持正确的选人用人导向，突出政治标准，提拔重用牢固树立

“四个意识”和“四个自信”、坚决维护党中央权威、全面贯彻执行党的理论和路线方针政策、忠诚干净担当的干部，选优配强各级领导班子；同时强调要注重培养专业能力、专业精神，增强干部队伍适应新时代中国特色社会主义发展要求的能力，把建设高素质专业化干部队伍的新的重大任务提到了全党面前。首次把“高素质”与“专业化”并提，既与干部队伍“四化”方针和德才兼备、以德为先的标准一脉相承，又与时俱进，凸显了专业化对于干部队伍的重要性，特别是进入新时代，统筹推进“五位一体”总体布局和协调推进“四个全面”战略布局，迫切需要具有很强专业能力和专业精神的干部。

4. 加强基层组织建设

党的基层组织是确保党的路线方针政策和决策部署贯彻落实的基础。基础不牢、地动山摇。要以提升组织力为重点，突出政治功能，把企业、农村、机关、学校、科研院所、街道社区、社会组织等基层党组织建设成为宣传党的主张、贯彻党的决定、领导基层治理、团结动员群众、推动改革发展的坚强战斗堡垒。党支部要担负好直接教育党员、管理党员、监督党员和组织群众、宣传群众、凝聚群众、服务群众的职责，引导广大党员发挥先锋模范作用。这是对基层党组织及党支部职责定位的新概括，明确了基层组织建设的目标和任务，也揭示了基层组织建设的规律。作为党的基层组织，需要提升多种能力，但重点是要提升组织力；作为执政党的基层组织，需要具备多种功能，但首先要突出政治功能。强调基层组织建设要以提升组织力为重点，突出政治功能，这是基层党建工作的创新。

5. 持之以恒正风肃纪

我们党来自人民、植根人民、服务人民，一旦脱离群众，就会失去生命力，加强作风建设，必须紧紧围绕保持党同人民群众的血肉联系，增强群众观念和群众感情，永远与人民同呼吸、共命运、心连心，不断厚植党执政的群众基础；把党的群众路线化为扎扎实实为人民群众谋幸福的具体行动，体现在时时处处事事为群众所思所盼的奋斗中。在正风肃纪方面，强调要巩固拓展落实中央八项规定精神成果，继续整治“四风”问题，坚决反对特权思想和特权现象；要重点强化政治纪律和组织纪律，带动廉洁纪律、群众纪律、工作纪律、生活纪律严起来，坚持开展批评和自我批评，运用监督执纪“四种形态”，赋予有干部管理权限的党组织相应的纪律处分权限，加强纪律教育，强化纪律执行，强化监督执纪问责。

6. 夺取反腐败斗争压倒性胜利

人民群众最痛恨腐败现象，腐败是我们党面临的最大威胁。只有以反腐败永远在路上的坚忍执着，深化标本兼治，保证干部清正、政府清廉、政治清明，才能跳出历史周期律，确保党和国家长治久安。过去五年，反腐败斗争压倒性态势已经形成并巩固发展，但是，反腐败斗争形势依然严峻复杂，巩固压倒性态势、夺取压倒性胜利的任务艰巨繁重，决心必须坚如磐石，要深化标本兼治，坚持无禁区、全覆盖、零容忍，坚持重遏制、强高压、长震慑。坚持受贿行贿一起查，在市县党委建立巡察制度，推进反腐败国家立法，建设覆盖纪检监察系统的检举举报平台等。我们有理由相信，只要我们强化不敢腐的震慑力，扎牢不能腐的笼子，增强不想腐的自觉，通过不懈努力，一定能夺取反腐败斗争的压倒性胜利，一定会换来海晏河清、朗朗乾坤。

7. 健全党和国家监督体系

十九大报告明确指出："将试点工作在全国推开，组建国家、省、市、县监察委员会，同党的纪律检查机关合署办公，实现对所有行使公权力的公职人员监察全覆盖。制定国家监察法，依法赋予监察委员会职责权限和调查手段，用留置取代'两规'措施。"这既是加强党对反腐败斗争工作集中统一领导的现实需要，也是强化党和国家自我监督的战略举措，更是推进反腐败斗争法治化的重大探索。创新组织，组建四级监察委员会；创新制度，制定国家监察法，使党的主张成为国家意志，以法治思维和法治方式反对腐败；构建党统一指挥、全面覆盖、权威高效的监督体系，把党内监督同国家机关监督、民主监督、司法监督、群众监督、舆论监督贯通起来，增强监督合力，加强对权力运行的制约和监督，体现的是党和国家监督体系的健全完善和改革创新。

8. 全面增强执政本领

"领导十三亿多人的社会主义大国，我们党既要政治过硬，也要本领高强。"这是站在新时代推进中国特色社会主义伟大事业的高度，对提高党的执政能力和领导水平提出的新要求，党的十九大从八个方面部署了增强党的执政本领：要增强学习本领、政治领导本领、改革创新本领、科学发展本领、依法执政本领、群众工作本领、狠抓落实本领、驾驭风险本领。把全面增强执政本领，作为全面从严治党的重要任务，这是党的建设一大创新。在中国特色社会主义新时代，我们党依然面临不断提高执政能力和领导水平、不断提高拒腐防变和抵御风险能力这两大历史性课题，必须把全面增强执政本领摆在更加突出的位置。

全面从严治党永远在路上。习近平总书记在十九届中共中央政治局常委同中外记者见面时强调：2021 年，我们将迎来中国共产党成立 100 周年。中国共产党立志于中华民族千秋伟业，百年恰是风华正茂！中国共产党是世界上最大的政党，大就要有大的样子。实践充分证明，中国共产党能够带领人民进行伟大的社会革命，也能够进行伟大的自我革命。我们要永葆蓬勃朝气，永远做人民公仆、时代先锋、民族脊梁。全面从严治党永远在路上，不能有任何喘口气、歇歇脚的念头。我们将继续清除一切侵蚀党的健康肌体的病毒，大力营造风清气正的政治生态，以全党的强大正能量在全社会凝聚起推动中国发展进步的磅礴力量。正所谓“不要人夸颜色好，只留清气满乾坤”。

增强政治领导本领，提升新领导力

王卫东

中国共产党于1921年7月召开一大时只有53名党员，而今已是拥有8900多万党员的世界上最大的执政党，取得了中国历史上未曾有过的、世界历史上也是罕见的巨大成就。但是我们党所走过的路却并非一帆风顺，它历经磨难而坚韧不拔，它濒临绝境而愈挫愈强，它深深地扎根于人民中间，依靠人民，为了人民，领导着全国人民创造了一个又一个奇迹，彰显了强大的政治领导力和过硬的政治领导本领。党的十八大之后，以习近平同志为核心的党中央把党的政治建设摆在首位，以高超的政治智慧积极应对前进道路上的困难和挑战，提出了一系列的新思想、新理念、新战略，形成了习近平新时代中国特色社会主义思想。党的十八届六中全会通过了《关于新形势下党内政治生活的若干准则》，明确指出："必须高度重视思想政治建设……不断增强政治定力……提高战略思维、创新思维、辩证思维、法治思维、底线思维能力，提高领导能力专业化水平。"习近平总书记在十九大报告中第一次把党的政治建设纳入党的建设总体布局，强调"以党的政治建设为统领"，"党的政治建设是党的根本性建设，决定党的建设方向和效果"。注重政治建设是十八大以来从严治党的成功经验，也是马克思主义政党的根本要求。

推动国家治理现代化需要提高领导能力专业化水平。提高领导能力专业化水平，就是要提高政治领导力、思想引领力、群众组织力、社会号召力等新时代所要求的领导干部必备的新领导力，其中摆在第一位的是"政治领导力"。习近平总书记强调的增强八个执政本领中，"增强政治领导本领"也摆在重要位置，它已成为党的政治建设的重要内容。

一、增强政治领导本领要具备五种思维能力

习近平总书记在十九大报告中强调："我们党既要政治过硬，也要本

领高强。”“增强政治领导本领，坚持战略思维、创新思维、辩证思维、法治思维、底线思维，科学制定和坚决执行党的路线方针政策，把党总揽全局、协调各方落到实处。”以上所说的五种思维能力，是辩证唯物主义、历史唯物主义的世界观方法论在新时代中国特色社会主义伟大实践中的新发展。

（一）战略思维

战略思维，就是着眼长远、总揽全局、把握重点，善于把握事物发展规律及趋势的思维方法，显示了决策者分析问题的综合能力以及他站的高度。党的十八大以来，以习近平同志为核心的党中央坚定正确的政治方向和政治定力、把握天下大势、总揽全局、协调各方，展现了超凡的战略眼光和驾驭政治局面、防范政治风险的能力，使全党及全国人民实现伟大梦想的信心得到前所未有的增强，也为党的各级领导干部提高政治能力提供了基本遵循。

1. 坚守政治理想，做政治上的明白人

习近平总书记曾经说过：“我们中国共产党人能不能打仗，新中国的成立已经说明了；我们中国共产党人能不能搞建设搞发展，改革开放的推进也已经说明了；但是，我们中国共产党人能不能在日益复杂的国际国内环境下坚持住党的领导、坚持和发展中国特色社会主义，这个还需要我们一代一代共产党人继续作出回答。”要想深刻理解这一重要论述，就要在政治上有很高的站位，提高政治觉悟，保持我们共产党人特有的政治定力，坚守党的政治理想。合格的党员领导干部，必须是共产主义远大理想和中国特色社会主义共同理想的坚定信仰者和忠实践行者。革命的理想高于天，我们中国共产党从诞生的时候起，就是由一批又一批具有远大理想的先进分子集合在一起的，共同的理想是我们的魂。新时代的共产党员既要有中国特色社会主义道路的坚定信念，又要胸怀共产主义远大理想。失去了这个凝聚我们力量的“魂”，就是一具空的躯壳，就不是一名合格的共产党员。习近平总书记说：“离开现实工作而空谈远大理想，也不是合格的共产党员。”

仅有政治理想是不够的，还要时时刻刻做政治上的明白人，增强“四个意识”，服从党中央的集中统一领导，自觉维护以习近平同志为核心的党中央的权威，这是当前最大的政治。“四个意识”是党的意识，是每个党员都必须遵循的政治要求，自觉地与党中央保持一致，向习近平总书记看齐。特别是党员领导干部，要不断提高政治洞察力和判断力，对于重大政治原则问题，要擦亮眼睛、保持清醒的头脑；站稳立场、不忘初心；迎难而上、勇对矛盾；身先士卒、敢于担责。牢记全心全意为人民服务的根本宗旨，践行“三严三实”的要求，切实履行好岗位职责。

2. 用系统思维谋划战略

系统思维就是整体观、全局观，是基于系统论的思维模式。要求对事物进行全面思考，不只是就事论事，也不等于其局部的简单相加，并且它还是动态的。

（1）两手论

运用系统思维就要有全局观和协调意识，统筹兼顾，挂一不漏万，顾此不失彼。毛泽东同志说的学会弹钢琴，邓小平同志说的两手抓、两手都要硬，都是运用系统思维指导中国革命和改革开放的成功典范。党的十九大报告把新时代坚持和发展中国特色社会主义的基本方略，总结为“十四个坚持”，就是系统思维的巨大成就，它丰富了习近平新时代中国特色社会主义思想的内涵，是马克思主义中国化的最新成果。

系统思维要坚持“两手论”，处理好“两只手”的关系。既要让市场更有效、又要让政府更有为；既要以人民的需求为导向，又要深化供给侧结构性改革；既要发展经济、又要绿水青山；既要保持经济的平稳增长、又要全面从严治党；既要依法治国、又要以德治国。党的十九大以系统思维聚合力，用“两手论”谋全局。从十九大到二十大，是“两个一百年”奋斗目标的历史交汇期，许多工作都需要紧张而有序地推进，各种影响因素交织在一起，一发动而全身动，只有坚持系统思维，统筹兼顾，科学推进，协调各方，使改革的各项举措优化比例，才能形成强大的合力，达到良性互动的效果。

（2）方圆兼顾

系统思维中的“方圆兼顾”也是领导艺术的重要方法，“方”是指原则性、坚定性，是刚性要求；“圆”是指灵活性、适应性，是柔性的体现。我们党的基本路线和方针、举什么旗、走什么路都是刚性的“方”，必须要坚持，毫不动摇。各地各行业结合工作实际，运用不同的发展方法和管理措施，那是柔性的“圆”，是可以灵活的，具体问题具体分析。一是要“大方小圆”。比如说祖国必须统一，这就是大的“方”；“一国两制”就是小的“圆”。二是要“内方外圆”。比如说从严治党是“内方”，照顾到各方的关切就是“外圆”。三是要“己方他圆”。比如说党员领导干部要修身正己，廉洁从政，管住自己的手、管住自己的嘴、管住自己的腿、管住自己的权，按本色做人，这就是“己方”；要宽以待人，海纳百川，按角色做事，这叫“他圆”，也叫“权变”。方是胆商，圆是情商，智商就是把两者结合起来运用。既不能用原则性限制灵活性，也不能用灵活性破坏原则性。

3. 既要把握格局，又要善于破局

“格局”就是当今国际国内的新形势及发展趋势，它虽然错综复杂，但也有规律可循。“破局”就是进行战略分析后，抓住主要矛盾，找准突破口，牵住牛鼻子。格局是一个大风口，机遇与挑战并存。破局是确定方略，制定符合自己特点的前进路线。破局是与众不同的点，抓住机遇、规避风险。领导干部要深刻认识增强政治本领的时代内涵和实践指向，着眼世界大格局。着眼世界的第一环节重在“打开空间”，第二是“打开时间”。“世”是指时间，“界”是指空间。“世界”就是由时间和空间组成的“格”，当今的形势就是“局”。立足中国特色社会主义实际制定中国方案就是破局。打开空间要以问题为导向；打开时间既要有历史眼光，又要面向未来。毛泽东同志把握格和局，立足中国一穷二白的国情，划分出了三个世界，提出了独立自主、自力更生的策略；邓小平同志洞察了当时世界风云变幻的本质，结合中国的国情，提出了社会主义初级阶段的论断，制定了改革开放的方针。习近平同志打开空间，提出了治国理政的新思想、新理念、新战略，这是针对世界“格局”而制定的中国“破局”方案。习近平同志打开时间，强调要树立“四个自信”。他用历史思维，精辟概括了“文化自信”，中国共产党领导中国人民96年的红色文化和中华五千年传统文化都是中华民族文化的精神标识。党员领导干部要把“四个自信”内化于心、外践于行，坚定马克思主义的信仰。我们党正带领全国人民进行伟大斗争、建设伟大工程、推进伟大事业、实现伟大梦想。“四个伟大”是习近平同志立足中国特色社会主义新发展阶段这个国内的“局”作出的重大概括，谋划了我们党“破局”的方略，明确了正在做和将要做的事情，从总体上确定了新时代我们党的政治理想和政治目标。“四个伟大”，是第一个百年奋斗目标向第二个一百年奋斗目标迈进的大战略，是中国共产党人把握“格局”的大智慧，是当代中国最大的大局，是全党和全国人民最大的政治。领导干部要以高度的政治责任心，在国际国内“格局”的大风口把握正确的政治方向，清醒而坚定地高举中国特色社会主义伟大旗帜，走中国特色社会主义道路，统筹推进“五位一体”总体布局，协调推进“四个全面”战略布局，增强忧患意识、风险意识，有效应对各种挑战，不断增强“破局”的本领。

“不谋万世者，不足谋一时；不谋全局者，不足谋一域”，领导干部的战略思维能力也是影响“四个伟大”最终实现的重要因素之一。既要着眼长远的未来，又要立足当前和眼下；既要把握趋势，又要结合现实；既要顾此不失彼，又要排好优先序；既在态度上高大上，又在能力上实在管用。同时，要以踏石留印、抓铁有痕的劲头善始善终、善做善成，让人民群众不断看到实实在在的成效和变化。

（二）创新思维

创新思维是突破传统思维的习惯，打破常规，另辟蹊径，以独特的方法解决问题的思维过程。

1. 创新思维是党的优良传统

中国共产党历来就具有与时俱进的创新传统，毛泽东同志突破苏联革命模式和中国传统战争习惯，开创了在农村建立革命根据地，以农村包围城市的革命道路；邓小平同志突破计划经济的界限，制定了改革开放的路线；习近平同志总结改革开放以来成功的经验和教训，提出了一系列治国理政的新思想新理念新战略。党的十九大明确指出：创新是引领发展的第一动力，是建设现代化经济体系的战略支撑。

中国共产党是马克思主义政党，与时俱进是马克思主义的理论素养。党的十九大把习近平新时代中国特色社会主义思想确立为我们党的指导思想，实现了党的指导思想的又一次重大创新。以习近平同志为核心的党中央，高瞻远瞩，紧跟时代步伐，不断认识规律，不断推进理念创新、实践创新、制度创新、文化创新以及其他各方面创新。实践没有止境，理论创新也没有止境。由于我们党始终在基本理念和指导思想上的与时俱进，才保证了各项工作很好地体现了时代性、把握规律性、富于创造性，保持了旺盛的创新活力。时代是思想之母，实践是理论之源。在当代中国，坚持和发展马克思主义，就是要坚持习近平新时代中国特色社会主义思想，这既是一项历史使命，更是一份政治责任。

2. 创新是领导干部抓发展的“金钥匙”

中国改革开放的经验告诉我们，为经济而发展经济是短期行为，以资源消耗拉动经济增长是要不得的，出口、投资、消费这“三驾马车”也有疲劳驾驶而停下来歇歇脚的时候，而创新已然成为发展的不竭动力源泉。正如十九大报告中所说的“创新是引领发展的第一动力，是建设现代化经济体系的战略支撑”。

太阳每天都是新的，世界每天都在变化，中国无时无刻不在发生变化。各级领导干部只有跟上时代步伐，不断认识规律，推进创新，才能搭上新时代的航船。有些人为了不犯错而墨守成规，想做个太平官，而这恰恰是最大的错，错就错在他没有尽到“官”的责任，错失战略机遇，牺牲了广大人民的福祉，使本地区本行业落后于时代，落后让他管理区域内的老百姓脸上无光，落后就要被老百姓所唾弃。抓发展是为官者的第一要务，发展既要继承历史上的成功经验，也要瞄准世界前沿，是继承历史和创造未来的有机统一。要把前瞻性技术研究与应用基础研究，技术创新平台建设与国家创新体系建设结合起来，让各方面要素协同配合，把推进理论创新、实践创新、制度创新、文化创新以及其他各方面创新有机衔接起来，形成 1+1>2 的合力。

领导干部在践行创新发展的进程中要做到四点：一要有创新的激情；二要有创新的思维；三要有创新的能力；四要有敢于担当的勇气。解决新问题要有新方法，谋求新发展要有新思路，把握新机遇要有新眼光，克服懒政、怠政的陋习，以抓铁有痕、踏石留印的韧劲，事业无尽、创新不止，推动伟大事业胜利前进。

（三）辩证思维

辩证思维是将客观世界作为一个整体，考察其内在矛盾运动、变化及联系，是与逻辑思维相对立的一种思维方式。辩证思维是一种科学的方法论，首先要承认矛盾，然后去分析和解决矛盾，善于抓住主要矛盾、抓住重点、抓好紧要工作。不但要洞察事物发展的规律，而且还要以动态发展的眼光来看问题，以便抓住最好的机遇。

习近平总书记作出“要处理好改革过程中各种重大关系”等一系列充满辩证法的重要论述，并要求党员干部重读毛泽东同志的《矛盾论》和《实践论》，这些都是指导当代中国实践的科学方法论。

1. 一分为二是决策的基本方法

领导“决策”的“策”是指计谋、主意、办法；“决”是指断定、拿定主意。“策”是出主意，“决”是选主意；“策”是做加法，“决”是做减法；“策”是务虚、“决”是务实。“策”是分析问题、提出方案，追求理想状态，可以超前思维；而“决”必须回到现实中来着眼当前。“决”重在选择，选择重在排优先序，排优先序必须一分为二地看问题。任何决策都不可能尽善尽美，没有最优满意决策，只有次优满意决策。毛泽东在评价诸葛亮失误时说：其始误于隆中对，千里之遥而二分兵力；其终则关羽、刘备、诸葛亮三分兵力，安得不败。诸葛亮北伐失败，就是他不懂辩证思维，不知道“大成若缺”的辩证法，任何事情都追求完美，四平八稳的决策会丧失机遇、一事无成。“决”的实质是选择，选择就要有取舍，有得也有失。因此，“策”需要知识、“决”需要胆识，领导者真正的优势在于担当。当今，有些干部因害怕决策失误而患得患失，不干事、不出事、不成事，就是缺乏辩证思维能力，没有担当精神，缺少胆识。领导干部运用辩证思维，首先要学会一分为二地看问题。既要看到有利因素，也要看到不利因素；既要了解自身的特长和优势，也要弄清当前的困难和问题；既要把握“格局”里的机遇，也要洞察面临的风险与挑战。事物都有两面性，面面俱到的人实际上既没有“策”的知识，也没有“决”的胆识，始终陷于不知道怎么选择的纠结之中。“策”要民主、“决”要集中，民主集中制既是制度也是方法，党委会的根本工作方法就是民主集中制。

2. 要抓主要矛盾和矛盾的主要方面

决策过程中排优先序就是抓主要矛盾和矛盾的主要方面。

首先要科学分析事物之间的联系，抓住主要矛盾。中国特色社会主义迈入了新时代，我国人民最主要的需求已不再是解决温饱问题了，生存需求和生理需求变得次要了，对精神方面的社会需求已经更加突出，因此，党的十九大报告明确指出：我国社会主要矛盾已经转化为人民日益增长的美好生活需要和不平衡不充分的发展之间的矛盾。经过近四十年的改革发展，人民对美好的物质文化生活的向往提出了更高要求，更加关注民主与法治，更加注重社会的公平和正义，更加关切安全与环境问题。随着社会生产力水平总体上的提高，我国已成为世界上第二大经济体，有些方面还走在世界前列，然而，发展不平衡不充分的问题也显现了出来，并且成为满足人民日益增长的美好生活需要的主要制约因素。以习近平同志为核心的党中央准确把握新时代中国的现实与特征，抓住主要矛盾，作出了一系列的科学决策和战略布局，为稳步推进两个一百年奋斗目标的实现，做好了充分的理论准备。

其次是分析关键因素，抓住矛盾的主要方面。《关于新形势下党内政治生活的若干准则》的开头便说“办好中国的事情，关键在党，关键在党要管党、从严治党”。治国必先治党，治党务必从严。腐败现象严重地腐蚀着我们党的机体，影响到党的执政根基和人民的根本福祉。以习近平同志为核心的党中央抓住了矛盾的主要方面，作出了“四个全面”的战略布局，把“全面从严治党”作为突破口。从严治党又必须从党内政治生活严起，加强和规范党内政治生活又从加强理想信念教育做起，尽快修复被破坏的政治生态环境，努力营造既有集中又有民主，既有纪律又有自由，既有统一意识又有个人心情舒畅、生动活泼的良好政治环境。面对错综复杂的世情、国情、党情，各级领导干部既要善于分析矛盾，还要有办法解决矛盾，不能陷入矛盾不能自拔，必须用发展的眼光看问题。

（四）法治思维

法治思维就是以法律制度为判断是非和处理事务的准绳，它是现代社会文明发展的必然要求，崇尚法治也是社会主义核心价值观的主要内容。它不但提倡全体社会公民要遵守法律，更要求领导干部要崇尚法治精神、尊重法律，要依靠法律手段解决问题和推进工作。当代中国已经走上了依法治国的轨道，各级领导干部法治思维和依法行政能力的强弱，直接关系到政治领导本领的水平。因此习近平总书记要求："各级领导干部要提高运用法治思维和法治方式深化改革、推动发展、化解矛盾、维护稳定能力，努力推动形成办事依法、遇事找法、解决问题用法、化解矛盾靠法的良好法治环境，在法治轨道上推动各项工作。"

1. *无法不可以为治*

《淮南子》中有这样一句话："无法不可以为治也。"意思是说，如果没有法律，没有各种制度约束，一个国家就不可能得到很好的治理。《群书治要》中记载，春秋时，郑国有个叫子产的人当了宰相，他设计了非常完善的法律制度，健全了法律监督机制和激励机制，结果老百姓想欺骗他都办不到，使郑国达到了中国历史上"不能欺"的最高境界。所以说，依法治国并不是什么洋货和舶来品，而是中国历史上已经存在了几千年的传统，是老祖宗留下来的宝贵文化财富。

一提到法治，很多人以为这只是司法部门的事情，其实，各级行政机关的依法行政，对全社会养成法治思维、依法办事的习惯更为重要。依法行政首要的问题就是要把权力关进制度的笼子里。习近平总书记在中纪委第二次全体会议上的讲话指出："要加强对权力运行的制约和监督，把权力关进制度的笼子里，形成不敢腐的惩戒机制、不能腐的防范机制、不易腐的保障机制。"他强调："各级领导干部都要牢记，任何人都没有法律之外的绝对权力，任何人行使权力都必须为人民服务、对人民负责并自觉接受人民监督。"领导干部的权力是否有效地被"关进制度的笼子里"，核心在于建立起让全体党员干部不敢腐的惩戒机制、不能腐的防范机制、不易腐的保障机制。这三个机制实际上就是标本兼治、惩防并举的反腐倡廉体系的制度化标准。

从个人的角度来讲，"把权力关进制度的笼子里"极其有利于身心健康。巴西医生马丁思曾做过一项调查，分别抽取了不廉洁官员和清廉官员各583人作为样本，经过对比发现：不廉洁官员生病率高达60%，清廉官员只占16%；而不廉洁官员在患病1到6个月之内死亡率高达83%，清廉官员为0。

权力是一把双刃剑，它可以成就一个人，也可以毁掉一个人。领导干部必须坚持法治思维，依法用权、谨慎用权，经常想一想该不该用这个权、想一想权力用得对不对、想一想有没有私心用权，保证权力在法律制度约束下运行，这样才能保证自己永远不出轨、不越轨。

2. 法治与德治相结合

有的人把贪污腐败现象全部归咎于法律制度的不健全，认为法律制度只要健全和规范了，腐败问题就迎刃而解了。这种观点失之偏颇。《群书治要》中说“法者，治之端也；君子者，法之源也”，法律是国家治理的依凭，贤人君子是法律之源头。法律是必需的，但不是万能的。

明太祖朱元璋出身穷苦，最痛恨贪官污吏，他决心用严刑酷法来遏制贪污腐败现象，结果明朝是中国历史上最腐败的朝代之一。

法律固然可以制约人的行为，遏制人的随心所欲，但是，法律对人的思想领域却无能为力。世间最有活力和最有办法的不是法律，而是生活在社会中的人。人完全具有与法律制度博弈的能力，会根据理性需要千方百计地趋利避害，制定有利于自己的法律制度，规避甚至破坏于己不利的法律制度。不只是领导干部有这个能力，连普通老百姓都有这样的能力。比如，中国人过人行横道时，没有耐心等红灯，只要等到有足够的人，大家一起闯红灯，我人多势众，你敢撞吗？只不过老百姓破坏规矩的能力有限而已，掌握权力的领导干部破坏能力更强、更具有毁灭性。再严密的法律制度下，仍然有缺乏法治意识的人，前“腐”后继。种种事实说明，法律的作用并非无限度的，要养成守规矩的良好习惯靠法律制度的监督好像条件还不够充分。《群书治要·孙卿子》中说：“故法不能独立，得其人则存，失其人则亡。”《大戴礼记》中说：“礼者禁于将然之前，而法者禁于已然之后。”司马迁也说，礼教在未然之前，刑罚在已然之后。法律是守卫行为底线的，人在没犯法的时候是要进行道德教育的，犯法以后才用刑法来治。法律和道德是并行的，不能片面强调某一方面的作用而忽视整体作用，要强化综合作用，多管齐下，为遵纪守法的环境创造一切有利条件。

道德是内在的“自律”，法律则是外在的“他律”；对制约人的行为来讲，道德主“内”，法律主“外”；对抑制人的犯罪来讲，道德治“本”，法律治“标”；道德“扬善抑恶”，法律“惩恶扬善”；法律守卫行为的底线，道德提高人的自觉性，二者缺一不可。只有内因——领导干部的道德修养达到了廉洁自律的高度，外因——制度性反腐才能事半功倍。权力腐败从“缺德”开始，掌权者“缺德”，则权力腐败现象必将泛滥，制度性反腐执行起来必将阻力重重。朱元璋非常重视外因，而忽略了内因，所以导致明朝的反腐失败。

习近平总书记对法治和德治的相互关系及作用作了深刻的阐述：“必须坚持依法治国和以德治国相结合。法律是成文的道德，道德是内心的法律。法律和道德都具有规范社会行为、维护社会秩序的作用。治理国家、治理社会必须一手抓法治、一手抓德治，实现法律和道德相辅相成、法治和德治相得益彰。要发挥好法律的规范作用，以法治体现道德理念、强化法律对道德建设的促进作用。要发挥好道德的教化作用，以道德滋养法治精神、强化道德对法治文化的支撑作用”。法安天下，德润人心。法律是准绳，任何时候都必须遵循；道德是基石，任何时候都不可忽视。法治和德治是两条腿的关系，少了一个就是跛足，国家长治久安需要法律和道德同向发力，共同发挥作用。

（五）底线思维

底线是一道红线，是指不可逾越的界限，这是原则性、刚性的约束。人是社会人，整个人类社会是一个相互联系的集合体，不可能我行我素、无所顾忌，凡事都有个边界。无论是宏观还是微观，无论是大到国家还是小到个人，时时有底线、处处有底线。从做人的底线到当官的底线，从职业的底线到做事的底线，从党员的底线到政治的底线，底线无处不在。底线思维能力，是职业能力的要求，领导干部就更应该具备。

领导干部运用底线思维，首先要有原则意识。在大是大非面前、在党性原则和政治立场上、在基本方向和基本目标上，必须旗帜鲜明，毫不动摇。其次要有边界意识。始终把规矩挺在前面，对法纪怀有敬畏之心，对党章党规要时刻遵守。做到心中有“戒”、心中有“尺”，不碰高压线、不越雷池，少走“弯路”、不入“歧途”。除此之外，领导干部还要关注“三个效应”，以防渐进式滑落。

1. 关注“瓶颈效应”

当人群通过一个出口处，若有秩序地行进，可顺畅流通，行进速度愈快则流量愈大；而当人群无序地拥挤时，则流量大大减小。在公路上行驶的车辆，若相互保持一定的距离，则交通流量可很大。如果遇到一个狭窄的路段，则车辆密度增大而形成堵塞，流量则立即减小。这就是所谓的

“瓶颈效应”。它告诉人们，最弱的瓶颈决定成败。比如说有这样的官员，其政治立场上没有问题，平时也很清廉，从不收受别人的礼品和财物，但他对书画作品爱得入迷，有不良商人就以此为突破口，投其所好，以交流艺术的名义将其拖下水。不可否认，人人都有爱好，人人都有弱点。关键是要看清自己的弱点在什么地方，主动关好安全阀，防止一脚踩滑而陷落泥坑。

2. 关注“底洞效应”

大家都知道著名的“木桶原理”中有一个“短板原理”，这只是其中之一。还有一个叫“底洞效应”，意思是：木桶盛满再多的水，如果不注意底部微小的缝隙，有多少水也能够漏掉。“底洞效应”是木桶原理的一个重要部分。任何整体都是由无数个细节构成的，细节的完美是整体出众的前提，是否关注底缝的跑冒滴漏，比关注短板更为重要，因为短板比较显眼，底洞更加隐蔽，其危害性更大。在查处的一些腐败案件中，有不少官员一开始是比较注意廉洁的，但由于对细微之处的疏忽，从一餐饭一包烟开始慢慢陷入糖衣炮弹的包围。所以，要找出最薄弱的环节，关注细节，勿以恶小而为之，勿以善小而不为。反腐败从餐桌抓起，从菜单和烟酒抓起，就是十八以来堵住底洞预防腐败的成功案例。

3. 关注“破窗效应”

“破窗效应”是指一排建筑物有很多窗户，其中有一个窗户被打破了，过了很长时间没人问也没有管，别人就以为这个建筑物的窗户是无所谓的东西，把它打破了也不要紧，所以就有了第二扇破窗户，长此以往，全部的窗户都被打破了。反腐败不但要打“大老虎”，更要下大力气拍那些“蝇贪”，“蝇贪”虽小，只是一扇不起眼的小窗户，但“破窗效应”带来的社会危害程度更大，对整个政治生态和老百姓对我们的口碑产生的负面效应更加严重。所以说，领导干部不但要有小节意识，还要管理好身边的每个人，对身边的小腐小贪要及时整治，做到防微杜渐，遏止小的破坏，尤其是对制度的执行。

二、提升新领导力

党的十八大以来，党中央对党员干部的领导力提出了新的要求，十九大报告中又提出了增强八个本领和四种能力，这四种能力就是新时代提升新领导力的总要求，提升新领导力第一位的是提高政治领导力。

（一）政治领导力

以习近平同志为核心的党中央治国理政的实践，有一个显著的特点，就是旗帜鲜明地讲政治，善于从政治上考量和解决问题，注重提高领导干部政治能力。那么什么是政治能力呢？习近平同志指出：政治能力就是把握方向、把握大势、把握全局的能力，就是保持政治定力、驾驭政治局面、防范政治风险的能力。总书记对政治能力内涵的高度概括，为领导干部提高政治领导力提供了根本遵循。政治能力是衡量领导干部是否合格的关键，党员领导干部必须加强政治领导力训练，牢固树立政治理想，正确把握政治方向，坚定站稳政治立场，严格遵守政治纪律。要注意加强政治历练，积累政治经验，把政治领导力训练贯穿于党性锻炼的全过程，使自己的政治能力与担当的领导职责相匹配，确保党的事业始终沿着正确的政治方向胜利前进。

1. 理想信念是支柱

坚定共产主义、中国特色社会主义的理想信念，是对领导干部的基本政治要求、是衡量政治能力的重要标尺，是中国共产党人的精神支柱、精神之钙。理想信念是人的意志力和行为的基础。理想信念坚定的人，内心就会变得很强大，就有了超强的抗逆能力，哪怕风吹雨打，我自岿然不动。存在于人的内心深处的理想信念，比任何外在制度的约束更有力量。方志敏、夏明翰、江姐等无数先烈，为了心中的理想而坦然赴死，毫无惧色，那种“砍头不要紧，只要主义真”的豪迈，是任何铡刀和子弹也压制不住的。回顾中国共产党进行革命战争的历史，我们党一直都是在物资极度匮乏、装备极其落后的情况下，开辟了广大的抗日敌后根据地，打败了国民党精锐部队，抗美援朝打败了世界上最强大的敌人。用物质决定论来看，我们共产党的部队与对手的差距都是有很大代沟的，根本就没有取胜的可能，但结果是我们赢了，而且是一赢再赢，其原因就是中国共产党人有无比坚定的理想信念。这就是我们唯一的优势，也是决定性优势，正所谓：革命的理想高于天，坚定的信念全无敌。

在和平建设时期，对理想信念的考验虽不像战争年代那样显现，但它无时无处不在，仍然是检验共产党员合格与否的标尺。当今社会上，宣扬“共产主义渺茫论”者有之，高喊“共产主义过时论”者有之，给讲共产主义的人贴上“左”的标签者有之，羞于讲共产主义的也有之。有些被查处的腐败分子，在忏悔书中痛悔自己因为理想信念的丧失，而坠入万劫不复的深渊。这些都说明，理想信念不坚定，就会犯政治糊涂病，就会变质腐烂。

习近平总书记强调，理想信念是共产党人精神上的“钙”，没有理想信念或者理想信念不坚定，精神上就会“缺钙”，就会得“软骨病”。共产主义理想和中国特色社会主义信念，是被实践反复证明了的，符合中国国情的、符合全国各族人民利益的科学的理想信念，因而是实现“两个一百年”奋斗目标、实现中华民族伟大复兴中国梦的“定海神针”。党员领导干部有了这样的理想信念，才会有方向、有追求、有担当、有主见，才有资格谈政治领导能力；有了这样的理想信念，才会有立身之本，才能站得高、看得远，才能胸怀天下苍生，自觉地为党和人民的事业而努力奋斗。

2.“四个意识”凝聚向心力

提升政治领导力，凝聚人心尤为重要，中国共产党人的“政治意识、大局意识、核心意识、看齐意识”就具有凝聚向心力的强大磁场。我们党对领导干部的素质要求，最重要的是政治素质；领导能力摆在第一位的是政治能力；政治标准是衡量领导干部的首要标准。党组织选拔任用干部，首先看干部政治上是否清醒、立场是否坚定，也就是看政治意识强不强。讲政治是我们党最本质的特征，当前我们党的最大政治就是坚决维护以习近平同志为核心的党中央权威。

强大的领导力与核心权威息息相关，当前形势下，“核心意识”是重中之重。这是我们党96年艰苦奋斗的历史经验，毛泽东主席说过“领导我们事业的核心力量是中国共产党”，中国共产党是全中国人民的核心，党的七大巩固了毛泽东在我们党内的核心地位，从此中国革命迅猛发展，很快就建立了新中国。邓小平同志作为党中央第二代领导集体的核心，带领中国人民进行改革开放新的伟大事业，取得了前所未有的巨大成就。邓小平总结中国共产党的历史经验和苏联解体的深刻教训，强调：每个领导集体必须有个核心，没有核心的领导集体是靠不住的。早在赫鲁晓夫全面否定斯大林的时候，毛泽东就预言苏共这样做是要垮台的。党的十八大以来，以习近平同志为核心的党中央，从严治党，调结构、转方式，制定了一系列的治国理政的新方针、新举措，不但营造了风清气正的政治生态，也使中国的经济社会走上了良性循环的发展轨道。我们维护以习近平同志为核心的党中央的权威，贯彻落实党的理念和路线方针政策，是政治纪律。这种政治纪律是我们党战无不胜的法宝。政治纪律不但是党性修养，也是一个部门一个单位的基本原则，更是个人思想道德修养的体现。比如说，行政学院是党和人民政府办的学校，必须坚持“姓党”的原则，为党培养干部人才，必须发出党的声音，用学术来讲政治，用学理关系、逻辑关系，用理论沿革和历史传承来讲政治。我们学员部作为干部培训班的管理部门，要把政治纪律作为学员教育的主要板块，在导航课和异地教学安全教育课中落实到位。把纪律和规矩挺在前面，首要的是政治纪律。努力营造风清气正的教育培训环境，为党培养政治合格、素质过硬的干部队伍。

增强我们党的向心力，就要坚决维护领导核心。“万山磅礴，必有主峰；龙衮九章，但挈一领”。核心是政治上的旗手、思想上的统帅，全党有了核心，才能凝聚力量，才能心往一处想、劲往一处使。党员领导干部，必须把维护习近平总书记的核心地位作为最大的政治、最大的大局，自觉地向习近平总书记看齐、向党的理论和路线方针看齐、向党中央的决策部署看齐，坚持“四个服从”，确保政令畅通。维护核心，向党中央和习近平总书记看齐不能空喊口号，不只是随意表个态就了事，而必须是发自内心的自觉，在思想上要真正信赖、在感情上要衷心爱戴、在政治上要绝对忠诚、在行动上要对表紧跟，把“四个意识”融入灵魂和血液，切实提高政治领导能力。

3. 政治领导力是国家实力的基础

现在有的人对讲政治不以为然，认为只要把经济搞上去了，一切都OK，经济是经济、政治是政治，经济和政治是两码事，讲政治是务虚的，搞经济才是务实的。我认为这种物质决定论是有失偏颇的，中国成功的根本原因不在于经济建设的成功，而在于政治领导力强大，中国的政治领导力比世界上现有的任何一个国家都强大。

（1）软实力大于硬实力

一个国家的综合实力是指这个国家掌握的所有物质和非物质力量，它由政治、经济、文化、军事四个要素构成，其中政治和文化是软实力，经济和军事是硬实力。硬实力（占20%）是常量，是外在的、有限的；软实力（占80%）是变量，是内在的、无限的。领导科学理论认为，领导力的运用要多用软实力，少用硬实力；先用软实力，后用硬实力；要善于开发和运用自己的软权力。政治实力是其他要素发挥作用的基础。政治实力强，其他实力就能达到1+1>2的效果；政治实力弱，其他实力可能是1+1<2，甚至等于零。隋朝盛极而亡，苏联强大而解体，北约强大的经济、军事实力在阿富汗、伊拉克、叙利亚也无法赢得全面胜利，这都说明硬实力并不是决定性因素。在国际交往中，传统理论认为经济是决定性的、金钱是万能的，习惯于采用“以经促政”的策略，即通过发展两国经济关系来促进政治合作，其成效如何呢？大家都知道，和中国经贸关系最密切的美

国、日本与中国的政治关系却不好；和中国经贸关系不多的南非、俄罗斯与中国的关系却不错。因此，可以这样认为，国家政治领导力是综合实力增长的决定因素，政治领导力既能改变国家实力，也能改变国际格局，还能改变国际规则。

（2）改革能力最关键

政治领导力的表现形式：一是能制定正确的发展策略和前进方向；二是有很强的执行力去推动实施，即对下要有强大的领导力，对上要有坚决的执行力。推动国家治理现代化需要提高领导能力专业化水平，提高领导能力专业化水平重在执行力与领导力的同时提高，执行力与领导力是成正比的。政治领导力决定了领导力和执行力的水平，而改革能力又决定了新时代政治领导力的水平。

改革必须是正向前进，后向的变化不是改革。党的十一届三中全会后，中国的改革稳步推进，并且改革的速度也越来越快、越来越全面。党的十八大后，中国的改革已全方位地展开，进入了深水区、关键期。比如放开了二孩政策，户籍制度改革，监察体制改革，司法体制改革，军兵种改革、战区体制的建立，调整结构，加强供给侧结构性改革等等。改革能力显然是最关键的政治领导力，这从中国历朝历代的兴衰史中便可以看出端倪：秦国的商鞅变法使秦国富强而统一中国，唐太宗18年间进行了25次政策调整而成就“贞观之治”，王安石变法失败决定了宋朝虽富不强，张居正改革受阻使明朝腐败泛滥，戊戌变法夭折致大清灭亡。当代中国综合实力雄厚，国际权威提升，确确实实得益于党中央具有强大的以改革能力为基础的政治领导力。

（二）思想引领力

回顾中国共产党领导中国人民进行革命和建设的历史进程，我们会总结出这样一个规律：每次重大成就的取得，都是我们党在指导思想上与时俱进，有了正确的决定，并在全党达成了共识。以马克思主义为引领成立了中国共产党；以毛泽东思想为指引取得了革命的胜利；以邓小平理论为指导，成功地实现了改革开放；以“三个代表”重要思想为指导，解决了建设什么样的党和如何建设党的问题；以科学发展观为指导，解决了实现什么样的发展、如何发展的问题；以习近平新时代中国特色社会主义思想为引领，迈进了实现“两个一百年”奋斗目标、实现中华民族伟大复兴梦想的快车道。党的历史经验证明，正确的指导思想是中国共产党永葆先进性和纯洁性、具有强大的政治领导力的奥秘所在。

1. 思想建党铸灵魂

中国共产党是为无产阶级利益而诞生的，它的正确思想不是天生就具备的，而是在艰苦卓绝的斗争环境中以血的教训磨炼出来的，新中国成立后在与各种错误思潮的斗争中又不断地巩固和发展。

革命战争时期，我们军队里的官兵大部分出身于农民或小资产阶级，文盲很普遍。为了把它真正建设成为无产阶级的先锋队，毛泽东同志非常重视部队的政治思想工作，提出从思想上建设党、建设党的军队，党要指挥枪。从三湾改编开始，就把支部建在连上，要求共产党员既要在组织上入党，又要在思想上入党。延安整风以及新中国成立后的整党整风运动，都是注重加强思想建党。党的十一届三中全会之后，党中央历来都重视党的思想建设，开展多种形式的旨在保持先进性和纯洁性的教育活动。党的十八大以来，以习近平同志为核心的党中央从严治党、严肃党内政治生活，提出了思想建党和制度治党相结合的新思想。

习近平新时代建党思想的内容非常丰富，包括思想理论创新、理想信念教育、党性修养锻炼、宗旨意识培养、思想作风建设等。主要有以下三点是特别强调的：

（1）以马克思主义为立党之本

习近平总书记强调，我们党以马克思主义为立党之本，以实现共产主义为最高理想，以全心全意为人民服务为根本宗旨。不忘初心就是不能忘了这个本，忘了这个初心就是无源之水、无本之木。

（2）理想信念是政治灵魂

习近平总书记说：“坚定理想信念，坚守共产党人精神追求，始终是共产党人安身立命的根本。对马克思主义的信仰，对社会主义和共产主义的信念，是共产党人的政治灵魂，是共产党人经受住任何考验的精神支柱。”他要求每一名共产党员“在任何情况下都要做到政治信仰不变、政治立场不移、政治方向不偏”。

（3）思想道德建设是基础

习近平总书记强调，思想纯洁是马克思主义政党保持纯洁性的根本，道德高尚是领导干部做到清正廉洁的基础。我们党选人用人的原则是坚持德才兼备、以德为先，考察一名干部首先要看他的思想道德修养。思想道德建设既是党的各级组织要抓的重要任务，也是党员干部个人修炼内功的首要任务。

2. 实事求是路线明

实事求是是我们党的优良传统和作风，坚持实事求是的思想路线，对于提升政治领导力至关重要。中国共产党具有强大的政治领导力，一是因为有坚定的理想和信念；二是因为有正确的思想路线。这两者缺一不可，只有前者是不能领导革命取得胜利的，江西革命根据地第五次反围剿失败，有过血的教训。只有前者也是不能搞好和平建设的，“文化大革命”有过沉痛的教训。那么实事求是的思想路线具体指向是什么呢？就是马克思主义基本原理与中国具体实际相结合。中国共产党96年的历程已充分证明，凡是坚持了正确的思想路线，革命和建设事业就会顺利；凡是背离了正确的思想路线，就要出乱子。

毛泽东同志最反对把马克思主义教条化，开创了马克思主义中国化的先河，实事求是、理论联系实际的正确思想路线逐步在党内形成，从而挽救了中国革命，最后取得了胜利；当他背离了自己亲手创立的这个正确的思想路线时，中国就出现了“文化大革命”的混乱局面。党的十一届三中全会后，邓小平同志勇于拨乱反正，解放思想，重新确立了实事求是的马克思主义思想路线，创立了中国特色社会主义理论。

党的十八大以来，习近平总书记多次强调要坚持实事求是的马克思主义思想路线。坚持实事求是不是一劳永逸的，要清醒认识和正确把握我国仍处于并将长期处于社会主义初级阶段这个基本国情，推进中国特色社会主义事业健康向前发展；既要及时总结党领导人民创造的新鲜经验，又要善于对前进道路上面临的新课题从理论上作出新的科学回答，开创马克思主义中国化的新境界。以习近平同志为核心的党中央，准确把握国际和国内两个大局，科学分析了当代中国的阶段性特征，作出了“四个全面”的战略布局，为新时代中国特色社会主义建设指明了前进的方向。习近平治国理政的新思想、新理念、新战略，达到了一个前所未有的新高度，是对党的实事求是思想路线新的巨大贡献。

对于领导干部个人来讲，坚持实事求是的思想路线，既要有远大理想，又要踏实工作，这是辩证的。习近平总书记说：“离开现实工作而空谈远大理想，也不是合格的共产党员。衡量一名共产党员、一名领导干部是否具有共产主义远大理想，是有客观标准的，那就要看他是否坚持全心全意为人民服务的根本宗旨，能否吃苦在前，享受在后，能否勤奋工作、廉洁奉公，能否为理想而奋不顾身去拼搏、去奋斗、去献出自己的全部精力乃至生命。一切迷惘迟疑的观点，一切及时行乐的思想，一切贪图私利的行为，一切无所作为的作风，都是与此格格不入的。”

（三）群众组织力

领导力不同于权力，权力是一种控制力，领导力是对群众的影响力，提升领导力重在赢得群众的认同。超强的群众组织力是我们党的特长，我们党的力量来源于群众，扎根于群众，群众是我们党不竭的力量源泉，也是领导力的源泉。领导力从群众中来，还要回到群众中去，党与群众的血肉关系，决定了党的领导力是体现在群众组织力上。党员领导干部既要服务群众又要带领群众坚定不移地落实党的方针政策，把党中央的决策部署变成群众的自觉行动。

1. 人民立场扎根基

提高领导能力，重要的是坚持人民立场，坚持全心全意为人民服务的根本宗旨，提高为人民服务的能力。毛泽东同志在延安时期，就系统地总结了党在长期斗争中创造和发展起来的一切为了群众，一切依靠群众，从群众中来，到群众中去的群众路线，并将它列为“三大优良作风”之一，把它作为检验党的政策的标准。毛泽东同志说：“二十四年的经验告诉我们，凡属正确的任务、政策和工作作风，都是和当时当地的群众要求相适合，都是联系群众的；凡属错误的任务、政策和工作作风，都是和当时当地的群众要求不相适合，都是脱离群众的。”“共产党人的一切言论行动，必须以合乎最广大人民群众的最大利益，为最广大人民群众所拥护为最高标准。”邓小平同志曾经告诫全党：“党只有紧紧地依靠群众，密切地联系群众，随时倾听群众的呼声，了解群众的情绪，代表群众的利益，才能形成强大的力量，顺利地完成自己的各项任务。”他还强调指出：“人民拥护不拥护、人民赞成不赞成、人民高兴不高兴、人民答应不答应，是全党想事情、做工作对不对好不好的基本尺度。”

党的十八大以后，以习近平同志为核心的党中央根据新时期的新特点，多次强调人民的主体地位，要求党员干部坚持人民立场、密切党与群众的联系，并采取了一系列切实有效的举措。全面从严治党就是从中央政治局改进工作作风、密切联系群众的八项规定起的头，后来又开展以“为民务实清廉”为主要内容的群众路线教育实践活动，重点解决脱离群众的形式主义、官僚主义、享乐主义和奢靡之风的“四风”问题。以关键少数为对象的“三严三实”专题教育，以及“两学一做”学习教育活动，都是为了加强党的作风建设，解决脱离群众的问题，以确保党的先进性和纯洁性。习近平总书记指出：党的先进性和执政地位都不是一劳永逸、一成不变的，过去先进不等于现在先进，现在先进不等于永远先进；过去拥有不等于现在拥有，现在拥有不等于永远拥有。保持党的先进性和纯洁性、巩固党的执政基础和执政地位，靠什么？最重要的就是靠坚持党的群众路线、密切联系群众。习近平总书记在十九大报告中强调：“人民是历史的创造者，是决定党和国家前途命运的根本力量。必须坚持人民主体地位，坚持立党为公、执政为民，践行全心全意为人民服务的根本宗旨，把党的群众路线贯彻到治国理政全部活动之中，把人民对美好生活的向往作为奋斗目标，依靠人民创造历史伟业。”发展是第一要务，发展的根本目的是增进民生福祉。领导干部要多谋民生之利、多解民生之忧，多用群众听得懂的朴素语言与群众交流，多关心群众急需解决的身边难题，“保证全体人民在共建共享发展中有更多获得感”。

2. 真“情”融入通血脉

在《春秋左氏传》中有这样一句话：“国之兴也，视民如伤，是其福也；其亡也，以民为土芥，是其祸也。”以民为本是中国传统文化的精髓，我们中国共产党人继承并发扬光大了这个传统。习近平总书记在建党95周年大会上强调：“坚持不忘初心、继续前进，就要坚信党的根基在人民、党的力量在人民，坚持一切为了人民、一切依靠人民，充分发挥广大人民群众积极性、主动性、创造性，不断把为人民造福事业推向前进。”密切同群众的关系，保持血肉联系，始终是我们党立于不败之地的根基。我们党面临的“四个危险”中最危险的是“脱离群众”。作为领导干部的第一职责是为人民服务的，党的宗旨、政策、形象是通过干部们传递到千家万户，有的官虽不大，但影响重大，必须以“用力、用心、用情”的精神去努力工作。

“用力”就要不惜力。用力是每个党员干部应该做的，是本分，用力才对得起职业。“用力”是“力”要有地方使，把合理的“力”用到合理的地方去。常听到有的干部抱怨：我们都是为群众好，办的是一件好事，有些群众并不理解，因此很苦恼。习近平同志说：“很多同志有做好工作的真诚愿望，也有干劲，但缺乏新形势下做好工作的本领，面对新情况新问题，由于不懂规律、不懂门道、缺乏知识、缺乏本领，还是习惯于用老思路老套路来应对，蛮干盲干，结果是虽然做了工作，有时做得还很辛苦，但不是不对路子，就是事与愿违，甚至搞出一些南辕北辙的事情来。”用力要避免两种状态：一是有力无处使；二是吃力不讨好，不被理解。因此，不但要用力，还要用心。

“用心”即用智，善于动脑筋想办法。要用敬业的心做个有水平的干部，用心才对得起组织的期望。中国共产党从小到大、从弱到强，从无处容身的小党到伟大的执政党，其发展历程告诉我们，仅仅靠“用力、用心”是远远不够的。“一个政党，一个政权，其前途和命运最终取决于人心向背。”因为我们的党“始终植根人民、造福人民，始终保持党同人民群众的血肉联系，始终与人民心连心、同呼吸、共命运”。所谓血脉关系就是两个字：“用情”。

“用情”的“情”是“内化于心，外化于行”的一种境界，这就是知行合一，即：情与人的合一，事业与工作的合一。心态决定成败，心累就达不到用情的境界。最坏莫过于“心死”，最悲莫过于“离心”。我们只有保持健康积极的心态，才会产生“用情”的境界。

在革命战争史上，中国共产党领导的军队有许多以少胜多的战例。例如1947年的“莱芜战役”。国民党军有23个整编师53个旅60万人，全美式机械化装备。我华东野战军只有27万人，小米加步枪；华东军区30万人步枪加长矛。国民党军用金钱来鼓舞士气，从陈毅、粟裕开始到旅团长都有悬赏价码。解放军只是在打仗前演了一出戏“白毛女”。解放军战士就是高喊着“为杨白劳报仇！为喜儿报仇！为兄弟姐妹们报仇！”的口号冲向了战场。国民党士兵在“生命”与“金钱”之间做唯一选择的时候，肯定是选择“生命”，命都没有了还要钱干啥？所以，国民党军队的战斗力反而受到了金钱的制约。解放军虽然没钱，但他们与老百姓是血肉之情，为自己的血肉亲人去打仗，情到深处可以不要命。这种“情”是相互的，50万民工支前的壮举叫国民党从上到下都羡慕、嫉妒、恨！可以这样说，达到“用情”的境界，才能无往而不胜。

习近平同志说得好：人民立场是中国共产党的根本立场，是马克思主义政党区别于其他政党的显著标志。党与人民风雨同舟、生死与共，始终保持血肉联系，是党战胜一切困难和风险的根本保证，正所谓“得众则得国，失众则失国”。

“用力、用心、用情”这六个字，用力是本分，用心是敬业，用情是得道。用力的人是能干事的人，用心的人是会干事的人，用情的人是干高尚事业的人。它们是递进的关系，是从初级到高级的一个发展过程，也是人生品位提升的一个过程，是要用时间和经历来积淀的。

领导干部是工薪阶层，虽然待遇不是很高，但不一定就不能幸福。有的人可能一夜暴富，但永远也成不了绅士，因为除了钱，他什么也没有。当然，有钱能使人生活得舒服点，但只有“情”才能使人幸福。只要我们用了真情，幸福就在我们的身边、就在我们的工作中，幸福就永存在自己的心里。

3.“来去自如”得要领

从群众中来、到群众中去是我们党成功的工作方法，也是宝贵的精神财富。十九大报告指出：“我们党来自人民、植根人民、服务人民，一旦脱离群众，就会失去生命力。”习近平在梁家河插队 7 年，让他懂得了什么叫实事求是、什么叫群众，他说“这是让我获益终生的东西”。而我们的有些干部职务越来越高、权力越来越大，却离群众越来越远，一屁股坐在官位上起不来、走不出去了。想不起来我是谁？忘了我从哪里来？也不知道我要向哪里去？眼光只向上，看不见群众，忘了根本。

“从群众中来，到群众中去”用一个公式来表示，即：$F=S_1/S_2$ F 是领导力；S_1 是能力距，表示从群众中来，从群众中来才能提升领导力；S_2 是心理距，表示到群众中去，到群众中去才有领导力。从群众中来，领导水平得到了提升，就与一般群众拉开了能力距 S_1，用自己的能力引领群众，这叫“领”；到群众中去，缩小心理距 S_2，与群众有共同语言，这叫“导”。要使 F 的值变大，就要扩大能力距，缩小心理距，但 S_2 不能等于零（去了以后出不来了，彻底变成群众了）。从群众中来要做出样子，走在前列；到群众中去要放下架子，干在实处。防止出来以后回不去，防止回去以后出不来，来去自如才显真功夫。

从群众路线的角度看，提升领导力要反对两种不良倾向：一是要反对命令主义。那种官老爷做派、不接地气、自以为是、不愿到群众中去、不听群众意见、只管命令人的作风，是群众很厌恶的，厌恶的心情一产生，群众在工作中就不会配合你，甚至反对你。二是要反对尾巴主义。觉悟没有群众高，S_2 甚至是负值，凡事都落在群众后边，让群众推着走，主动放弃领导力。

（四）社会号召力

社会号召力包含生活中的号召力和事业中的号召力，提高生活中的号召力需要身先士卒、自身要起到模范带头作用，提高事业中的号召力需要有独特的技能和权威。正因为有无数共产党员身先士卒、率先垂范，吃苦在前、享受在后地忘我工作，我们党才在人民群众中树立起崇高的威望，成为全国各族人民的坚强领导核心。“党政军民学，东西南北中，党是领导一切的。”在中国革命和建设的各个历史时期，我们党始终能团结一切可以团结的力量、调动一切可以调动的积极因素，最大限度地凝聚社会各种力量，推动伟大事业从胜利走向另一个胜利。以习近平同志为核心的党中央，带领我们迈入了中国特色社会主义新时代，在发力实现第一个一百年奋斗目标、全面建成小康社会的同时，还要全面开启向第二个一百年奋斗目标前进的新征程。因此，我们党要不断增强社会号召力，确保党始终总揽全局，协调各方，形成实现“两个一百年”奋斗目标的磅礴伟力。

1. 打铁还须自身硬

勇于自我革命，从严管党治党，是我们党最鲜明的品格。坚持反对腐败，不断加强思想建党和制度治党，也是我们党具有强大的社会号召力的关键所在。党要在广大人民群众中赢得号召力，必须身正自威。中国共产党从诞生的时候起，就特别重视严惩党内腐败行为。1926年8月，我党第一个惩治贪污腐化分子的文件《关于坚决清洗贪污腐化分子的通告》发布，在中央苏区开展了反对贪污腐化的斗争，查处在群众中造成恶劣影响的案件。毛泽东同志在新中国成立后对共和国第一腐败分子刘青山、张子善的处理，至今还令人赞许。对此，他曾这样说：正因为他们两人的地位高、功劳大、影响大，所以才要下决心处决他们。只有处决他们，才能挽救20个、200个、2000个犯有各种不同程度错误的干部。从此共和国第一代领导干部的清廉作风成了中国人民津津乐道的美谈，并深深地影响着后来者。

邓小平同志在改革开放初期就以敏锐的洞察力强调：纠正不正之风、打击经济犯罪活动是一项长期的工作，要贯穿在整个改革开放过程之中，这样才能保证我们开放、搞活政策的正确执行。

“治人”要先“治己”。习近平同志说：“己不正，焉能正人。最重要的就是要防微杜渐，不要温水煮青蛙。……规矩是起约束作用的，所以要紧一点。紧一点自然就不舒服了，舒适度就有问题了，就是要不舒服一点、不自在一点，我们不舒服一点、不自在一点，老百姓的舒适度就好一点、满意度就高一点，对我们的感觉就好一点。”党的十八大后，党中央以自我革命的决心和勇气，从中央政治局自身做起，以上率下，出台了改进工作作风、密切联系群众的八项规定，各地各级党员干部纷纷向中央看齐，从反对“四风”着手，以改进工作作风引导党风政风。中纪委发出了“打铁还须自身硬”的强音，严防“灯下黑”。五年来，中央共出台或修订近80部党内法规，在党中央的率先垂范作用引领下，全党扎紧制度的笼子，切实严格政治纪律和政治规矩，将纪律挺在前面，净化党内政治生态，“打虎”“拍蝇”“猎狐”，巡视监督多管齐下，反腐败斗争压倒性态势已经形成。有关部门调查显示，人民群众对党风廉政建设和反腐败工作的满意度从2013年的81%增长到2016年的92.9%。“打铁还须自身硬”让国际友人和国内民众都大加赞扬，党在人民群众中重又赢得了很好的口碑，社会号召力显著增强。

党的十九大已经吹响了新的进军号角，我们要始终保持强大的社会号召力，必须从严治党强内功，纯洁党的组织；必须以党章为根本遵循，把党的政治建设摆在首位，思想建党和制度治党同向发力，全面净化党内政治生态，以零容忍态度惩治腐败，“不断增强党自我净化、自我完善、自我革新、自我提高的能力，始终保持党同人民群众的血肉联系”。

2. 公正是领导力的灵魂

古往今来，中国历史上的为政者都把公正作为最基本的价值诉求，努力营造一个公正的社会环境，以增强统治者的社会号召力。新时代，我国社会主要矛盾已发生变化，人们对社会公平正义的需求已经超过了对温饱的需要，公正也是社会主义核心价值观的重要组成部分。习近平总书记强调：“让人民群众在每一个司法案件中都感受到公平正义”，老百姓如果感受到各级政府、各个部门、每名干部能公正地处理问题的话，他们就会信任你，你的号召力就会倍增。

那么，什么是公正呢？公正是指人类社会的公平和正义。公即公平，正即正义，公正=公平+正义。它是国家和社会的根本价值理念，是维护社会稳定的基石，是人类自由平等权利的保障，是法治精神的出发点。

纵观历史，公正始终是中国的传统美德，早在先秦时期“公正、公平、正直”等词语就被广泛使用。后来，古代贤人又对公、正、平、直四个字分别下了明确的定义。贾谊在《新书·道术》中就有明确的解释：“兼复无私谓之公，反公为私。”私字的古字是“厶”；“八”在甲骨文里是象形字，是指“两只大象分开相背的样子”，本义是“相背分开”。因此，公与私是相背、相反的。贾谊还说：“方直不曲谓之正，反正为邪”；“据当不倾谓之平，反平为险”。《韩非子·解老》中说：“所谓直者，义必公正，公心不偏党也。”无论是从历史维度、人文维度，还是从国家治理维度来看，公正都是人类最基本的需求，不能把“公正”简单地理解为只是一种为人处事之道，它更是“为政之要”。

人从记事的时候起就在追求“公正”，当有的小孩得到大人给的糖果多时，得糖果少的小孩就不服气，就会对这个不公平的分配产生反感和抗议，比如“哭闹”就是小孩子们反对不公正的最有效手段。从孩提时代起，对“公正”的追求和向往就一直伴随着人生的全过程。现在的中国，经济发展速度惊人，人们的物质生活非常丰富，远远超过了20世纪七八十年代时的那种期望，绝大多数人真的是什么也不缺。但与此同时，相当多生活富裕的人，却有诸多莫名的抱怨，总是活在纠结中，究其原因，是因为“公正”出现了偏差。

公正的基本要求是不偏私，《尚书》有云：“无偏无陂”“无偏无党”“无反无侧”。公正=公平+正义，公平与正义是相辅相成的，二者缺一不可，缺了其中的任何一个，社会都是跛足的，不平衡、不稳定就随之而来。比如说，一群强盗打劫了财物后，在分赃时非常公平，但我们的社会、我们的权力机关仍然要打击强盗，因为他们是不正义的。再比如说，当前我们的改革开放事业是正义的，然而，有的人富可敌国，有的人生活在贫困线以下艰难度日，这也是我们党所不允许的，因为，社会分配失去了公平。由此可见，当前的扶贫攻坚具有多么重要的历史意义和公正的道德意义。

公正被广泛地应用于选人用人、社会治理、行政、司法、奖惩、分配、处理各种利益关系等方方面面，脱离了公正，这些问题就会变成一团乱麻。正如明代的吕坤在《呻吟语·治道》中所说的那样："公正二字是撑持世界底，没了这二字，便塌了天。"公正是社会稳定的基石，也是领导干部处理问题的出发点和落脚点。

维护社会公正，是各级领导干部义不容辞的责任。"公正"自然而然地成了"领导力"的活的灵魂。从领导力的构成来看，领导力=权力+能力+魅力+魄力，公正就像灵魂一样融入这四个构成要素中。从公正的角度讲，上述公式可变通为：领导的公正力=公正的权力+公正的能力+公正的魅力+公正的魄力。

（1）公正的权力

首先，公正是获得权力的前提。古今中外，每个掌权者或渴望掌权者，都会高举公正的大旗来打开空间，赢得社会大众的支持。其次，公正是权力的保鲜剂。权力的应有之义，是为了维护社会的公平正义，掌权者也只有始终如一地实现好社会的公平正义，才能长久生存下去。当制度公正被权力阶层歪曲、破坏、践踏，或是高举公正的大旗行不义之事，社会舆论就会向不公正的权力宣战，社会大众的公正诉求就会像火山一样喷发，舆论公正、人心公正会自觉地冲出来弥补权力公正的缺失。俗话说，"群众的眼睛是雪亮的"，人民大众心中始终有一把衡量是非的尺子，他们才是公正与否的最终裁判。唐代姚崇说过："心苟至公，人将大同"。谁能真正站在人民的立场，切实践行公平正义，谁就能真正赢得民心，因为公正的根本在于人心。

（2）公正的能力

无论是权力公正、舆论公正，还是人心公正，追本溯源，是需要我们每个人的自身公正为依凭的，作为关键少数的领导干部，如果感觉到社会和人心缺乏公正时，就应该用自身公正的浩然之气，来弘扬社会主义核心价值观。我老家生产队里有一位小学老师，他既不是大队干部也不是生产队干部，但他有着朴素的“一碗水端平”的能力，所以他就顺其自然地成了生产队里“问事的人”，社员的任何纠纷、分家等事务都请他来“作公”，这种连没文化的农民都懂的“一碗水端平”的能力，就是领导干部必须具备的公正能力。公正的能力才是正向的能力，不公正的能力就是社会的毒瘤。如果领导者失去了公正之心，那么他的权力越大，对社会的破坏力也就越大。所以，领导者一定要明白：公正是领导能力的不竭源泉。

（3）公正的魅力与魄力

领导的魅力有多种，但最令人信服的是人格魅力，而人格魅力的最重要因素又是公道正派，公正比实际拥有多大权力更重要。“政在去私，私不去则公道亡”。只有大公无私、公道正派的人，才会受到老百姓的真心拥戴。《荀子·不苟》里有“公生明，偏生暗”的教诲；明代的山东巡抚年富有个著名的座右铭：“吏不畏吾严而畏吾廉，民不服吾能而服吾公。公则民不敢慢，廉则吏不敢欺。公生明，廉生威。”公正和廉洁是历来为官者首要的官德，公正也就成为赢得人心的最大魅力，任何岗位只要能恪守公平、公正，底气才足，魄力也就油然而生。公正是领导力的灵魂，失去了公正，权力将会死去，能力就成了破坏力，魅力和魄力也就魂飞魄散，所谓的领导力就是一具僵尸。

不论东方还是西方，不论过去还是现在，不论沧海怎样变换，时间怎样流转，公平和正义永远是人类最基本、也是最终极的向往和追求，因为公平和正义比太阳更有光辉！

3. “三严三实”修炼内功

习近平同志针对作风建设提出了“严以修身、严以用权、严以律己，谋事要实、创业要实、做人要实”的要求，在广大党员干部中引起强烈反响。中央决定，从2015年4月底开始在县处级以上领导干部中开展“三严三实”专题教育活动。习近平总书记在2016年七一讲话中再次强调：每一名党员干部都要坚守“三严三实”，拧紧世界观、人生观、价值观这个“总开关”，做到心中有党、心中有民、心中有责、心中有戒，把为党和人民事业无私奉献作为人生的最高追求。各级领导干部要加快知识更新、加强实践锻炼，使专业素养和工作能力跟上时代节拍，避免少知而迷、无知而乱，努力成为做好工作的行家里手。习近平总书记在十九大报告中再次强调要坚持“三严三实”。只要各级领导干部真正按照“三严三实”的要求去做，提高社会号召力必然会事半功倍。

（1）准确把握“三严三实”的关联性

首先要搞明白“严以修身、严以用权、严以律己”三者的关系。严以修身就是以德修身。习近平同志指出“以德修身、以德立威、以德服众，是干部成长成才的重要因素”。严以修身就要修身养性，提升道德境界，加强党性修养，培养高尚人格，树立正确的世界观、人生观、价值观。做人有品德，做官有官德。严以修身是严以律己、严以用权的基础。只有严以修身的人，党和政府才放心地把权力交给他。修身是为了能律己，是为了提高自制力、自觉性，达到慎独、慎微的境界。严以律己是用权的前提条件，只有严以律己的人才有资格继续用权。严以修身是基础、严以律己是条件、严以用权是目的，基础和条件都好，才能正确用权，否则将是灾难。“三严”体现的是“做人与做官”的辩证关系。

其次要搞明白“谋事要实、创业要实、做人要实”三者的关系。做人要实是基础，谋事要实是条件，创业要实是目的。实在人真诚、讲信誉，不讲假话空话，不搞欺上瞒下的伎俩（讲假话的人心累，一句假话要用上百句去圆谎）。只有实实在在做人的人，谋事才会实。谋事要讲科学，不搞花架子，不凭空臆测，不是拍脑袋空喊口号。这样的人创业就能抓落实，脚踏实地地去干，不追求什么虚名彩头。谋事实才能创业，做人实才能继续发展他的事业。“三实”体现的是“做人与做事”的辩证关系。

（2）做官、做事与做人要“严”和“实”

“三严三实”通俗点讲，就是阐明了“做官、做事与做人”的辩证关系。三严三实就是体现在三做上。什么是官？这是我们首先要搞清楚的问题。“官”的本质是“责任”，所谓的权力、地位只不过是责任的派生物，它们是共生关系。权力是官用来履行责任的手段和工具，权力是以履行责任为前提的。责任和权力密不可分，多了一份权力就增加了一份责任。官由小变大，实际上也就意味着我们的责任范围由小变大，分量由轻变重。对我们共产党人而言，权力是用来为人民服务的，即：权为民所用。

做官的掌权用权，就是为了做实事。为官者做事就是履行责任的一个过程，既是履行责任的表现，又是履行责任的结果。空谈、形式主义、官僚主义之所以是为官之大忌，为人民所不齿，就是因为不认认真真做事。想要做个好官，把事情做实，关键是要把人做好。虚情假意的人，肯定做不好事，也谈不上做一个好官。做人是做官和做事的基础，也是做官与做事的保证。只有做好了人，做官才能公正为民，只有做好了人，做事才可能有正确的动机、才可能办人事。正如俗语所说“先做人后做事”，做人与做事正确了，才能称其为好官。

在做官、做事、做人这三者的关系中，做官是手段，做事是目的，做人是基础。这三者的关系不能错位。做官不是目的，做官是为了做事，假如我们把它们倒过来，做事是手段，做官是目的，那我们所做的一切事情，都是为了实现当官这个愿望，达到晋升这个目标，这就是本末倒置，结果可想而知，肯定会做出一些形式主义、花架子、劳民伤财，只图自己有政绩，不管对老百姓有没有利益。因此，党员领导干部一定要深刻理解“三严三实”当中所蕴含着的“做官、做事与做人”的辩证关系，认真思考是在为谁做官？做官是干什么的？真的想明白了这些问题，并按照“三严三实”的要求去做了，才能“内外兼修”，才能在政治上同党中央保持高度一致，才能提高社会号召力，增强政治领导本领，为实现中华民族的伟大复兴增光添彩。

增强政治领导本领，提升新领导力，并不是具备了一些理论知识就行了，也不是一朝一夕之功，而是一个不断锤炼的过程，根本途径是加强实践锻炼。领导特质理论认为，领导干部的特质30%是天生的，70%是后天历练的。领导干部有自己的特质，就像教师有教师的特质、演员有演员的特质一样。一个人的能力不是生来就有的，也不是一成不变的，既然70%是后天形成的，那么我们就必须重视持之以恒的日常锻炼。

亚里士多德曾说过：“德性是由于先做一个一个简单行为，而后形成的。这和技艺的获得一样。当我们学习过了一种技艺时，我们愿意去做这种技艺，于是去做。而由于这样去做，就学成了一种技艺。我们由于从事建筑而变成建筑师，由于演奏竖琴而变成竖琴演奏者。同样，由于实行公正而变为公正的人，由于实行节制和勇敢而变为节制、勇敢的人。”领导干部政治本领和领导力的形成过程也是同样的道理。一个人在基础知识不够牢固、实际能力不够强时，就需要一种努力坚持下去的精神，在社会实践中锤炼自己。

形象地说，增强政治领导本领、提升新领导力如同进行身体锻炼一样，锻炼身体要长期坚持，不能指望速成。一开始锻炼肯定浑身疲劳，乃至腰酸腿疼，会产生痛苦感觉，但是因为强身健体的目标追求很明确，所以咬牙坚持下来，于是逐渐由痛苦感觉变为乐趣体验，此时锻炼一旦停顿，反而不舒服，在持续进行的锻炼过程中，获得了身体健康的有益效果。只要我们能像锻炼身体一样，坚持下去，让“四个意识”始终伴随自己；让讲政治、为民务实清廉、锻炼自身本领成为一种习惯、一种生活方式，就会活得很坦然，政治觉悟、人格魅力和领导水平就能得到根本性的提升。

如果说人生是一场修行，那么增强政治领导本领、提升新领导力就是领导干部人生路上的必修课，需要终生学习，永无止境。

深入推进监察体制改革
完善党和国家监督体系

王艺璇

习近平总书记所作的党的十九大报告提出，构建党统一指挥、全面覆盖、权威高效的监督体系，把党内监督同国家机关监督、民主监督、司法监督、群众监督、舆论监督贯通起来，增强监督合力，为在新时代完善党和国家监督体系指明了方向。党的十八届四中全会《关于全面推进依法治国若干重大问题的决定》（以下简称《决定》）中提出，要重点构建“严密的法治监督体系”。《决定》强调，必须健全宪法监督，明确立法边界及民主立法，保障人民群众参与司法，以强化对行政权力的制约和监督；要加强党内监督、人大监督、民主监督、行政监督、司法监督、社会监督、舆论监督制度建设，形成科学有效的权力运行制度和监督体系，增强监督实效。这些内容，为构建法治监督体系指明了方向。党的十八届六中全会是全面从严治党的再部署、再要求、再出发，国家监察体制改革试点是落实全会精神的重大举措。可以说，社会主义法治监督体系建设是一个重大的时代命题和系统工程，既需要完善现有的监督体系，又要寻求监督的新途径、新方法。加强对社会主义法治监督体系的理论与实践研究，对于加快法治中国建设具有重要的理论价值与实践意义。从对社会主义法治监督体系概念的全方位深刻理解，进一步明确其逻辑构成及其对社会主义法治体系建设和国家治理体系现代化的巨大推动作用。

一、监督体系的概念

（一）从法律监督到法治监督

“法治监督”一词首次提出是在党的十八届四中全会的公报中，是一个新兴的概念，在以往的法学研究中，我们更常见到的是“法律监督”，两者一字之差却有不小的区别。学界关于“法治监督”的论述颇多，却没有一个统一的说法，因此，要想弄清“法治监督”这一新概念的内涵，必须先把旧概念“法律监督”做一个界定。

法律监督又称法制监督，有广义、狭义两种理解。狭义的法律监督是指有关国家机关依照法定职权和程序，对立法、执法和司法活动的合法性进行的监察和督促；广义的法律监督是指由所有的国家机关、社会组织和公民对各种法律活动的合法性所进行的监察和督促[①]。狭义上的法律监督也是检察基础理论问题的核心，是中国特色检察制度的标志。从规范层面上来说，依据宪法和组织法的规定[②]，法律监督权作为国家权力的一部分，由人民检察院专门行使，法律监督是检察机关的专门职责。在具体法律监督实践层面，依据检察机关各项具体职权的内容、性质和特点，“法律监督”特指人民检察院通过运用法律赋予的职务犯罪侦查权、公诉权和诉讼监督权三项职权维护国家安全和社会稳定，确保国家权力的正确行使，保障国家法律在全国范围内统一、正确实施，最终实现社会公平正义。因此，一般意义上的法律监督，是由我国的检察机关依法进行的对法律实施情况的监督，包括对行政行为和司法行为的监督。法律监督不包括对立法活动的监督，而只是对法律实施情况的监督，并且是以监督严重违反法律的情况为主。此外，我国的合宪性审查工作尚在推进过程中，因此对于行政机关的立法行为如国务院制定行政法规等也不能进行监督。

何谓法治监督？“法治监督”是指旨在推进法治，基于民主法治逻辑，遵循法治原则和制度，遵从法治思维和方式，针对公共权力进行的监督。法治监督的本质，就是将公共权力纳入法治框架，明确执行权、立法权、行政权、司法权以及社会权力等各类社会公共权力的边界，将它们关进制度的笼子里，是为促进社会主义法治建设而对法治运行的各个环节包括从法的制定到法的实施的各个环节进行的监督。法治监督区别于法律监督的特征在于：第一，法治监督有着比法律监督更广泛的监督，其监督主体多元，监督的内容也非常丰富，它考虑更多的是为何监督、谁来监督、监督谁、怎样监督、监督责任等问题，其内涵和外延接近学界广义的法律监督。第二，法治监督强调监督的体系化，我国已经基本形成了国家机关内部监督与国家机关外部监督相结合的体系。国家机关内部监督包括权力机

---

① 参见百度百科：法律监督 https：//baike. baidu. com/item/% E6% B3% 95% E5% BE% 8B% E7% 9B% 91% E7% 9D% A3/1050526？ fr = aladdin

② 我国 1982 年《宪法》第一百二十九条和 1979 年《人民检察院组织法》第一条均明确规定：“中华人民共和国人民检察院是国家的法律监督机关。”

关对行政机关和司法机关的监督，司法机关对行政机关的监督，行政机关内部的监督，国家机构上下级的监督；国家机关外部监督也就是社会监督，社会监督的主体十分广泛，新闻媒体、普通群众等都享有对国家机构违反行为监督的权利和义务。第三，法治监督是动态的监督，为了更好地保障权力运行的透明、公开、合法，《决定》提出建立由党内监督、人大监督、民主监督、行政监督、司法监督、审计监督、社会监督、舆论监督等构成的更加严密的监督体系。法治监督是在“法治体系”建设语境下提出的，同法律监督相比，它更强调法的价值、法的目标，强调监督体系的动态性、整体性、有序性。法治监督由广泛的监督主体协同合作，服务于不同发展阶段不同的法治目标①。

（二）从法治监督到法治监督体系

从法治监督到法治监督体系，强调的是以体系化的方法推进法治监督体系的建设，原因在于法治监督体系本身就是一个包含多个子体系的结构复杂且规模庞大的系统工程，其中的各个子体系相互联系、相互作用、相互促进。当它们协调一致时就能发挥最大功能，促进法治监督体系的整体建设；但是，一旦其中某个子体系或某个环节出了问题，或者协作运行不畅，就可能使整个法治监督体系偏离正常运行的轨道。以体系化的视野看待法治监督，是从全局角度考虑建设法治监督体系的要求，而不能将法治监督理解为一个自洽的封闭系统；有助于把握法治监督体系建设的整体性，防止法治监督建设畸形发展；有助于认清法治监督体系建设的过程性和长期性，防止将法治监督体系建设简单化为一场运动。因此，在理论上要最大限度地利用体系化带来的整体感和宏观把握能力与机遇，以体系协调的方式全面构建法治监督体系，从而提升监督的总体效果和效率②。

中国共产党是建设社会主义法治体系的领导者，构建严密的法治监督体系离不开党的领导。但是，在建设“法治中国”的时代语境下，执政党的行为也应纳入法治的规范领域，执政党权力监督体系也应纳入社会主义法治监督体系的建设当中。中国的政党之间的情况与西方国家不同，西方国家政党产生时间较早，政党政治比较成熟，各个政党在宪法规定的国家

① 参见罗洪洋，殷祎哲：《社会主义法治监督体系的逻辑构成及其定位》，载《政法论丛》2017 年第 1 期。

② 参见罗洪洋，殷祎哲：《社会主义法治监督体系的逻辑构成及其定位》，载《政法论丛》2017 年第 1 期。

权力体制内展开竞争，任何政党都可能成为执政党，对执政党权力监督制约主要来自党外政治力量。而中国共产党作为当代中国唯一合法执政党，来自党外政治力量的监督还比较薄弱，其权力监督主要来自党内。当前，在进一步加强党内监督的同时，建立健全党内和党外政治力量共同构成的执政党权力监督体系，既关系到执政党的执政地位和生死存亡，也事关“法治中国”建设的成败。因此，必须在完善和发展中国特色政党体制的同时，改革并创新执政党权力监督的体制机制，整合现有的对执政党权力进行监督的政治资源，建立行之有效的执政党权力监督体系。

在我国，法治监督体系是一个以宪法监督为核心的，统摄执法监督体系、司法监督体系和社会监督体系等子体系所构成的严密的、完整的、动态的监督体系，这些子体系可归入国家法治监督体系、党内法治监督体系和社会法治监督体系三个范畴。其中，国家监督包括国家权力机关监督（即宪法监督）、国家行政机关和司法机关的监督。“党政军民学，东南西北中，党是领导一切的”，执政党是一个国家的掌舵者，法治监督需要执政党的领导。由国家机关以外的社会组织或公民为主体进行的监督则被称为社会监督，如民主党派和社会团体的监督、社会舆论监督、群众监督等。社会监督的主体较广、民主性突出，是国家法治监督体系的重要来源和补充。

宪法监督是法治监督体系的核心。宪法是一切立法、执法、司法活动的规范基础，依法治国首先要依宪治国。依宪治国的关键是要保障宪法的有效实施，宪法的有效实施是自然离不开有力的宪法监督的。所谓宪法监督，是指根据宪法享有宪法监督权的主体对国家机关或者其他组织、特定公民个人的违反宪法的行为进行审查和监督的，并对违宪主体加以制裁以及上述所有主体遵守宪法、保障宪法得以实现的活动。我国《宪法》分别在第六十二条第二项和第六十七条第一项规定全国人大和全国人大常委会职权时使用了“监督宪法的实施”这种表述，从法律文本分析的角度来看，可将其视为赋予了全国人大及其常委会“宪法监督”职责，因而使用“宪法监督”这一语汇也是符合成文法国家法律传统，符合宪法文本的字面理解的意思的。在这个意义上，宪法监督与国家权力机关的监督在概念内涵上是一致的。宪法监督是由我国的政治体制决定的，全国人大是我国的最高权力机关，同级其他国家机关均由它产生，对它负责，受它监督。人大的选举权、任免权和检查、质询及询问等多项权力是对监督对象进行监督具体的、制度化的手段。全国人大常委会作为全国人大的常设机关，享有宪法监督权，使宪法监督常态化，更有利于宪法的实施。

所谓司法监督，是指监督主体依照宪法和法律的规定，对司法机关及其工作人员实施法律的情况进行的监督。在此意义上，人民法院和人民检察院的司法行为是司法监督的主要对象，其中又以法院的审判行为为重，司法监督的主要目的是确保司法公正，提升司法的公信力。司法监督的目的决定了司法监督的主体是相对广泛的，包括各级人大及其常委会、执政党以及社会主体。人大是权力机关，当然地拥有监督权，但其权力的行使方式决定了它不能亲自对司法机关进行监督。依据宪法的规定，各级人大将自己的法律监督权授予检察机关使之成为专门的监督机关。而社会主体的司法监督是非常态的，因此我国制度化的司法监督包括法院内部的自我监督、上下级法院之间的层级监督、检察院的监督，是实现社会公平正义的重要保障。司法公正的程度，是衡量一个国家公平正义水平的重要标志。通过司法监督体系的建设，加强对司法机关遵守国家宪法、法律的情况的全方位、立体化的监督检查，保证法院、检察院依法司法，杜绝司法腐败。

建设严密的法治监督体系，还需要把目光转向社会监督。社会监督是由除国家机关和执政党以外的其他社会主体，如各民主党派、社会团体和人民群众等，对于执政党和国家机关及其工作人员的行为进行的监督活动。它主要包括公民监督、政协体制下的民主监督、舆论监督等，这种类型的监督是以权利制约权力，区别于上述国家监督和执政党监督，这两类监督是以权力制约权力。公民监督主要是我国公民利用宪法赋予的监督权，对执政党和国家机关及其工作人员进行监督。主要形式有信访、检举、控告等，既是维护自己合法权益的方式，也实现了监督。政协体制下的民主监督主要是各民主党派、社会团体对执政党和国家机关及其工作人员的监督。正式的形式是在政协会议召开期间以提案、批评建议等形式来实现其监督，非制度化通道如召开座谈会、开展社会调查等形式来发挥其监督作用。舆论监督主要是各种大众传播媒介通过披露各种违法现象，引起相关国家机关的重视来达到其反映人民呼声、监督政府当局之目的。互联网的快速发展，加快了信息传播速度，使得舆论监督的力量大大增强。知政失者在草野，知屋漏者在宇下，社会大众是法律实施的承受者，最能感受到法律的实施的效果如何。因此，社会大众提出的问题是最需要改进的问题，社会监督具有最大的现实意义。但是社会监督没有直接的约束力，社会监督的完善途径在于国家机关和执政党扩大、疏通民意通道，使社会大众反映的问题得到重视。

二、社会主义法治监督体系的基本特征

社会主义法治监督体系包含国家监督、执政党监督和社会监督三个范畴。国家监督包括宪法监督、行政监督和执法监督。在国家监督中，宪法监督是核心，它是维护国家根本政治制度的监督制度，主要是监督法律的实施，监督行政和司法机关行为的合宪性与否；行政监督、司法监督是属于职能部门性质的监督，它对保证行政人员和司法人员严格执法、保障公民合法权益起着重要作用。执政党监督制度的作用尤其重要，特别是在我国，由于中国共产党处于长期执政地位，监督是保持执政党先进性的重要保障。社会监督是整个国家监督体系中最基础的监督，反映监督体系的民主性质。作为监督体系，一般要求应具有以下几个特征：

（一）集合性和整体性：整合各个监督部门，形成监督的凝聚力和集约力

集合性反映了体系是建立在体系各组成部分的相对独立性基础上的。任何体系都是一个多样性的集合体，任何政治体系都必须由若干相对独立的部分集合而成，每个构成部分具有特定的、即使同一体系的其他部分也无法替代的功能。整个体系功能的发挥首先取决于各个构成部分特定功能的发挥，因此监督体系内部构成部分的多样性和相对独立性是发挥各自功能的前提条件，进而也是监督体系整体功能的前提条件。现代社会讲究分工合作，一方面是可以提高效率；另一方面，在公共权力的运作上，分工意味着分权，不同主体掌握不同权力且只能行使特定职权，有利于控制权力的扩张。各个监督的子体系之间的相互独立，保证了监督的效率；各体系的分工合作形成相互制约，避免监督权力内部的腐化；多个独立体系可以覆盖更广的监督领域，相互合作形成集合体，实现整体的监督。

整体性特征体现在法治监督体系是由法治监督主体、内容和形式构成的完整系统。从监督主体看，我国的法治监督主体是多元的，要充分发挥各方主体的优势，如权力机关的权威、国家机关监督手段的快捷有效以及社会监督的广泛；从监督内容看，法治监督涉及从法的制定到法的实施的各个环节，任一环节缺少监督或监督失灵，法治就无从谈起，法治监督要与建设法治中国相配套；从形式上看，法治监督包含了执政党的领导、权

力机关的统摄、国家机关的具体执行以及社会大众作为基础。法治监督体系作为一个完整的体系是一个不可分割的整体，其内部各个组成部分之间并不是机械地组合而成，而是有机地联系在一起，相互依存、相互作用。每个部分都从一个侧面反映整体的部分性质，作为整体的一个部分发挥其特有的作用。如果失去了某个环节，或者某个环节受到损害而发生故障，则牵一发而动全身，整个系统陷入停滞，处于瘫痪状态。如十年动乱中，我国人大监督制度被践踏，随之而来的是司法监督制度被砸烂，行政监察机构被取消，人民民主权利被践踏，社会监督作用难以发挥，整个监督体系也名存实亡。

法治监督体系所具有的整体性不仅在于它的内部各部分之间的联系性、依存性，更重要的是各个不同的特性、不同功能的组成部分之间相互作用产生的宏观效应，即整体功能不是每个部分单独作用的简单相加，而是实现一加一大于二。正如恩格斯所指出的那样："许多人协作，许多力量融合为一个总的力量，用马克思的话说，就是造成新的力量，这种力量和它的一个个力量的总和有本质的差别。"也就是说，监督体系在整体水平上的功能属性不能归结为各个组成部分孤立状态的功能和属性，而是在本质上和一定的量度上都"大于"其组成部分的总和。因此，我们在分析各个具体的监督制度（子系统）时，必须从整体上去把握，不但要看到其微观效应，而且要看到它在整个监督体系中所发挥和产生的整体效能，主动地增强构建和完善监督体系。

（二）严密性和有序性：实现全方位监督，突显法治监督的周延性和程序性

党的十八届四中全会首次提出建设中国特色社会主义法治体系的总目标。社会主义法治体系包括完备的法律规范体系、高效的法治实施体系、严密的法治监督体系、有力的法治保障体系和完善的党内法规体系，这五个子体系相互联系、共同构成统一的法治整体。十八届四中全会的这一重要论述为建设社会主义法治国家指明了方向，对加快法治体系和法治中国建设具有里程碑式意义。尤其是严密的法治监督体系，不仅是社会主义法治体系的重要组成部分，更是法治的运行朝着设定方向的校准仪。全面推进依法治国，落实法治监督至关重要。

党的十八届四中全会提出法治监督体系构建时用的这个"严密的"定语，是对法治监督体系提出的具体要求。严密，意味着监督必须是全方位的，监督主体之间必须衔接到位，必须明确规定各职能机构的监督权、监

督范围、内容和程序等，明确监督机构的分工和相互关系，绝不能出现法治监督方面的空白。法治监督系统的建构应注重严密性，这可以从两个方面来理解：一方面，法治监督系统的严密性指的是系统建构的严密性。所谓系统的严密性则首先体现在监督系统要有精确的管理，以及顺畅的协调通道，能够让监督精准定位；在系统管理上既要有垂直管理，也要有横向的联系；其次，监督系统要有较高效能。另一方面，严密性是指监督系统要有科学精确的监督程序，使监督程序涵盖每一法律实施环节，从而把监督的责任具体到每一责任主体，避免监督真空或多头管理，以及由此产生的责任不明、相互推诿。

监督体系的有序性，首先是指各个监督系统内部排列组合的有序性，即各个监督系统内部是按照一定的结构序列、一定的组合方式有机地组织起来的。每个监督系统都有自己的监督职能和作用、监督对象和内容。其次，是指监督体系内各个监督系统活动机制的有序性。即各个监督系统之间发生联系，为协调工作而进行的种种信息交流、协同动作，都必须遵循一定的原则、方式和渠道进行，这是监督体系和谐有序运转的重要保障。否则，各自为政，杂乱无序，或孤军奋战，监督体系就不可能正常运转。

（三）动态性和实践性：适应监督体系的情景化，突显法治监督的灵动性与因应性

动态性是指监督体系是一个动态的体系，处于不断地发展、变化的过程中。首先，监督是随着监督对象产生、变化，其本身没有独立存在的价值。例如一个新的国家机关的设立、取消伴随着相应的监督制度的产生、消亡。抽象地说，权力是监督的对象，监督是为了防止权力被滥用。因此，新的权力产生，就需要新的监督制度，权力夸大，监督也要相应地加强。其次，监督制度发展变化的根本原因，是由经济基础所决定的上层建筑的变化。监督体系自身虽是一个完整的大系统，但它又是社会上层建筑的一部分，既要与上层建筑其他部分互相作用、互相影响，又要受到经济基础的决定和制约；同时，也受到社会历史传统、民族心理、文化教育及其他领域的影响。它在与环境相互作用的过程中，自身不断发生变化。监督体系的实践性体现在我国现有的法治监督是建立在我国的政治建设和法制建设的经验基础之上的。改革开放以后，我国重新建立在“文革”中被摧毁的国家政治体制，出于社会管理的需要不断完善国家机构，同时吸取“文革”中法制被践踏带来无序状态的惨痛教训，开始加强法制建设。重

建政治体制，完善国家机构以及加强法制建设，伴随着建立健全监督体系的要求，监督体系的建设是以“摸着石头过河”的经验为基础的。其中，具有重大意义的是社会主义法律体系的建立，实现了有法可依，人民各方面的社会生活有了规范指导，法治监督主体有了评判监督对象行为的准则，同时法治监督也实现了有法可依。到如今，我国已经形成了体系完备、执行有力的监督机制，这种机制的鲜明特点，就是把宪法监督、行政监督、司法监督、党的监督和社会监督作用整合起来，形成惩治和预防腐败整体合力，并且经实践证明是效果显著的，充分体现了中国共产党在完善监督体系方面与时俱进的创新精神。

（四）科学性：利用信息技术增强监督实效

法治监督存在于从法的制定到法的实施的各个环节，构建法治监督体系是一个整体性工程，必须以统筹全局的眼光来考虑，这就决定了这个体系的科学性。正如立法者在立法时必须考虑不同法律的适用范围、调整事项，构建法治监督体系也要统筹各个监督系统的作用范围，科学配置与被监督权力相适应的监督权。此外，科学性要求实现监督的手段与时俱进，总结以往的经验，发现监督的难点和盲区，探索法律监督的新途径、新方法。现今的社会是一个信息化的社会，网络技术的发展使得信息传播的速度极大提升，这也为法治监督提供了一个便利的工具。近几年出现的“大数据”一词已经引起广泛的关注，各学科也纷纷开始研究这一现象并试图利用大数据解决各自领域的问题。在法学领域，已有学者尝试把大数据运用到刑事侦查、司法判决分析等问题上，甚至尝试收集在职律师的办案数据来为当事人选择律师提供参考。信息时代大数据的广泛运用为法治监督提供了有益的启示，这正是法治监督手段的创新之处。建立严密、有效的监督体系，可以探索在信息化时代实现实时监督，增强监督的实效。

三、以强烈政治责任感扎实有序推进监察体制改革试点工作

党的十九大把深化国家监察体制改革作为健全党和国家监督体系的重要举措，作出再动员、再部署，明确要求将试点工作在全国推开。党的十九大一闭幕，中央办公厅就印发了扩大试点工作方案，全国人大常委会作出了在全国各地推开国家监察体制改革试点工作的决定。这是以实际行动

贯彻落实党的十九大精神的具体体现，必将推动反腐败斗争夺取压倒性胜利，进一步坚定全党全国人民的信心，巩固党的执政基础。

在全国各地推开国家监察体制改革试点，是以习近平同志为核心的党中央作出的重大决策。在北京、山西、浙江三省市开展的改革试点工作已取得明显成效，为这项改革全面推开提供了可复制、可推广的经验。非试点地区未雨绸缪，密切关注试点进展，提前做好各项准备工作，在全国各地推开改革试点具有广泛的社会共识和坚实的实践基础，时机和条件已经成熟。2017 年年底到 2018 年一、二月份，各省、自治区、直辖市人民代表大会和一些市、县人民代表大会将陆续召开会议，产生新一届地方国家机关领导人员。在地方换届时一并完成监察委员会组建工作，不另行加开人大会议，有利于使监察体制改革与地方人大换届紧密衔接、统筹安排。在推开改革试点的实践中，将进一步积累和总结经验、深化认识，有利于完善正在审议中的国家监察法草案，为 2018 年顺利审议通过国家监察法、产生国家监察委员会及其领导人员，创造更加有利的环境和条件。

党中央已经作出监察体制改革试点全面推开的决定，蓝图已经绘就，关键就在于施工。我们要准确把握、认真贯彻中央精神，科学谋划设计、精心组织实施，确保试点任务圆满完成、中央意图全部实现。

（一）监察体制改革是事关全局的重大政治体制改革

习近平总书记在中央政治局会议审议深化国家监察体制改革方案时指出，深化国家监察体制改革是事关全局的重大政治体制改革，是国家监督制度的顶层设计。我们要深刻认识深化国家监察体制改革的重大政治意义，凝聚共识、形成合力，圆满完成改革目标任务。

腐败是侵蚀党肌体的毒瘤，反腐败斗争关乎人心向背，关乎党和国家的生死存亡。党的十八大以来，以习近平同志为核心的党中央坚定不移全面从严治党，反腐败斗争压倒性态势已经形成并巩固发展。同时我们也要清醒地看到，管党治党宽松软问题尚未根本改变，反腐败斗争形势依然严峻复杂、任务依然艰巨繁重。国家监察体制改革是实现“全面从严”的重要抓手，是推动全面从严治党向纵深发展的战略举措，是夺取反腐败斗争压倒性胜利的必然要求。通过设立监察委员会实施组织创新，健全完善反腐败体制机制，实现对所有行使公权力的公职人员监察全覆盖；通过制定国家监察法实施制度创新，使党的主张成为国家意志，固化改革成果。监察委员会就是反腐败工作机构，监察法就是反腐败国家立法。这必将得到广大人民群众的有力支持，巩固党的执政基础。

监察体制改革是带有全局性、根本性的深刻改革，涉及政治权力、政治体制、政治关系的重大调整。从政治权力看，行政监察机关隶属于各级人民政府、履行行政监察职能，主要是对行政机关及其工作人员进行监督，改革后，监察机关从人民政府中分离出来，专司国家监察职责。从政治体制看，监察委员会由人民代表大会产生，对同级党委、本级人大及其常委会和上一级纪委监委负责，必将加强党对反腐败工作的领导，强化国家权力机关的监督职能，拓宽人民监督权力的路径，使党领导下的国家政权机关既分工负责又协作配合的制度更加完备。从政治关系看，监察委员会与党的纪律检查机关合署办公，有利于强化党的领导和全面从严治党，充分体现党的领导、人民当家作主、依法治国的有机统一。

目前，北京、山西、浙江三省市监察体制改革试点取得显著成效。党中央已经作出在全国各地推开改革试点的决定，各地区各部门要自觉把思想和行动统一到党中央决策部署上来，保障改革及试点工作积极、稳妥、顺利推进。我们党全面执政、长期执政，面临的最大挑战是对权力的有效监督。全面从严治党，最终目的是要解决一党长期执政条件下自我监督难题，跳出历史周期律。党内监督是第一位的，党内监督全覆盖，必然要求国家监察全覆盖。深化国家监察体制改革的目的，就是要加强党对反腐败工作的统一领导，把分散的反腐败力量整合起来，构建集中统一、权威高效的国家监察体系，实现对所有行使公权力的公职人员监察全覆盖。这是确立中国特色监察体系的创制之举，是对中国监察制度的继承与发展，是对权力制约体制的新探索，必将有力推动全面从严治党向纵深发展，巩固发展反腐败斗争压倒性态势，不断厚植党执政的政治基础。

我们从这一认识出发，不断提高政治站位和政治觉悟，不折不扣地落实党中央决策部署，一丝不苟地按照中央精神办事，把“四个意识”体现到改革试点的全过程

（二）把坚持和加强党的领导贯穿于改革试点的全过程

党政军民学，东西南北中，党是领导一切的。坚持和加强党的领导，既是改革的根本目的，也是改革试点顺利推进的根本保证。

党的十八大以来，以习近平同志为核心的党中央科学分析判断党风廉政建设和反腐败斗争形势任务，立足当前、着眼长远，作出深化国家监察体制改革的重大决策部署，使全面深化改革、全面依法治国和全面从严治

党有机统一、协调推进，为全面建成小康社会、维护党和国家长治久安提供坚强保障。

坚持问题导向，以改革创新精神健全反腐败体制机制。问题是时代的声音，也是创新的前奏。党中央聚焦当前反腐败力量分散、纪律与法律衔接不畅等突出问题，将监察体制改革纳入全面深化改革总体部署，首先上中央全面深化改革领导小组会议讨论；决定设立监察委员会，整合各相关力量，实现对行使公权力的公职人员监察全覆盖。这是推进政治体制改革的重大举措，有利于进一步提高党和国家治理能力和治理水平，为夺取反腐败斗争压倒性胜利奠定坚实基础。使党的主张成为国家意志，推进反腐败工作规范化、法治化。在全面依法治国条件下，深入推进反腐败斗争，深化国家监察体制改革，必须与时俱进制定国家监察法，把改革成果固化为法律制度。制定国家监察法，赋予监察委员会监督、调查、处置的职责和谈话、讯问、搜查、留置等12项调查手段，用留置取代“两规”措施，将解决长期困扰我们的法治难题，彰显全面依法治国的决心和自信。在国家监察法中对监察权行使的方式方法、审批程序、时限要求等作出严格限制，使权力运行更加公开透明；形成监察机关与司法执法机关之间相互配合、相互制约的机制，有利于加强对监察机关和监察人员的监督，把监察权力关进制度的笼子里。

强化自我监督，推动全面从严治党向纵深发展。全面从严治党永远在路上。党的十九大对全面从严治党、推进党的建设新的伟大工程作出战略部署，释放了全面从严治党一刻不松、一步不退的强烈信号。我们党全面领导、长期执政，面临的最严峻的挑战就是受到权力腐蚀、脱离人民群众，最根本的解决办法就是强化自我监督。在党内监督已经实现全覆盖的情况下，通过深化国家监察体制改革，把监察对象范围扩大到所有行使公权力的公职人员，构建集中统一、权威高效的监察体系，使依规治党和依法治国、党内监督和国家监察有机统一，必将进一步完善党和国家监督体系，推动全面从严治党向纵深发展，探索出一条实现自我净化的有效路径。

总之，深化国家监察体制改革是党中央协调推进“四个全面”战略布局的具体体现，必将成为新时代进行伟大斗争、建设伟大工程、推进伟大事业、实现伟大梦想的重要内容和创新亮点。

（三）以“绣花”功夫推动改革试点落地见效

改革试点是一项复杂的系统工程，政治性和政策性都很强，容不得半点疏漏。要精准对标“六个牢牢把握”的工作要求，发扬严细深实的工作作风，紧紧抓住机构设置、人员转隶、对接融合等关键环节，以“绣花”般的精细施工开启改革试点“安徽进行时”。

一是做深做细思想工作。完成转隶，关键是思想上的转隶。按照“把思想政治工作做在前面”的要求，召开市纪委书记座谈会和省纪委机关干部会议，要求严守政治纪律和组织纪律，以海纳百川的胸怀，张开双臂接纳兄弟部队。组织对省检察院涉改人员逐个谈心谈话，有针对性地开展家访。各级纪委书记、检察长站在思想政治工作第一线，时刻掌握干部思想动态，讲原则、讲感情、讲纪律，把解决思想问题和解决实际问题结合起来，引导广大干部用自觉服从组织安排来诠释对党的忠诚，最大限度地凝聚起改革共识。

二是及时抓好指导协调。改革试点越到基层，问题越具体，情况越复杂。省委深化监察体制改革试点工作小组充分发挥指导、协调和服务作用，坚持省、市、县三级联动改革。对全省市县市区的实施细则集中会审、逐一把关。省纪委领导班子成员深入基层调研指导、释疑解惑，压紧压实市、县两级党委和纪委的责任，帮助他们解决工作中的实际困难和问题。注意加强各级纪委与检察院之间的协调配合，按照“老事老办法、新事新办法”的原则，共同做好职务犯罪的办理、线索清理和移交工作，确保改革过渡期思想不乱、队伍不散、工作不断。

三是让制度更加严密规范。制度创新是实现改革试点目标的关键。牢牢把握形成高效顺畅体制机制的任务和形成监督制约机制的要求，从实践最急需的制度抓起，列出制度清单，确保改革试点有条不紊推进。在今后工作中，积极探索实践，认真总结归纳，不断推动深度融合磨合，优化工作流程，着力构建规范有效、可复制可推广的“监言监语”制度体系，切实增强惩治腐败的能力。

四、从全面从严治党的战略高度，进一步完善党和国家监督体系

党的十九大报告从党肩负的历史使命、所处的历史方位出发，对健全党和国家监督体系作出部署。要深刻领会党中央把全面从严治党纳入战略布局的深谋远虑，从全面从严治党的战略高度，进一步完善党和国家监督体系。

（一）在党和国家各项监督制度中，党内监督是第一位的

党的十九大报告提出，强化自上而下的组织监督，改进自下而上的民主监督，发挥同级相互监督作用，加强对党员领导干部的日常管理监督。这些监督方式的区别，就在于监督主体和途径的不同。

强化自上而下的组织监督，关键是将监督的压力逐级层层传导到位。这种监督，包括我们常说的信访举报、反映情况、召开民主生活会、组织生活会等方式，通过对党组织和领导干部提出批评建议，促使其不断改进工作、提高水平。同级监督既指的是党员干部之间的监督，也是组织机构之间的监督，目的就是不允许一个组织在同级别中一权独大、不受制约。监督必须是日常的、全天候的，要坚决防止“两面人”现象，抓早抓小、防微杜渐，这既是约束，更是对党员领导干部的爱护。

党章规定，中国共产党是中国特色社会主义事业的领导核心。党政军民学，东西南北中，党是领导一切的。党的执政地位决定，在党和国家各项监督制度中，党内监督是第一位的。党内监督作用发挥不出来，监督不够有力，就很难做到“打铁必须自身硬”。只有党的自我监督坚强有力，有效发挥领导核心作用，才能调动其他监督方式充分发挥作用。党内监督缺失，其他监督必然失效。

（二）巡视巡察上下联动，织就一张全覆盖的党内监督网

巡视是党内监督的主要方式，是全面从严治党的利器。十九大报告提出，要深化政治巡视，坚持发现问题、形成震慑不动摇，建立巡视巡察上下联动的监督网。这对于完善党的自我监督具有重要意义。党的十八大以来，巡视的利剑作用凸显。为什么巡视能够发挥这么大的威力？除了党中央的高度重视外，一个重要原因在于创新了巡视方式。第一，实现全覆盖，中央十二轮巡视如期完成对省区市地方、中央和国家机关、国有重要骨干企业、中央金融单位和中管高校的巡视全覆盖。第二，巡视具有灵活机动性，“三个不固定”破除了利益联盟，防止出现巡视机构被围猎的情况。第三，明确巡视的性质是代表党中央进行政治巡视，巡视报告要向党中央汇报，威力彰显。

建立巡视巡察上下联动的监督网，一方面强调继续发挥中央巡视的利剑作用，开展相应的一轮轮巡视；另一方面要在市县一级建立巡察制度。中央和省一级有巡视，地方有巡察，巡视、巡察上下联动，巡察中发现的突出问题，在巡视这一层级也能被及时反映，起到了相互促进、相互支撑

的作用。巡视的成果可以指导巡察，巡察中发现的问题可以让巡视更有针对性，织就了一张全覆盖的党内监督网。

（三）构建党统一指挥、全面覆盖、权威高效的监督体系，增强监督合力

构建党统一指挥、全面覆盖、权威高效的监督体系，必须将党内监督和其他监督方式相贯通，增强监督合力。构建监督体系，就意味着各种监督方式相互联系、有机运转。民主监督、群众监督、司法监督等监督方式长期存在，但是缺少贯通，相互之间各自为政，没有形成几种监督途径的有效结合。十九大报告强调，构建党统一指挥、全面覆盖、权威高效的监督体系，表明了这个体系的特点：一是由党统一指挥；二是从中央到地方，各个部门、行业系统都要覆盖到，不留死角、不留盲区；三是监督要有权威，做到立行立改，发现问题随时解决。

要实现监督贯通，各种监督方式之间，一方面信息要畅通，另一方面体制机制要有效衔接。比如，党内监督和司法监督之间，在制度上不能够有冲突，不能相互抵消作用力。再比如，群众监督指的是发动人民群众监督党和政府，实现党的自我监督和群众监督的贯通，需要建立相对独立的举报平台。只有贯通之后形成合力，才能构建起党统一指挥、全面覆盖、权威高效的监督体系。

（四）改革国家监察体制，加强党对反腐败工作的统一领导，实现对所有行使公权力的公职人员监察全覆盖

十九大报告提出，深化国家监察体制改革，将试点工作在全国推开，实现对所有行使公权力的公职人员监察全覆盖。这是党中央作出的一项重要战略部署，也是事关全局的一次重大政治改革。正因为事关重大，党中央的决策非常审慎稳妥。此次决定在全国推开国家监察体制改革试点工作，说明两个问题：一是之前在北京、山西、浙江三省市进行试点，取得了成效，积累了经验。这些经验和成效可以作为进一步在全国推开试点工作的基础，值得其余省市参照。二是既然是党中央作出的重要战略部署，我们就要积极推进，不能耽误时机。选择恰当的时机在全国推开国家监察体制改革试点，为完成2018年的确定目标——在全国人大换届期间成立国家监察委员会，选举产生国家监察委员会主任，任免国家监察委员会其他领导成员，构建自上而下的四级监督体系打下基础。

报告提出，制定国家监察法，依法赋予监察委员会职责权限和调查手

段，体现了我们注重用法治思维深化国家监察体制改革，顺应了全面依法治国的要求，有利于实现国家治理体系和治理能力现代化。国家监察体制是党和国家监督体系的重要组成部分，它解决了监督覆盖面不够的问题。党的十八大以来，党内监督基本覆盖了所有主体，而监察过去是行政监察，覆盖不到立法、司法、政协、企事业单位等机构。改革国家监察体制就是为了加强党对反腐败工作的统一领导，实现对所有行使公权力的公职人员监察全覆盖，只有这样才能跟党内监督相衔接、相配合。这对于整合反腐败资源，构建起具有中国特色的国家监察体系，形成集中统一、高效权威的监督机制，具有重要意义。

后　记

党的十九大帷幕甫落，站在历史交汇期的时间起点上，全国各族人民在党的领导下开启决胜全面建成小康社会的新征程，朝着实现中华民族伟大复兴中国梦的方向奋力前进。迈入中国特色社会主义新时代，处在新的历史方位，社会生活的方方面面发生了深刻变化，面对新的主要矛盾，党的执政和国家民族的发展都面临着新的环境与考验，只有认真学习贯彻党的十九大精神，以新时代中国特色社会主义思想为指引，紧密团结在以习近平同志为核心的党中央周围，树立政治意识、大局意识、核心意识和看齐意识，始终坚持为实现伟大梦想而进行伟大斗争、推进伟大工程、建设伟大事业，就必将能够夺取新时代中国特色社会主义的伟大胜利，实现中国人民从站起来到富起来再到强起来的千秋夙愿！

党的十九大精神点亮中华民族伟大复兴征程的明灯，是今后五年里引领各级党委、政府和社会各界勠力同心、砥砺前行的行动指南，是贯彻新发展理念并决胜全面建成小康社会、实现社会主义现代化的思想指导。学习贯彻十九大精神是全社会各界人士完成思想修炼的必经步骤，是各级领导干部和党员同志明确思想方向和行动计划的先修课程。为此，安徽行政学院组织长期从事干部培训一线教学的部分专家教授编写了《迈入新时代　着力新发展——学习贯彻党的十九大精神》一书，将十九大的新思想新理念新战略分门别类撰写成十一个专题，既有理论深度，又有实践广度，逻辑缜密，结构明晰，语言通俗，是广大学员和兴趣爱好者们学习、研读的好读本。

本书由安徽行政学院江观伙教授、刘艳教授、丁丹丹老师编著。具体写作分工是：第一大部分主要是解读新思想板块，其中“习近平新时代中国特色社会主义思想”的内容由江观伙教授撰写；“习近平新时代中国特色社会主义法治思想”部分由刘艳教授撰写。第二大部分主要是解读新发展理念，其中潘理权教授撰写“走进新时代的中国经济”部分；袁维海教授撰写“新时代现代化经济体系”；倪良新教授撰写“新时代安徽乡村振兴战略”的内容；朱启保副教授撰写“新时代安徽区域协调发展战略”的内容。第三部分主要是解读民主法治制度体系，其中欧世平教授撰写“新时代中国特色社会主义民主政治”内容；丁丹丹老师撰写“新时代法治政府建设”部分。第四部分主要是解读党的领导相关内容，其中刘军老师撰写“新时代全面从严治党”内容；王卫东副教授撰写“增强政治领导本领，提升新领导力”部分；王艺璇博士撰写“深入推进监察体制改革，完善党和国家的监督体系”内容。

2018 年是开启决胜全面建成小康社会的开局之年，安徽行政学院谨以此书作为开年献礼，奉献致力于中国特色社会主义事业和安徽发展的各界朋友，以供学习参考。本书在编辑过程中，参照了业内诸多专家、学者的观点和内容，在此一并表示衷心感谢。因时间仓促，编者水平有限，书中错误之处在所难免，望阅读者批评指正。

编　者

2018 年 2 月 10 日